回到自己的內心，每天讀點斯多噶

放下不在自己控制範圍的事物，
先安頓好自己的心，才能把人生過好

THE DAILY STOIC:

366 Meditations on Wisdom, Perseverance, and the Art of Living

Ryan Holiday
萊恩・霍利得
—
Stephen Hanselman
史提芬・漢賽蒙
著

柯宗佑
譯

CONTENTS

PART 2

行動訓練

PART 3

意志訓練

推薦序

國立台灣大學哲學系教授——苑舉正

如果你想知道什麼是人生哲學，如果你想提升生命的價值，如果你想獲得幸福的話，請閱讀本書。這是一本有關斯多噶哲學的書，也是編輯很特別的書。本書是按照一年中的每月每天所編排的內容，其中還包含了二月二十九號，所以總共是三百六十六篇。這個編排方式，就是要我們每天讀一點斯多噶哲學。

我在台大教授斯多噶哲學多年，心中一直有一個困惑，就是如何將這個哲學的理念，應用在生活當中。在閱讀本書的過程中，我發現作者回應了我的期待。他選擇斯多噶哲學中的精華，透過每一天的反省，將反省的結果，放在現實生活中做思考、理解，以及落實生命的價值。這本書，解開了我的困惑。

在這三百六十六篇的內容當中，本書引用了斯多噶哲學在羅馬帝國時期最重要的三位哲學家。他們分別是塞內卡、愛比克泰德，以及奧列利烏斯。他們三人的身份迥異，依序分別是，羅馬帝國的大臣、奴隸，以及皇帝。從身分上的差距中，不難看出斯多噶哲學的偉大，因為這種哲學以普世的概念，涵蓋了社會中所有的層級。其實，何止是社會階層而已，在我們二十一世紀的今天，讀這些西元一、二世紀的作品，還會覺得字字珠璣，真理無限。

為了要讓讀者能夠清楚地了解本書的內容，我將斯多噶哲學略做一個系統性說明。斯多噶哲學以連接自然與理性的方式，肯定每一個人都有能力提升生命的價值。從斯多噶哲學的創始人芝諾開始，他延續古希臘大哲人蘇格拉底那不重視世俗價值的精神，還效法曾在古希臘風行的犬儒學派，承接追求德性的思想。在這個思想中，最重要的理念，就是人如何面對自然。

自然包含了人所面對的一切，大到宇宙，小到個人的內心世界。斯多噶哲學的核心理念，就是告訴所有的人，在面對自然的時候，應該坦然面對自然對我們所做的限制，以及勇敢地在自然允許我們做決策的時候，追求我們應該做的行為。當遇到不受我們控制的自然定律時，我們應該樂觀地接納它們，認定它們是我們應該承受的。

理性是人在自然中做一切判斷的基礎。人因為理性，不但做出合理的判斷，還會盡力爭取美好的一切，目的是為了發揚德性。對於斯多噶哲學而言，德性由各種善集結而成，其中包含真理、正義、自制以及勇氣。在發揚追求德性的過程中，人不斷地透過判斷與決策，持續地反省，實現目標與堅持理想。人這麼做，就是為了不斷地追求進步。

在追求進步的過程中，我們要坦然面對命運中所給我們的一切，忍受這不可改變的一切，避免抱怨，做一個能夠容忍痛苦的人。對斯多噶哲學而言，一個人要自我提升的方法，在於能夠看清楚世俗的價值，順應天命。所以，斯多噶哲學強調，降低我們對於感官的需求，但絕不是什麼都不要的禁欲思維。

斯多噶哲學中，有作者經常引用的塞內卡，他就是一位羅馬帝國時期的富豪，甚至被稱為「斯多噶富豪」。他雖然有錢，但是他依然履行了斯多噶哲學的原則，甚至大言不慚地表明，我確實有錢，但是我並不依附在錢之上。斯多噶哲學的精華就在此，相較於我們所依附的價值，沒有比發揚德性更重要的。愛比克泰德就不斷地強調，不受任何物質的限制，其實就是一種體現自由的方式。

羅馬帝國皇帝奧列利烏斯的引文當中，處處在告訴我們，人屬於宇宙整體，是其中的一部分。因為這個連結整體與個人的關係，所以人人都具有發揚公共正義的義務。從這位皇帝對自己所做的沈思中，我們可以看到，斯多噶哲學的理念，不但是針對個人而作，而是所有人都必須遵守的普世價值。的確，這正是羅馬帝國連接公共理性與個人權利的自然法則。

本書最有趣的地方在於它不斷的引用當代人的例子，證明斯多噶哲學在今天的用處。這些人物當中，有曾任美國總統的艾森豪將軍，有賺錢最多的巴菲特，有NBA的籃球明星，甚至李小龍。他們說過的話，做過的事，堅持的原則，都可以用來驗證斯多噶哲學。這些人中，最偉大的代表是史塔克戴爾。這位越戰期間的飛行員，在飛機被擊落後，落入敵軍手中七年，受盡各種酷刑，卻依然能夠堅強抵抗，永不屈服。史塔克戴爾是全世界最有名的斯多噶哲學宣傳家，因為在承受苦難的同時，一直能夠陪伴他不屈不撓的，就是愛比克泰德的哲學。

我個人認為，本書到了十二月的時候，是最精彩的地方，因為在這裡，我們開始面對死亡的議題。對於以提升生命為主的思想而言，斯多噶哲學在死亡的議題上，展現了豁達、開朗、自信，以及面對人生應有的態度。讀完這一個月的三十一篇內容後，我感覺人生的意義，是一個無可取代的旅程。同時，我也確信，應當珍惜生活中的每一天，因為它們都是受到眷顧的時光。

我以興奮的心情，為國內的讀者，寫下我閱讀本書的感覺，同時我也誠懇地推薦本書。當大家在閱讀兩千多年前的智慧時，想到自己能夠來到這個世界，馳騁於天地之間的同時，心中應該懷著一份感激之情。我們應該重複地閱讀這本書，讓我們每天都有機會對於斯多噶的智慧，進行深刻的反省。

推薦序

想要幸福，那就每天來點斯多噶

華梵大學哲學系教授——冀劍制

這幾年，我在大學開設一門有點特別的課，課名叫做「日常生活的哲學思考」。這門課沒有預定的上課內容，我要求學生在自己的生活中尋找值得思考的問題，帶到課堂，大家一起討論。當議題涉及到任何我熟悉的哲學或是科學理論時，我會花點時間介紹理論，並加以運用，以尋求最佳解答。所以，這門課的特點是：「在生活中發現問題，並且運用理論來解決它們。」

日常生活的問題大致上可以分成兩大類。第一，「我該怎麼看待這件事？」第二，「遇到這樣的事情，我該怎麼做？」前者屬於理論思考的範圍，後者則屬於實踐哲學的領域。這門課的主軸就是以理論為依據，尋找生命的實踐方向，目標是將自己轉化成能夠面對各種人生障礙並妥善處理的智者。

哲學，不僅要我們知道些什麼，也要讓我們成為什麼。

在傳統東方哲學領域，無論是儒家、道家、或是佛家，當我們想了解最深奧的知識時，不能只透過理論思辯，更要經歷生命實踐，只有當我們能成功提昇自我，進入另一個層次，開啟新的生命視野，才能獲得那隱藏在一切背後的真理。

除了將尋求真理作為人生目的之外，實現幸福人生也是實踐哲學的主要目的。因為，追求任何外在的人、事、與物，都無法真正獲得幸福人生。幸福源自於一顆能夠孕育幸福的心靈世界。這種哲學觀，從蘇格拉底開始提倡，亞里斯多德承接，而後完整成形在一個曾被歷史忽視的古老哲學體系：斯多噶主義。

近年來，國際間隱隱掀起一股斯多噶主義的風潮。這股潮流，可以預想將迅速襲捲台灣。因為，坊間許多教人們如何活得更好的暢銷書裡，大多有著斯多噶主義的影子。如果一個人曾經面對人生困境，努力掙脫束縛，在追尋幸福人生的嘗試中，沈浸於書海尋找協助、實踐，並在轉化自己的過程中有所領悟，那麼在最終見到斯多噶主義後，會有一種原來一切都在這裡的感覺。在那看似複雜的生命世界裡，其實有條相對簡單的道路。沿著這條路，就能一步一步趨向幸福人生。

斯多噶主義，不同於當代流行的各種哲學理論，屬於兩千多年前盛行於古羅馬時期的實踐哲學。所謂實踐哲學，就是告訴我們該如何行動的哲學，而不是單純屬於知性、只需了解的思想。這種實踐，需要時時注意，時時修練。所以，當我看到《回到自己的內心，每天讀點斯多噶》這本書的編排與書寫方式時，心中便響起一陣嘹亮的歡呼：「有了這本書！真是太棒了！」因為它根本就是一個協助我們改變自己而前往幸福人生的修行手冊。每天讀一點，然後去實踐。經年累月，就自然可以改變原本的自己，成為一個能夠獲得幸福的人。

然而，難道不用先閱讀完整理論再來實踐嗎？事實上，兩者皆可。要成為一個斯多噶主義者，並不一定要先學完整的理論，可以直接在生活中實踐，知道多少就做多少，並在實踐與閱讀中繼續學習。

舉例來說，在一月一日的短文中，了解斯多噶主義的重點之一就是當遇到煩惱時，養成習慣去區分這些煩惱是不是可以改變的。即使暫且先不管能否找到改變的方法，也暫且不管能否放下那些無法改變的煩惱，養成區別的習慣，就已經踏上斯多噶主義的道路了。

六月五日，想想看自己目前面臨哪些困境，想到了，就開始尋找改變的方法。看看自己能做些什麼、讀些什麼、想些什麼，讓問題有解決的契機，如果有，就去思考、閱讀、以及行動吧！

十一月一日，學習接受的藝術。嘗試去放下一切無法改變的事物，甚至去熱愛自己的命運。那麼，在這一天，試著觀察自己內心，只要發現任何憤怒或是不滿，就試著停止內心的不滿，敞開心胸接納一切，甚至去熱愛它。不需要思考，也不用尋找任何放下的理由，單純鍛鍊內心接受的力量，放下原本的執著。這一天，就是去培養不藉助任何理由也能接納一切的心靈力量。

當然，閱讀這本書也不需從頭開始，可以直接從你拿到它的那一日做為起點，依據當日的要領實踐，日復一日，理論與實踐同時並進，雕塑內心，將自己轉換成一個更能適應現代社會，並且可以製造各種幸福的實踐哲人，悠遊世間，享受自在人生。

所以，閱讀的時間最好在早上，就把這一天當作是這篇短文的實踐日，一天一篇，用心修練。偶爾忙碌忘了，沒關係，不需給自己壓力，也不用有罪惡感，想起來再繼續。每多做一點，就向前多邁進一步。如果因故漏讀某一日，或甚至好幾日，也沒關係，不用回頭，直接跳過無妨。一年之後，重新開始。沒有使用期限。

在斯多噶主義的實踐下，每一天，都是一個新的自己。每過一年，在重複閱讀時，總能有新的體驗。就算沒有新的體驗，這些實踐實際上也不會有停止的一天。因為，基本上不會有人達成完全放下的境界；也不會有人能夠完全無誤地分辨該放下的與不該放下的煩惱；更不會有人具備能夠完全妥善處理所有生活困擾的智慧。簡單的說，不會有到達終點的斯多噶主義者，也不須以此為目標，因為這反而會給自己徒增困擾，甚至帶來莫須有的挫折感。重點在於，每進步一點，就能增加一點喜悅，走得越深、越遠，斯多噶主義就帶來越多幸福。

那麼，想要開始追求幸福人生了嗎？那就每天來點斯多噶吧！

作者序

歷經兩千年風吹雨打，許多偉大羅馬皇帝的個人思想、傑出羅馬劇作家與睿智羅馬說客的私人信件，甚至是當過奴隸、被逐出過羅馬的人留下的課堂講義都流傳了下來。今天，我們不但能一窺其中奧妙，更能讓這些文字指引我們如何過生活。

這些文字想表達什麼？這些看似古老又深奧的內容，真的和現代生活有關嗎？其實還挺有關的，因為這些文字可說是人類從古至今累積的智慧結晶。

整體來說，這些文字是斯多噶主義的思想基礎。斯多噶主義是一套哲學思想，在西方古典時期一度相當普及，無論貧富，無論強權、弱勢，只要是想追求美好生活的人，都會努力實踐這套思想。斯多噶主義曾經是強勢羅馬帝國的支柱，也是羅馬人日常行為的準則，只是隨著時代演變，逐漸乏人問津。

凡是追求大智慧的人，一定聽說過斯多噶主義，但是其他人不是對這套思想一無所知，就是有所誤解。的確，要在英文裡找到比「斯多噶」更常被嚴重誤解的字，還真的很難。這套活潑有力、重視實踐又改變思潮的生活模式，在一般人眼中不過是「不要有情緒」的代名詞，如果後面又加上「哲學」這兩個字，除了會讓很多排斥哲學的人退避三舍，也會讓一般人害怕。在這種情況下，斯多噶主義實在很難成為大眾日常奉行的準則。

想當初，連批判過斯多噶主義的叔本華，都稱讚斯多噶主義是「人類單靠理性思考能達到的最高境界」。如今，這套思想居然不受歡迎到這種程度，實在很悲慘。

這本書出版的目的，就是要還斯多噶主義一個公道，證明這是一套活潑有力的實用思想，有助於培養自制力、毅力和智慧。斯多噶主義不單是學術小圈圈裡的研究課題，更是能讓人「活得有意義」的思想。

其實，很多偉大的思想家不但對斯多噶主義相當熟悉，甚至終其一生不斷實踐這套思想。包括喬治·華盛頓、華特·惠特曼、腓特烈大帝、歐仁·德拉克瓦、亞當斯密、伊曼努爾·康德、托馬斯·傑佛遜、馬修·阿諾、安布羅斯·比爾斯、西奧多爾·羅斯福、威廉·亞歷山大·佩西、拉爾夫·沃爾多·愛默生等人，都讀過、研究過、引用過斯多噶主義思想，也仰慕過斯多噶主義者。

古代的斯多噶主義者，全都是認真勤奮的人，包括這本書提到的斯多噶主義者。舉例來說，馬古斯·奧列利烏斯是羅馬皇帝，愛比克泰德從奴隸階級晉升為哈德良皇帝的良師益友，塞內卡則是知名劇作家及政策顧問。除了他們之外，還有受萬人景仰的政治人物小加圖，或是成功的大商人芝諾。另外，還有當過拳擊手、靠扛水賺學費的克里安西斯，或像是至少寫過七百本書（可惜已經全部失傳）的長跑選手克律西普斯，以及當過大使的波西多尼烏斯、羅馬首屈一指的演說家兼律師西塞羅、當過老師的穆索尼烏斯·魯福斯等。

本書作者的前作《障礙就是道路》也談斯多噶主義，很多人讀了這本書之後，漸漸對斯多噶主義產生興趣，其中包括新英格蘭愛國者隊的接待人員和教練、饒舌歌手 LL Cool J、體育主播蜜雪兒·塔福雅，還包括許多專業運動員、執行長、避險基金經理、藝術家、官員、公眾人物，可說是各路人馬都有。

這些人在接觸斯多噶主義之後，到底有了什麼與眾不同的新體悟？說起來還滿多的。雖然在學院派看來，斯多噶主義不過就是套老舊思想，有興趣鑽研的人不多，但業界人士反而覺得其中的內容發人深省，價值連城。譬如安布羅斯．比爾斯這位記者兼美國內戰老兵，就曾經寫信建議年輕讀者多閱讀斯多噶主義思想，讓自己成為「眾神宴席上的嘉賓」；畫家德拉克瓦（他的成名作是《自由引導人民》）把斯多噶主義稱作「撫慰心靈的宗教」；曾經率領美國內戰時第一批全黑人兵團、也是知名廢奴人士的托馬斯．文特沃斯．希金森上校，也認為斯多噶主義讓他獲益良多，他後來翻譯的愛比克泰德著作還成了經典譯本；美國南方地主兼作家威廉．亞歷山大．佩西曾經在回憶錄裡表示，斯多噶主義「在所有秩序崩壞時，仍然屹立不搖」；到了最近，作家投資人提姆．費里斯則認為，斯多噶主義是最理想的「個人思考作業系統」。獲得美國榮譽勳章的詹姆斯．史塔克戴爾，在一九六五年越戰期間因為飛機被擊墜不得不跳傘逃生，接著又淪為俘虜，被折磨了五年之久。在這五年內，他常常把某個人的名字掛在嘴邊，這人是誰呢？就是愛比克泰德。據說，腓特烈大帝騎馬上戰場的時候，馬鞍袋裡裝的是斯多噶主義的相關著作；更巧的是，海軍陸戰隊出身的北約指揮官「瘋狗」馬提斯在和軍隊前往波斯灣、阿富汗、伊拉克駐紮的時候，也帶著奧列利烏斯的著作。

從希臘、羅馬到現在

斯多噶主義是個哲學學派，創立於西元前三世紀初的雅典，創立者是出身西堤翁的芝諾。學派名稱源於希臘語 stoa，意指門廊，這是當年芝諾傳道授業的場所。斯多噶學派相信德性會帶來幸福，而我們的煩惱大多不是來自事物本身，而是源於個人對事物的觀感，至於這裡的德性，主要指的是四樞德，包括自制、勇氣、公義以及智慧。斯多噶學派表示，不在「理智抉擇」管轄範圍內的事物，不但不受控制，也不可靠。這裡的「理智抉擇」是愛比克泰德的說法，指的是我們面對外在事件時，懂得運用理性進行概念分類、回應、調適自身的能力。斯多噶學派不相信原罪，但在他們看來，要是我們欺騙自己、養成壞習慣或輕信未經檢驗的輿論，就跟犯下大錯沒兩樣了。

早期的斯多噶學派屬於包山包海的哲學學派，性質與伊比鳩魯學派、犬儒學派、柏拉圖學派、存在主義學派等古典學派大致類似。早期斯多噶學派的門人經常漫談物理、邏輯、宇宙等各類學問，他們最愛把自身流派思想比喻成一片肥沃耕地，其中邏輯是護地圍籬，物理是耕地本身，而耕地產出的作物則是倫理。所謂倫理，指的就是「生活方式」。

不過，隨著思想演變，斯多噶學派逐漸把重心放在其中的兩大課題上，也就是護地用的邏輯，以及豐收的倫理作物。而隨著學派思想從希臘傳入羅馬，內涵也更往實用方向走去，以便因應羅馬人積極、勤勞且務實的生活型態。這種特色，在奧列利烏斯後來的心得中可略窺一二：「我很幸運，在我打定主意鑽研哲學的時候，沒有掉入詭辯家的陷阱、沒有黏在書桌前寫作、沒有變得強詞奪理，也沒有整天忙著觀察天象。」

奧列利烏斯（外加愛比克泰德和塞內卡）真正的功夫是不斷提問，問題也跟我們今天常問的差不多，像是：「怎麼生活最好？」「憤怒的時候該怎麼辦？」「我需要對人類同胞盡什麼義務？」

「我很怕死，怎麼會這樣？」「遇到難關的時候怎麼應對？」「獲得成就和權力的時候，我要怎麼處理？」等等。

斯多噶學派提出問題之後，並沒有一路虛無漫談下去。無論在著作中（通常是私人信件或日記）還是課堂上，他們都努力給出具體的答案，讓大眾能夠實踐他們的想法。整體而言，他們的概念都和一連串訓練有關，其中最關鍵的訓練類型有三種：

感知訓練：指的是我們如何觀看、感受萬事萬物。

行動訓練：指的是我們做的決定、採取的行動，以及想達成的目標。

意志訓練：指的是我們如何面對自己改變不了的事物、如何做出清晰有力的判斷，及如何明白自己在世上應該扮演什麼角色。

斯多噶學派告訴我們，只要駕馭感官，就能讓神智清明；只要讓行動中規中矩，做事就會有不錯的效果；只要好好操作意志、用對地方，就能獲得應付諸事的智慧。他們相信，只要讓自己和同胞在這三方面更強大，就能培養出韌性和決心，甚至讓生活充滿喜悅。

斯多噶主義誕生的時代，充滿了各種交流與紛爭，有鑑於日常生活變幻莫測的本質，斯多噶學派設計了一套實用工具，讓我們在和人生奮鬥時能加以利用、自我砥礪。這套思想不強調細讀、深究，你之後也會發現（譬如1月31日的內容），實踐學習內容才是斯多噶主義的精神。

雅典市集的門廊（希臘語 Stoa Poikile）、羅馬議事廣場與法庭曾經輝煌的年代，和我們所處的時代看似落差極大，但在當年，斯多噶學派門人早就不斷費心提醒自己（請參考11月10日的內容），他們眼前的世界和前人所見的差別不大，即使到了未來，人類的本質與存在目的也不太會變動。這樣的概念，就是斯多噶學派最愛說的「萬年如一日」。

接下來，該看看我們自己的時代了。

一本教你過哲思生活的哲思書籍

現代人過得很緊繃，也有很多人沒日沒夜工作。你是手忙腳亂的新手爸媽，還是生活一團亂的新創公司老闆？或是你已經事業有成，正在與權力和責任奮戰？你目前是沐浴在愛河之中，還是準備結束一段波折不斷的戀情？你準備步入晚年，還是仍然在揮霍青春年華？你的生活忙碌充實，還是悶得發慌？

無論你處在哪個階段，不管你正面對什麼挑戰，斯多噶學派的智慧都能助你一臂之力。斯多噶學派提出的解決方案一向明確，而且常常充滿現代感，會讓你大吃一驚，這也是本書的探討重點。

我們爬梳了早期的斯多噶主義著作，並且挑了學派晚期三大哲人，也就是塞內卡、愛比克泰德及奧列利烏斯的經典段落譯文，再搭配一些早期元老的語錄（譬如芝諾、克里安西斯、克律西普斯、穆索尼烏斯、希卡托）。在每一則語錄之後，我們會努力解釋前因後果、模擬情境、提問、給出練習建議，同時分析語錄背後的斯多噶主義觀點，讓讀者不但能獲得解答，更能領悟答案背後的深意。

儘管斯多噶主義的風潮有起有落，但思想內涵永遠不會過時。出版這本書，不是為了修正或更新這套思想，也不是要讓用語更貼近現代，畢竟優秀的譯本已經不少了。我們想做的，是整理斯多噶無邊無際的智慧，盡量用易懂、連貫的方式呈現出來。你可以直接閱讀原著，我們也推薦你這樣做，不過，為了服務生活忙碌充實的讀者，我們採取了心靈小語的寫作模式，讓內容實用、到位，又不減損其中的哲學價值。我們也遵照斯多噶學派的傳統，加入了讓人動腦思索深刻問題的材料。

所有語錄都圍繞著三大訓練（感知、行動、意志）打轉，再細分成各類重要議題，讀完每天的分析內容，你會獲得新的思考與做事方式。斯多噶主義關心的主題，包括德性、死亡、情緒、自覺、堅強心靈、正確行動、解決問題、接納、清晰思考、務實、去除偏見、責任等，全都包含在這本書裡。

斯多噶學派是做早晚課的先驅，白天做準備、晚上做反省。有了這本書，你就更容易完成這些早晚課，每天沉思一次，持續一整年不間斷（包括閏年多出來的那一天）。如果你越讀越有勁，可以邊讀邊拿本筆記簿，把自己的心得和想法記錄下來（請參考1月21日和12月22日的內容），這也是斯多噶學派門人常做的事。

這樣的哲學實作練習，是為了幫助你過更好的生活。希望你讀了這本書之後，都能親身實踐每一個字句，也就是塞內卡所說的：將文字「化為行動」。

以上就是這本書的寫作初衷。

PART 1

感知訓練

1月

•

清晰思考

1月1日・控制與選擇

人生中最重要的任務只有一個：仔細辨別事物差異，讓自己能明白告訴自己，哪些外在事物不屬於自己的控制範圍，哪些跟自己所掌控的選擇有關。所以善與惡藏在哪裡？不在不受控制的外在事物之間，而在於自己的內心、在於自己的選擇之中……

——愛比克泰德《語錄》第2卷第5章

斯多噶哲學最重視的訓練之一，就是判斷哪些事情是我們能改變或不能改變的，哪些是我們能控制或不能控制的。譬如，要是班機因為天候而誤點，就算對著航空公司員工大吼大叫，也不能讓強風豪雨停止。又譬如身材高矮或出生地點，是一味祈禱許願改變不了的。或者，就算再怎麼努力，也無法把另外一個人變得跟自己一樣。再說，花時間推這些推不動的龐然大物，等於是把處理可操控事物的時間給浪費掉了。

著名的寧靜禱告文是這樣寫道：「神啊，請賜予我寧靜，使我接受改變不了的事物。請賜予我勇氣，使我勇於改變可以改變的事物。請賜予我智慧，使我能分辨事物的差異。」我們扭轉不了曾經做過的選擇或造成的傷害，不過，卻可以改變未來，靠的是當下擁有的控制力。愛比克泰德就說過，人可以控制當下做出的選擇。

換成現在的我們，情況也是一樣。如果能分辨生活中哪些事物在自己的掌控之中，哪些則不受控制，我們就會過得更快樂，而且相較於拼命打必輸戰爭卻渾然不覺的人，我們的優勢會更大。

1月2日・學習會讓人自由

這些學習內容帶來什麼結果？真正受教的人，會獲得最甜美端正的果實，包括平靜、膽識、自由。認為只有閒人才有資格受教的芸芸眾生，不是我們應該信任的對象，認為受教讓人自由的愛智之人，才值得讓人信賴。

——愛比克泰德《語錄》第2卷第21章

你為什麼要翻開這本書？你翻書又是為了什麼？不會只是為了裝聰明、在飛機上打發時間、聽自己想聽的話，畢竟，比讀書還輕鬆容易的手段多得是。

我們翻開這本書，是因為想學習如何生活，我們想變得更自由、更勇敢、更沉穩。閱讀也好、咀嚼先哲的智慧也好，學習不只是作作樣子，背後都有目的。

回想一下，哪些事會使你心煩意亂，讓你寧願花時間看電視、吃零食，也不想讀書、沉思。學習會讓人自由，學習認識自己更是如此。

1月3日·狠心推掉不重要的事

太多人對自己失去了什麼一無所知，最後毀了自己的生活，也有太多人把時間耗在傷春悲秋、沾沾自喜、貪得無厭、縱情逸樂上面，留給自己的時間太少。到頭來，他們會發現自己未老先衰！

——塞內卡《論生命之短暫》第3章

人生中最難的一件事，就是說「不」。對於各種邀約、請託、責任，或是看似大家都能配合的事說「不」，真的很難。對於憤怒、興奮、煩躁、癡迷、疲憊這些情緒，我們更會因為它們來得太自然，而講不出「不想要」。這些情緒波動乍看之下無甚可觀，不過一旦堆積起來，份量可不輸給別的。

只要一不留意，這些重擔就會壓垮我們、消磨自己的生命。你有沒有想過，怎樣才能讓時間變多、給自己留點空閒？請從練習說「不」開始，像是「不用了，謝謝」、「不必了，我不想花時間做這個」、「不行，我現在沒辦法」。說「不」可能會傷感情，也可能會把人趕跑，但多對不重要的事情說「不」，就能對更多重要的事情說「好」。只要這麼做，就能活得開心自在，過自己想過的生活，沒有什麼事比這更重要了。

1月4日・三大訓練

人生只要做這些事就夠了：在當下做出準確判斷、在當下做出符合公益的行動、在當下對順利的事心懷感激。

——馬古斯・奧列利烏斯《沉思錄》第9卷

感知、行動、意志，這三者在斯多噶主義中是互有重疊，卻又自成重點的訓練項目（本書的內容編排也延續了這個性質，將帶領讀者循序漸進，走完這趟一整年的旅程）。斯多噶哲學能討論的部分很多，譬如光是門人各自具備的獨特理念，花上三天三夜也討論不完。我們不是不能討論「赫拉克利特斯認為……」「出身賽普勒斯的芝諾相信……」但是，這些資訊對我們的日常生活會有幫助嗎？這些冷知識能讓自己的思路變清楚嗎？

這篇想談的，是底下這些斯多噶哲學的精華，讓我們每天在做決定時能參考：

- **掌控自己的感知**
- **導正自己的行動**
- **接納自己無法掌控的事物**

做到這些就夠了。

1月5日‧沒有目標，就不可能出擊致勝

所有付出都要有方向，永遠不要忘記設定方向。行動不會使人煩躁，錯誤認知才會讓人發狂。

——塞內卡《論心緒平靜》第12卷

《權力世界的叢林法則》這本書的第29條法則，是「持續規劃，直到最後」。作者羅伯特‧葛林在書裡提到：「持續規劃直到最後，你就不會被外在環境弄得手足無措，也會知道何時該停下腳步。只有未雨稠繆，才能輕鬆調度財富、掌握未來。」《與成功有約》書裡提到的第二個好習慣，則是「在開頭就要想到結局」。

想到結局，不代表一定能抵達終點，斯多噶學派也沒有人天真到這樣相信。可是，如果完全不去思考結局，就保證不會達成目標。在斯多噶學派看來，希臘語裡的 oiēsis（錯誤認知）是精神糾結的源頭，更是讓生活和工作混亂失序的元兇。當努力少了方向或標的，要如何安排每天的工作進度，又要怎麼知道何時該說不，何時該說好？如果從來不仔細追究目的，又怎麼能知道自己是不是已經負荷不了，還是已經抵達終點或偏離軌道了？

當然是沒辦法。一旦沒頭沒腦、漫無目的，就註定會失敗，甚至陷入瘋狂。

1月6日·人、事、地、原因很重要

不懂宇宙的人，不會知道自己身在何方。不知道人生目標的人，沒辦法了解自己、了解宇宙。不懂宇宙，也不知道人生目標的人，不會知道自己為何活著。有些人希望獲得沒有自知之明和方向感的人稱讚，有些人對這兩種人則能避就避，我們要怎麼評價這兩種人呢？

——馬古斯．奧列利烏斯《沉思錄》第8卷

已經過世的喜劇演員米契．赫伯格表演的時候，提過一件自己的趣事。有一次，他上廣播節目受訪，一坐下，主持人就問他：「你到底是誰？」當下，赫伯格疑惑了起來：「究竟是主持人太有深度，還是我跑錯棚？」

「你是誰？」「你做哪一行？」「你從哪裡來？」這種看似簡單的問題，我們多久才聽到一次？我們常認定這些問題淺到不值得回應，就算回應了，也常用很淺的答案打發問題。

不過，就算迫於威脅得認真回答，很多人也給不出具體的答案。你有辦法嗎？你花過時間認識自己、想清楚自己支持什麼理念嗎？還是只會埋頭關心小事，或是追求沒搞頭、如雞肋一般、虛幻的道路？

1月7日・心智順暢時的七種功能

心智順暢運作的時候，就會執行抉擇、拒絕、期盼、排斥、準備、定向和接納功能。會污染、阻礙心智運轉的東西是什麼？沒有別的，只有讓自己墮落的決定而已。

——愛比克泰德《語錄》第4卷第11章

這些功能確切代表什麼涵義，在此逐一說明：

抉擇：做對的事、正確的思考。

拒絕：拒絕誘惑。

期盼：期盼自己日新又新。

排斥：排斥負面思想、亂源、假資訊。

準備：對將來與未知做好打算。

定向：設定目標，作為行事準則。

接納：誠實面對自己的能力限制，隨時接納不受掌控的事物。

以上就是心智應該具備的功能。我們要確保心智順暢運作，凡是心智以外的事物，就視為污染源或讓人墮落的元兇。

1月8日．了解自己沉迷什麼

當我們有所沉迷，就要做出許多犧牲。如果被犧牲的都是好事，需要不斷受到考驗的勇氣就會消失，能鄙棄大眾潮流、卓然自立的深刻心靈也會消失。

——塞內卡《道德書信》第74章

看似無害的執著，很容易讓人沉迷其中，無法自拔。習慣早上喝咖啡之後，很快就會覺得不喝全身不對勁；習慣每天一定要收電子郵件、看Line之後，很快就會覺得手機好像一直在響。這些看似無害的習慣，最後反而變成制約。

小小的執念不但會造成各種約束，讓人無法自主，還會讓思緒混亂。我們可能覺得自己自制力很強，但這是事實嗎？根據某沉迷人士的說法，所謂沉迷，就是「失去了拒絕沉迷的自由」。我們要找回這樣的自由。

每個人沉迷的事物不同，可能是汽水、藥物、抱怨、八卦，也可能是上網或咬指甲。我們必須要找回拒絕沉迷的能力，這樣才能找回清晰的思緒和自制力。

1月9日・能控制和不能控制的事物

有些事我們控制得了，有些事則不行。我們能掌控自己的意見、選擇、慾望、排斥感以及自己所有行為的後果。我們不能控制身體、財產、名聲、地位以及其他人行為的後果。進一步而言，在我們掌控中的事物，本質是自由自在、毫無拘束的，而不受我們掌控的事物則軟弱、受制於人，既容易遭遇阻礙，也不屬於我們。

——愛比克泰德《手冊》第1卷

你控制不了今天外頭發生的事件。這句話聽起來很可怕嗎？是有一點，不過，還好我們能控制自己對於外在事件的想法，決定這些事件是好是壞、公不公平。我們控制不了事件發生的情境，但還是能控制某些事件引起的效應。

發現訣竅了嗎？外界、他人、運氣、業障這些事，雖然每樣我們都控制不了，但還是能控制某些事件引起的效應。光是這樣，我們能掌控的事物和掌控權就更多了。

最好的消息是，只要誠實面對自己控制力的極限，就能明白一個道理：**這個世界上，我們能掌控的只有自己的心**。今天，請記得一件事：如果你準備繼續向外探索，把思緒放在內心反應上才是正途。

1月10日・怎樣讓人生更穩健

善的本質是一種理智抉擇，惡的本質其實也是一種理智抉擇。那麼，外在事物扮演什麼角色呢？它們只是做出理智抉擇用的素材，幫助理智抉擇趨向善端或惡途。理智抉擇要如何趨向善端呢？當然不是對著素材嘖嘖稱奇就好！事實上，只要我們判斷事物的方式井井有條，就能做出良善的抉擇，但如果判斷方式偏斜不正，我們就會走上歪路。

——愛比克泰德《語錄》第1卷第29章

斯多噶學派門人努力過著穩健、安定、平靜的人生。這是很多人都渴望達成的目標，不過，就算真的體驗到了，這樣的模式也是一下子就煙消雲散。這看似虛幻的目標，斯多噶學派門人到底是怎麼達成的？一般人要怎麼如何實踐愛比克泰德的這套教誨，也就是哲學家亞里安所謂的eustatheia呢？

想實踐，可不能靠運氣，但光是減少外在干擾、甚至隱居避世也沒用。真正有用的方法，是使用判斷力梳理、過濾外界資訊。理性的功能，就是能夠接受外在事件的本質是歪曲錯亂的，接著想辦法讓事件變得有條有理。

不過，要是因為放著理性不用，結果做出歪七扭八的判斷，那麼接著發生的每一件事也會跟著歪曲，面對紛亂匆忙的世界，更沒辦法穩定前行。想要追求穩健的人生，或是想讓世界變得清晰透徹，最好的方法就是培養精準的判斷力。

1月11日・人生為何起伏不定

一個人如果能專心面對理智抉擇以及後續行動，意志就能同時進入避險狀態。如果一個人不關心理智抉擇，一味在乎自己無法操控的事物，又時時想閃避被他人控制的事物，人生就會陷入焦躁恐懼，起伏不定。

——愛比克泰德《語錄》第2卷第1章

講到禪師，一般通常會聯想到僧人，而且他們似乎都住在靜僻山林間、石壁懸崖上的寺廟裡。不過，斯多噶學派門人的形象完全不是這樣。他們是商場上的生意人、議會裡的議員、堅強等待先生從戰場歸來的太太，或是在工作室裡打拼的雕刻匠……這些人的共同點是，他們都有一顆平靜的心。

愛比克泰德想提醒我們，平靜和穩健的人生來自個人抉擇和判斷，與環境無關。當被某些人事物弄得心煩意亂，你心裡的盤算卻只是如何迴避，那麼，你的目標一定會落空。就算再會躲，同樣的煩惱永遠會纏著你不放。反之，如果想辦法消除煩惱的源頭，也就是那些擾人心神的有害判斷，那麼無論身在何方，都能過著安定穩健的生活。

1月12日・通往平靜人生的唯一途徑

每天只要天一亮，就要把一件事放在心上，整天不能忘：通往平靜人生的道路只有一條，就是把個人無法抉擇的事物全部忽略掉，不對這些事物產生得失心，只交由上天決定。

——愛比克泰德《語錄》第4卷第4章

今天早上，請提醒自己哪些事物可以操控、哪些不能操控。也請提醒自己，多關注前者、少關注後者。

午餐之前，請提醒自己，**選擇的能力（並且運用理性和判斷做出抉擇）是自己唯一能掌控的資產，也是其他人唯一無法從你身上搶走的財富。**

到了下午，請提醒自己，命運跟自己做的抉擇不同，是個人無法一手掌握的。世界不斷變化，無論方向好壞，我們都得跟著應對。

到了晚上，請再次提醒自己，**很多事是你控制不了的，也要確認自己的抉擇範圍有多大。**

入睡之前，請記得睡覺是完全不做抵抗、完全信任的過程，睡著是自然而然進入的狀態。隔天起床，請準備重複上面的循環。

1月13日・我們能控制的範圍

我們能控制理智抉擇，以及源於理智抉擇的行為。很多我們自覺相關的事物，是不受自己控制的，譬如自己身體的任何部份、自己的財產、父母、兄弟姐妹、兒女、國家等。

——愛比克泰德《語錄》第1卷第22章

睿智的人都明白哪些事物自己能夠控制，哪些不能控制。這件事非常重要，必須一再強調。值得高興的是，我們很容易記得哪些事物是自己能掌控的。斯多噶學派認為，**我們能控制的範圍只有自己的心**。沒錯，連身體都不在控制範圍裡。我們的身體隨時都可能生病、受傷，在國外旅遊的途中，也可能發生意外。

這麼一來，需要我們傷腦筋的事就少很多了。事情越簡單，思緒就越清楚。當大家忙著應付各種沒必要扛下來的任務，**我們只需要在乎、處理一件事，那就是我們做的選擇、我們的意志、我們的心**。

所以，別忘了這件事。

1月14日．把糾纏內心的繩子剪斷

最後你會發現，自己身上的某些能力，比把你當成木偶操縱的生理慾望更強大、更美好。我的內心現在塞滿了什麼想法？到底是不是恐懼、慾望之類的感受呢？

——馬古斯．奧列利烏斯《沉思錄》第12卷

請暫停一秒，想想所有拼命要讓你掏錢，或想引起你注意的人事物。食品專家不斷研發新產品，嘗試誘惑你的味蕾；工程師不斷開發新軟體，讓你像賭博一樣沉迷其中；媒體不斷編故事，讓你憤憤不平。

在所有對我們伸出魔掌的誘惑當中，上面這些不過是冰山一角，但它們都讓人三心二意，無法專心處理真正重要的事。還好，奧列利烏斯不是現代人，沒機會接觸到這些虎視眈眈的現代文化。不過他也明白，生活裡充斥許多分心的事物，譬如八卦流言、無止盡的責任、恐懼、疑心、性慾等等。沒有人不被這些內心和外界的絲線拉扯，而且拉扯的力道越來越強，讓人毫無招架之力。

哲學的功用，就是讓人時時提高警覺，不要被事物牽著鼻子走。心理學家維克多．弗蘭克在《尋找人生的意義》這本書裡說：「人被慾望推著跑，但也被價值拉著走。」尋找價值、培養自我覺察的能力，就能讓自己不被事物牽著走。當然，要學會專注，努力訓練覺察力是免不了的，但辛苦一下，總比隨波逐流、任人擺佈好多了吧？

1月15日・想要平靜，就要堅定不移

一個人沒有堅定不移的判斷力，是無法進入平靜狀態的。判斷力不足的人容易心猿意馬，面對事物時總是游移不定。這些人意志不堅的原因是什麼？是因為他們腦袋不夠清楚，只能隨波逐流，跟著盲目的人群走。

——塞內卡《道德書信》第95章

在論平靜的文章裡，塞內卡用了euthymia這個希臘詞，他給這個詞下的定義是「一種相信自己走對路的信念，看見其他無頭蒼蠅選擇的道路，自己依舊不會動搖」。塞內卡說，這樣的心態就是進入平靜狀態的關鍵。

要擁有這樣的信念，就要有清楚的思緒。當然，這不是要大家變得無所不知，對任何事都胸有成竹。重點在於，當我們確定自己走對方向，就能放下心中的大石頭，不必時時和別人比較，也不會因為出現新資訊而立場搖擺。

至於要進入平靜祥和的狀態，就要先找到自己的路，然後堅持走下去才行。堅持的同時，除了需要不斷微調細節，更要忽略各種異端邪說，才不會走入死胡同。

1月16日．不要憑習慣做事

在多數狀況下，我們不是根據正確判斷採取行動，而是不假思索地按照壞習慣應對。我都已經點出事實了，如果你正在接受訓練，請積極突破自我，不要一味享受、害怕吃苦，也不要貪生怕死。對於錢財資產，不要只在乎接受，不願奉獻。

——穆索尼烏斯．魯福斯《講座》第6卷第25章

有員工被人問：「你為什麼這樣做事？」他回答：「我們一直這樣做，習慣了。」認真的老闆聽到這種答案，心裡一定充滿無奈，而對其他企業家來說，這簡直是千載難逢的好機會。這個不動腦、只憑習慣做事的員工已經製造了大空檔，讓公司的競爭對手能見縫插針，而懂得動腦的老闆大概也會準備炒他魷魚。

我們不能放任習慣為所欲為。我們之所以讀哲學，就是不想變成不會思考的機器人。想想看自己什麼時候會不動腦，只憑習慣做事？再問問自己，還有沒有更好的做法呢？請弄清自己做任何事的原因，找到行動背後的正當性。

1月17日・腳踏實地動手做事

我是你們的老師，你們是在我這裡學習的人。我的目標是讓你們變得成熟自在，做起事來毫不莽撞、無拘無束、心安理得，樣貌也容光煥發，無論面對大事小事，都能仰望上蒼。至於你們，則是要勤奮努力，把這樣的功夫學好、練好。如果我們兩邊的目標都正確，我的準備方向也沒錯，你們的功夫卻還是練不好，問題究竟出在哪裡？……這功夫不難練成，也是我們能掌握的唯一技術……請你們忘掉過去，專注當下。照我說的做，你們就會看見成果。

——愛比克泰德《語錄》第2卷第19章

在學生時代或小時候，你曾經因為怕失敗而不敢嘗試新事物嗎？很多青少年總是得過且過，不想全力以赴。他們因為偷懶不用心，總是把「沒關係，我根本沒在試」掛在嘴邊當藉口。

等到我們年紀大一點，失敗的代價可就不小了。成年人看重的，不是學業成績、校內運動競賽獎盃這些不盡客觀的項目，而是生活品質和待人接物的能力。

事實就是這樣。但請不要害怕，你可以向一群智慧過人的哲學家尋求指引，他們是全世界最好的老師。你的能力一定夠，老師要求的也不多：現在開始動手，然後繼續做就對了。

1月18日・像詩人和藝術家一樣看世界

在短暫的人生中，想辦法融入大自然，再從容優雅地辭世長眠。這就好比熟透的橄欖會離枝，將自身回饋給曾經供給養分的土地，也回饋幫助果實長大的樹木。

——馬古斯・奧列利烏斯《沉思錄》第4卷第48章

奧列利烏斯的《沉思錄》裡頭，有些句子寫得非常漂亮，這本書本來的讀者其實只有他自己，所以有些句子實在是漂亮到不可思議。他在其中一段裡稱讚大自然現象充滿「魅力與風采」，還寫出「成熟的穀禾欠身半彎，獅子緊蹙的眉頭，野豬嘴角流淌的唾沫」這種句子。這部作品之所以充滿栩栩如生的段落，多半要歸功於奧列利烏斯的私塾老師馬古斯・科奈利烏斯・弗龍托的修辭課程。在古羅馬時期，弗龍托是公認的實力派演說家，程度不亞於西塞羅。奧列利烏斯的養父欽點了弗龍托，委託他指導奧列利烏斯思考和表達技巧。

這些句子的精緻內容，讓看似日常或平庸簡陋的事物變得新鮮有趣，從古代的奧列利烏斯到現在的我們，都能獲得同樣的感受。透過精緻語言的描述，事物的本質和意義也顯而易見了。當我們用藝術家的眼光看世界，就會了解與世長辭跟果熟墜地沒兩樣；用詩人的眼光看世界，就會發現「麵包在烘烤的時候，自然會出現一些裂縫，裂縫不是麵包師傅的安排，卻能讓我們目不轉睛、胃口大開」，還能從中找出和人生有關的寓意。

與其覺得世間充滿黑暗，這樣看世界不是好多了嗎？當別人還不知不覺，你已經看見了優雅和諧的畫面，不是嗎？

1月19日・抉擇無所不在

講台和監獄，一個看似崇高，另一個看似卑賤，但只要你們願意，在這兩個地方都能自由做出各種選擇。

——愛比克泰德《語錄》第2卷第6章

綜觀斯多噶學派，大家的人生狀態都大不相同。有些人不愁吃穿，有些人來自羅馬階級社會的底層，有些人一生順遂，有些人則歷經風霜苦難。我們跟他們沒什麼不同，除了來自四面八方、同樣嚮往哲學之外，也經歷過人生的起起伏伏。

但是，**無論身處順境或逆境，我們只有一個目標：專心把控制範圍內的事物處理好**。很多事是難以捉摸的，有人幾年前或許還能到處花錢，現在卻可能在低谷掙扎，不過幾天後，說不定又變得大紅大紫，是非跟著多起來。唯一不變的只有一件事，那就是無論在大方向或小細節上，我們始終都有抉擇的自由。

這樣一來，我們的思考就會更清晰。無論個人背景、身在何方，最重要的事就是抉擇。抉擇是什麼？我們要怎麼判斷抉擇是好是壞？怎麼發揮抉擇的效果？不管我們處在什麼狀態，總是會面臨這些人生問題。你打算怎麼應對這些問題呢？

1月20日・激盪新想法

只要不扼殺所有想法，原則就不可能消失。下點工夫，隨時都能激盪出新想法……人生要重來，絕對有可能！換個角度看世界，人生就能重來！

——馬古斯．奧列利烏斯《沉思錄》第7卷第2章

這幾個禮拜過得不順嗎？你最重視的原則和理念，是不是離自己越來越遠了？這些狀況沒什麼大不了的，大家都經歷過。

其實，奧列利烏斯應該也碰到了麻煩，才會給自己寫下上面這段話。他可能被難搞的元老院議員刁難，或是因為兒子體弱多病而煩惱。遇到這些困難的當下，他可能會抓狂、會憂鬱，也可能會忽略自己內心的聲音。有誰不是這樣嗎？

不過，這篇分析想提醒各位，不管過去發生過什麼、自己的行為多差，原理原則永遠不會改變。只要我們有心，隨時都能回到原則的懷抱。昨日的一切、五分鐘前的種種，都是過去式了。我們隨時都能重新開機，讓人生重來。

現在，就讓人生重來吧。

1月21日・晨間計畫

每天早上一起床，就問自己這些問題：

要使自己不再感情用事，還差哪幾步？還差什麼才能得到平靜？

我是誰？是一具軀殼、一名財產所有人，還是個讓人稱頌的名字？都不是。

所以，我到底是誰？我是理性的個體。我應該做什麼？反省自己的所做所為。

我怎麼會離平靜狀態越來越遠？我做了什麼不友善、不合群、不體貼的行為？

我到底哪裡沒做好，才會出現這些狀況？

——愛比克泰德《語錄》第4卷第6章

很多成功人士都有自己的晨間計畫。有些人習慣冥想，有些人習慣運動，還有人喜歡寫個幾頁日記，把自己的想法、擔憂、期待通通寫下來。執行這些計畫的目的不在於做了什麼，而是把思考變成一種習慣。換句話說，就是花點時間觀察內心、分析心理狀態。

這就是斯多噶學派最強調的功夫。雖然我們不知道奧列利烏斯是在白天還是晚上寫《沉思錄》，不過能確定的是，他會抽出時間，在難得獨處的時候靜靜完成。這本書設定的讀者沒有別人，就只有他自己。如果你還不知道晨間計畫從何做起，可以先從思考愛比克泰德列出的問題開始。

從今天開始，請天天思考這些問題。每天勤下工夫，答案會越來越出色，一生受用無窮。

1月22日．每天自省

我會隨時觀察自己，而且會反省一天的所作所為，這是非常有幫助的。人如果不檢討自己，性格就會扭曲歪斜。我們經常只思考未來的計畫，卻沒發現這些計畫都和過去種種習習相關。

——塞內卡《道德書信》第83章

塞內卡曾經寫信給哥哥諾瓦圖斯，介紹某位知名哲學家提倡的正向練習：每天結束之前，塞內卡會問自己今天戒掉了什麼壞習慣、有沒有比之前進步、行為有沒有出格、要怎麼提升自己等類似問題。

每天一大早，斯多噶主義者會拿出日記，坐在位子上做生活檢討，包括之前做過、想過什麼事，還有哪裡可以做得更好。這也讓奧列利烏斯的《沉思錄》變得有點深奧，因為他設定的讀者沒有別人，只有他自己一個。書裡面有一些記錄，是關於他經歷過什麼、發現自己想到什麼，或是生活中有哪些機會可以提升自我。老師們教過奧列利烏斯許多斯多噶哲思，他花了時間把值得玩味的片段記錄下來，這過程就是一種自我訓練。

用電腦也好，拿紙筆也好，請把生活記錄下來，認真回想前一天經歷了什麼。做檢討的時候，要勇敢面對自己，仔細觀察讓自己開心和不開心的事，把努力方向、喜歡的名言錦句記下來。當然，做記錄沒那麼神奇，不會因此讓夢想成真，但花點力氣把想法記下來，至少之後不容易忘記。而且做記錄還有一個好處，就是進度隨時會更新，方便追蹤。

1月23日・金錢不是萬能

現在，我們來看看那些大富翁。很多時候，他們也跟窮人沒兩樣！當他們出國旅行，行李就不能帶太重；當他們要加快行程，隨扈人數就要減少。再看看那些軍人，每個人能帶的東西真是不多……

——塞內卡《致赫爾薇亞告慰書》第12卷第1章

作家費茲傑羅在小說《大亨小傳》裡，常把富人和名流的生活形容得光鮮亮麗，在另一則短篇故事裡，他也劈頭就說：「我來描述一下大富翁好了：他們跟我們不一樣。」過了幾年，費茲傑羅的朋友海明威因為這句經典言論，就故意酸他：「對，大富翁就是錢多。」

塞內卡想提醒我們的就是這件事。他出身羅馬富人圈，自然明白金錢的效力有限，無法讓人生產生質變。沒錢的人以為錢能解決煩惱，但錢不是萬能。其實，所有物質資產都一樣解決不了煩惱，因為外在物質是處理不了內在問題的。

可是，我們因為常常忘記這件事，才會搞得自己煩悶、痛苦萬分。海明威後來又寫了一段話，描述費茲傑羅的反應：「他本來以為有錢人的生活多采多姿，結果他一發現真相，就照他平常崩潰的樣子崩潰了。」如果我們不用這則故事警惕自己，可能就會步上費茲傑羅的後塵。

1月24日・培養追根究柢的態度

魯斯迪古斯不但讓我養成仔細閱讀、鑽研到底的習慣，也讓我懂得在愛高談闊論的人面前謹慎小心，不會立刻點頭附和。

——馬古斯・奧列利烏斯《沉思錄》第1卷第7章

奧列利烏斯在《沉思錄》第一卷開頭，就放了一連串感謝詞，對他遇過的所有人生導師逐一致謝。在感謝名單中，有一位是昆圖斯・尤尼烏斯・魯斯迪古斯。這位導師總是能讓學生愛上清晰思考、習慣追根究柢，不會只以學習皮毛為樂。

奧列利烏斯會認識愛比克泰德，也要感謝魯斯迪古斯，因為魯斯迪古斯把自己手中的愛比克泰德課程講義借給了奧列利烏斯。奧列利烏斯讀完講義內容大要之後，仍然覺得不滿意，也不會因為聽老師大力稱讚講義內容，就毫不猶豫全盤接收。英國學者保羅・強森曾經開過美國作家愛德蒙・威爾森的玩笑，說他讀書像是「在審判作者，想逼死對方」，而這就是奧列利烏斯閱讀愛比克泰德講義的態度。只要奧列利烏斯發現講義內容符合自己的要求，就會一點不漏地吸收，彷彿把知識內化成DNA的一部分。他熟悉內容之後，就不斷引用愛比克泰德的講義，即使後來權勢如日中天，他也還是照著講義內容過著高度自律的生活。

這種謹慎仔細、追根究柢的精神，我們應該好好效法。一天只需要讀一頁內容，不需要拼完一整章，就有餘裕好好鑽研字句了。

1月25日・最有價值的事

什麼東西才有價值？在我看來，是想辦法控制自己的行為，把精神花在自己真正需要做的事上面，不要白費力氣……好好做到這點，就不會貪得無厭……如果做不到，就不可能活得自在、自給自足、不受情緒左右，你會羨慕、眼紅有能力左右逢源的人，同時對他們心生猜忌，甚至當某人手中握有你認為有價值的事物，你就會想方設法對付他……反之，如果懂得珍惜、看重自己的心，就能自得其樂且融入人群。

——馬古斯・奧列利烏斯《沉思錄》第6卷第16章

身價高達六百五十億美元的巴菲特現在住的地方，依然是他一九五八年花了三萬一千五百美元買的房子。巴爾的摩烏鴉隊的中鋒約翰・厄索一年賺進一百萬美元，但他整年的開銷只有兩萬五千美元。聖安東尼奧馬刺隊明星球員科懷・雷納德，雖然身價高達九千四百萬美元，卻還在開年輕時買的休旅車。為什麼他們要這樣過活？他們並不是不敢花錢，而是他們重視的事物花不了多少錢。

不管是巴菲特、厄索還是雷納德，他們會過這種生活，並不是突發奇想，而是根據事情的輕重緩急做了規劃。他們的興趣都不花錢，讓收入變得綽綽有餘，而且不管收入有多少，他們都能放心做自己最想做的事。他們會變成有錢人，只不過是剛好而已。因為他們真心了解自己所愛，生活就能快樂自在，即使哪天市場風潮改變，或是傷勢逼自己必須提早退休，生活還是能過得一樣快樂。

想要的東西越多，就得付出越多，才能達成設定的目標，但人生也會因此不快樂、不自由。

1月26日·唱咒的好處

請不斷跟自己說，我的靈魂擋得住邪惡念頭、慾望或任何思想干擾，這樣才能把錯誤認知從腦中洗掉。請再跟自己說，如果我看見事物的本質，就要用合理的方式應對。這是上天賜給你的能力，請好好記在心裡。

——馬古斯．奧列利烏斯《沉思錄》第8卷第29章

上過瑜珈課或接觸過印度教、佛教思想的人，可能都聽過「咒」（mantra）的概念。這個詞在梵文裡的意思是「聖音」，聖音可以是一個詞、一個詞組、一個念頭，甚至是一個聲響，能給人清晰的思緒或心靈指引。在冥想訓練中唱咒有助於排除雜念，讓自己更加專注。

這麼一來，奧列利烏斯之所以建議大家唱這段「斯多噶咒」，就合情合理了。在發現自己充滿錯誤認知、無法專注、被日常生活壓垮的時候，不妨唱一下這段咒，當成座右銘提醒自己。而咒文想表達的，其實就是「我有能力抵擋壞東西入侵、我能夠看見事物真實的面貌」。

你可以隨自己高興調整咒文用詞，但一定要生出一段咒，再適時唱個咒，才能讓思緒進入自己朝思暮想的清晰狀態。

1月27日・三種訓練

想要變得睿智善良，有三個方向必須特別訓練。首先是欲求與避險，人在追求目標時要精準到位，不要被各種阻礙纏住。再來是行動與不行動的理由，要確定自己的行為動機是否良善、不隨便，整體而言，就是要思考個人的責任範圍。最後則是不受騙、不鬆懈，全面鍛鍊判斷力，也就是心靈對於感知做出的理性回饋。三個方向之中，第一個與情緒起伏息息相關，是最主要、也最需要立刻著手的訓練，因為人在目標落空、誤踩陷阱的時候，情緒往往最激動。

——愛比克泰德《語錄》第3卷第2章

今天，我們來看看愛比克泰德整理出來的三種訓練。

首先，我們要弄清楚自己應該追求什麼、避開什麼。為什麼要這樣？因為可以趨吉避凶。我們不能光是「傾聽身體的需要」，因為你也知道，慾望常常會讓我們誤入歧途。

再來，我們必須分析自己為什麼行動，也就是分析行為動機。我們的行為動機正當嗎？會不會根本沒有認真思考過就行動了？還是只是覺得「該做了」就行動？

最後，我們要磨練「判斷力」，多使用上天賜給我們的理性能力，讓我們能好好看透事物。

以上三個訓練方向看起來截然不同，不過實際操作的時候，卻是密不可分的。我們的判斷會影響欲求目標，欲求目標會影響行為，而判斷也會決定行為模式。但是，成果不會自己從天上掉下來，我們必須針對這三個方向費心費力訓練自己。我們只要認真訓練自己，思緒就會更清晰，也會有所成就。

1月28日．觀察智者

請認真觀察其他人的行事原則，而且要特別注意智者的舉動，觀察他們避開什麼、追求什麼。

——馬古斯．奧列利烏斯《沉思錄》第4卷第38章

塞內卡說：「少了尺規，就不可能矯正問題」。我們身邊的智者，扮演的正是模範和導師的角色，他們會刺激我們思考、挑戰我們既有的想法。

想向哪位智者學習，由你自己決定。你可以選自己的父母，或是某位哲學家、作家或思想家。直接套用「這種時候他會怎麼做」的自問自答模式，也有可能最適合你。

但無論如何，記得選一個人來觀察，他平常會做什麼、不會做什麼，都要盡量模仿。

1月29日．越單純越好

身為羅馬人、身為人類，每一刻都要意志堅定，並用一絲不苟的態度，以及只在乎尊嚴、熱情、自由與公義的心，把手上的工作處理好。對於其他的要求，暫時擱著就好。想達到這個境界，就要把每次的任務當成最後一次執行，在工作時專心致志，不要讓理智被情緒牽著走，也不要對自己應有的回報好高騖遠、斤斤計較。只要駕馭幾件小事，生活就會變得充實，心靈也會更加虔誠，因為眾神對你的要求不過就是如此而已。

——馬古斯．奧列利烏斯《沉思錄》第2卷第5章

每天，生活中的種種麻煩總是讓人千頭萬緒。今天穿什麼比較好？飲食夠養生嗎？人生下一步要往哪走？老闆滿意我的表現嗎？

不過，我們今天只注意手上的工作就好。我們不妨聽從新英格蘭愛國者隊教練比爾．貝里柴克給球員的建議，也就是「把工作做好」，而且要拿出羅馬人和職業軍人的精神，把工作雕琢到完美。對於其他三千煩惱或別人的瑣事，最好全部拋諸腦後，不要放在心上。

奧列利烏斯之所以把每次的任務看成最後一次，是因為真的可能是最後一次。就算不是，我們總不能把工作搞砸，給自己找麻煩。今天，請想辦法專心處理手上的工作，讓一切更單純，思緒才會變清晰。

1月30日．不必當萬事通

想提升自我，那麼在面對外在事物時，不要怕表現出一副傻樣或被別人當成笨蛋，人不必當萬事通。如果有人把你們當成大人物，也別自視太高。

——愛比克泰德《手冊》第13卷

在這個媒體全年無休、資訊無遠弗屆的時代，說「我不知道」是件勇敢的事。如果改說「我沒在關心」，聽起來就更嗆了。整個社會似乎一直逼我們當萬事通，要對所有時事、當紅電視影集瞭若指掌，還要照三餐看新聞再跟大家報告內容，表示自己很有國際觀。

可是，誰規定我們什麼都要懂才可以？警察規定的嗎？還是說，你只是擔心自己在聚會交流的時候一副呆樣？雖然就國家大事或家族之事來說，我們的確有義務去了解，但大致了解也就夠了。

要是我們把收看媒體的多數時間省下來，不就能多出更多時間、精力和腦力來處理別的事了嗎？要是可以輕鬆看待各種爆料、即時新聞、危言聳聽（真的，很多危機最後根本沒發生），不會被弄得火冒三丈、七上八下，生活不就更平靜自在了嗎？

1月31日・哲學是心病良藥

不要用接受魔鬼訓練的心態接觸哲學。要把自己當成病人，想像自己眼睛酸痛需要處方治療，或是被燙傷需要上紗布藥膏。抱持這種態度，就能在理性的懷抱裡靜靜療養，不需要大肆張揚。

——馬古斯・奧列利烏斯《沉思錄》第5卷第9章

人越忙，或是工作越久、書讀越多，就會越偏離軌道。我們的工作或學業可能已經上手了，也賺了很多錢、充滿各種想法，成天東奔西跑，生活看似一帆風順。但是，我們其實已經不在哲學軌道上了。

如果不接觸哲學，壓力會越積越多，頭腦越來越不清楚，以致於把重要的事忘得一乾二淨，最後可能會害到自己。這時候，一定要記得踩煞車，把衝勁和要緊事先拋在腦後，然後回到前面提過的計畫和訓練，好好鍛鍊清晰思考、判斷力，並保持良善原則和身心健康。

斯多噶哲學就是一帖心病良藥，能讓我們在現代生活的折磨當中重新站起來，再度找回活力和精神。今天就想著斯多噶哲學，接受它的療癒吧。

2月

•

情緒和衝動

2月1日．易怒的人要小心

怒火攻心的時候，請記得，發飆不是男人應該做的事。人應該要溫柔敦厚，這樣反而更有男子氣概。真男人不會隨便生氣、埋怨，這樣才算是果敢堅忍的強者，而不是天天悲憤的弱者。越能心平氣和的人越有力量。

——馬古斯．奧列利烏斯《沉思錄》第11卷第18章

運動員為什麼愛互嗆？他們為什麼要在裁判沒發現的時候故意罵對手？這是為了讓對方生氣，因為只要讓對手抓狂，就能輕鬆贏得比賽。

下次如果生氣了，就想一想這件事。**生氣不會讓你變強壯或變厲害，反而會曝露自己的弱點，**是下下策。有時候，還可能掉進了別人設下的陷阱。

拳擊手喬．路易斯的粉絲和對手，曾經替他取了「拳擊機器」的綽號，因為他冷靜、沉穩，臉上完全看不見情緒，樣子甚至比對手擺出張牙舞爪的外表還嚇人。

所謂力量，就是冷靜自持的能力。一個人如果懂得控制情緒，就不容易悲憤或感到不安，被情緒牽著走。

2月2日・找到對的思考模式

請練習用以下模式思考：想像自己是個老人，不會再被眼前的事物絆住手腳，也不會再隨內心衝動起舞；不會再抱怨自己擁有的財富不夠，也不會再對未來擔憂。

——馬古斯・奧列利烏斯《沉思錄》第2卷第2章

我們都討厭別人一來就指著我們的鼻子說教。不要再教我們怎麼穿衣服、思考、做事、生活才對，我們都是獨立自主的個體。

就算事實不是如此，我們也是這樣相信的。

不過，只要有人否定我們的意見，我們的內心總是有個聲音，叫自己和對方爭到底。只要眼前出現一盤好吃的餅乾，我們就非吃不可。只要有人做了我們討厭的事，我們就得發個脾氣。只要有不好的事情發生，我們就得流個眼淚、擔個心，但如果幾分鐘後有好事發生，我們又會突然破涕為笑，希望好事持續不斷。

我們已經被情緒牽著走了，千萬不要再被別人牽著走。現在，請認清自己不是傀儡，不會再被情緒東拉西扯。**我們是獨立自主的個體，有權操控大局的應該是我們自己，不是情緒。**

2月3日．焦慮的源頭

每當我看見焦慮的人，就會問自己，他們到底想要什麼東西？**人對於不受自己控制的外在事物如果沒有慾望，又怎麼會焦慮不安呢？**

——愛比克泰德《語錄》第2卷第13章

很多父母總是因為自己的小孩而煩惱。父母盼望的是什麼？他們盼望世界永遠安全。那些煩躁的旅人，他們又期待什麼？他們期待好天氣繼續維持、交通一切順暢，自己的航班才能順利起飛。那心神不寧的投資人想要什麼呢？他們希望市場趕快轉向，讓投注的資金不要白費。

這些人有個共通點，也就是愛比克泰德說的，都想得到不受自己控制的外在事物。要是我們太興奮或太緊張，只是讓自己被這些強烈情緒折磨，讓自己既無能又無助，只能一直盯著時鐘、手錶、隔壁的車道或天空看，彷彿只要夠虔誠，命運之神就會打賞我們，回應我們的癡心。

如果今天你發現自己內心七上八下，請先問自己這些問題：我的內心在糾結什麼？我是不是被焦慮絆住了？除此之外，還有一個最重要的問題：焦慮對我有幫助嗎？

2月4日·讓自己無敵

誰可以無敵？不會被理智抉擇範圍外的事物干擾的人。

——愛比克泰德《語錄》第1卷第18章

你注意過專家怎麼應對媒體嗎？對專家來說，什麼困難的問題都能回答，出現再尖銳、刻薄的評論也無所謂。他們會展現輕巧身段，用幽默和耐心回應各方砲火，就算自己被激怒了，也不會因此退縮或跳腳。專家能這麼自制，除了因為他們訓練有素、經驗豐富，更是因為知道自己如果跳腳，只會讓場面更難看。媒體總是虎視眈眈，等著看專家口誤或翻臉，因此，專家早就把保持冷靜當作重要心法，讓自己度過各種媒體關卡。

今天，你應該不會碰到一群嗜血記者對你猛問問題。不過想像一下這個畫面，思考自己會如何應對，或多或少會對自己面臨的各種壓力、挫折或重擔有幫助。我們的理智抉擇，也就是斯多噶學派說的 prohairesis，是我們可以鍛鍊的無敵模式。在這個模式下，不管外界砲火再猛烈、各種壓力或問題有多麻煩，我們都能從容面對。一波車輪戰結束之後，我們可以邊把手上的球丟回去，邊問：「還有問題嗎？」

2月5日·克制情緒衝動

不要讓自己疲於奔命。面對任何衝動，都要用去追求正義的心態應對；面對各種狀況，都要堅持自己的理念。

——馬古斯·奧列利烏斯《沉思錄》第4卷第22章

你身邊有沒有言行舉止大起大落的人？這裡說的不是精神症狀患者，而是那些把生活過得一團亂、做決定沒標準的人。這些人永遠處在高峰或低谷，不是大喜就是大悲，他們難道不累嗎？你會不會希望在他們身上裝個過濾器，讓他們能過濾迎面而來的正向和負向情緒？

其實，公義、理性、哲學就是好的過濾器。斯多噶哲學的中心思想，可以說是要人駕馭迎面而來的各種情緒衝動，像叫狗乖乖坐下一樣。一言以蔽之，就是三思而後行。請記得問自己：誰才是掌控大局的人？我的行為準則有哪些？

2月6日・不要隨便引戰

我不認為直接衝上第一線奮戰是對的，也不認為讓自己每天過得轟轟烈烈，在困境中拼命打滾是對的。對智者而言，自己雖然耐得住這些考驗，但不會主動跳進去。他們會希望多點平靜，少點爭鬥。

——塞內卡《道德書信》第28章

很多人喜歡引用美國前總統老羅斯福「競技場上的人」的說法，學老羅斯福稱讚那些「臉上佈滿塵土、淌滿血汗的人」，對坐在場邊下指導棋的批評家感到不以為然。這段話，是羅斯福在卸下總統職後不久、聲勢如日中天的時候說的。幾年後，他捲土重來，和以前的徒弟競爭白宮大位，結果不但輸得灰頭土臉，還差點被暗殺。他又跑到亞馬遜流域探險，差點死在當地，也跑去非洲狩獵，殺了幾千隻動物。他五十九歲那年，甚至還求當時的總統威爾森讓他從軍打第一次世界大戰。現在看來，羅斯福的種種行為實在讓人摸不著腦袋。

羅斯福確實是位偉人，無庸置疑。不過，他也常常一頭熱，一投入行動就沒完沒了。羅斯福常被自己不能控制的事物牽著鼻子走，而很多人也有同樣的毛病，因為覺得生活太單調乏味，於是到處挑釁、吵架，給自己找點事做。明明和平才是值得稱讚的好選擇，我們卻還是選擇開戰，甚至不惜揮舞真刀真槍。

沒錯，競技場上的人值得敬佩，軍人、政治人物、企業家等專業人士也很了不起，但最重要的前提是，一定要為戰鬥找到正當理由才行。

2月7日・恐懼是自討苦吃

很多人因恐懼而自討苦吃，也有很多人儘管擔心壞事臨頭，壞事還是找上門了。

——塞內卡《伊底帕斯》

「只有偏執狂才能生存」，這是前英特爾執行長安迪・葛洛夫的名言。這句話不是完全沒道理，但我們都知道，偏執狂常常自亂陣腳，敵人沒敗自己先倒。身為羅馬菁英的塞內卡，在圈內想必看盡了類似的慘劇。塞內卡的學生尼祿經常一意孤行，讓老師一再出手制止，但最後，他還是殺了自己的媽媽和太太，甚至連自己的導師都不放過。

人只要集權力、恐懼、偏執於一身，很容易就會引火自焚。上位者一旦覺得自己被人背叛，就會先一步採取行動背叛別人。當他們覺得自己不得人心，就會千方百計討好別人，不顧各種反效果。或者，當他們以為目前管理成效太差，於是開始無事不管，反而會讓成效真的變差。類似的例子不勝枚舉，背後的問題都是一味自尋煩惱，導致煩惱纏身。

哪天你又因為後果可能不堪設想，而感到擔心害怕的時候，請記得一件事：當無法控制自己的情緒衝動，或是失去自制力，可能會讓自己落入最害怕的窘境。很多有成就的聰明人和掌權者都踩過這個陷阱了，一定要當心。

2月8日・這樣做你開心了嗎？

你會喊：「我現在超痛苦！」請問，這種沒有男子氣概的應對方式，會讓你比較不痛苦嗎？

——塞內卡《道德書信》第78章

下次你發現身邊有人不開心的時候，不管對方是哭吼、砸東西，還是變得尖酸刻薄，你可以對他說「希望這樣做會讓你開心一點」，對方會立刻冷靜下來。原因很簡單，因為發洩不會讓人開心。在情緒浪潮來襲之際，做出這樣的行為是人之常情，但如果有人要求當事人替自己的行為找個理由，對方往往會覺得不好意思，甚至無地自容。

這招套在自己身上也很有效。哪天你發現自己又開始大發脾氣，或是為了感冒症狀哀哀叫、為了做錯事大哭的時候，記得問一下自己：這樣發洩我會比較開心嗎？這對改善病情有幫助嗎？

2月9日．不必隨時發表意見

我們大可對事情沒有想法，不用因此感到心神不寧，因為我們的判斷力不必然受事物影響。

——馬古斯．奧列利烏斯《沉思錄》第6卷第52章

來做個有趣的練習：想想看，有沒有哪些事情會讓你不開心，只是你不知道的？有可能是別人在你背後說的閒話、你犯過但自己沒發現的錯誤，或是已經弄丟但自己沒發現的東西。想到這些，你會有什麼反應？其實，你不會有什麼反應，因為你並不知情。

這個練習告訴我們，壞事不一定會讓我們產生想法。想法是一種能力，要小心鍛鍊，不要隨便拿出來賣弄。再說，有時候腦中想法太多反而讓人煩躁，請練習淨空自己的腦袋，不需要對任何事產生想法。總之，當作什麼事都沒發生過，或根本不知情就對了。只要和這些事切割，裝作什麼都沒看到，心情就不會受到太多影響了。

2月10日・憤怒是有害的火種

憤怒是最不可理喻、最能引火自焚的事物。當憤怒得逞了，就會跟自負劃上等號；當憤怒失手了，就跟瘋狂沒兩樣。憤怒不會因為敗仗而減弱，要是敵人因故不在攻擊範圍內，憤怒就會將炮火轉向自己。

——塞內卡《談憤怒》第3章

斯多噶主義者一再強調，生氣基本上不但無法解決問題，反而會火上加油。我們一生氣，別人也跟著生氣，到最後人家都生氣了，還是沒解決到什麼。

很多成功人士會說憤怒是強而有力的火種，讓他們的生命熊熊燃燒。很多人就是因為想「證明別人都是錯的」、「給別人一點顏色瞧瞧」，才能大賺一筆成為百萬富翁。有些人因為被罵肥豬、白痴，一怒之下研發了超強瘦身術，或成了人思想家。或者像是有些人到哪都不受歡迎，因此氣到另闢蹊徑。

不過，這種想法實在是太淺薄了，沒把生氣的壞處考慮進來。憤怒會讓生活烏煙瘴氣、殘害身心，而且當第一波怒意消失了，還要不斷添加情緒柴火，才能維持憤怒的熱度（添到最後沒得添，就會對自己發火）。一九六七年，馬丁．路德．金恩曾經說過「恨意的重量沒人承受得起」，提醒民權運動領袖不要因為自己理直，就和敵人恨意相向。

憤怒的情況也跟恨意一樣。其實，大多數極端情緒都一樣，都是有毒的火種。全世界充滿了這種有毒火種，而且造成了許多我們永遠承擔不起的破壞。

2月11日・你是明君還是暴君？

我們的心有時候是明君，有時候是暴君。心在明君狀態下，會帶領人接觸正向事物，只對身體下達重要且有益的命令，讓肉體常保健康。然而，一旦心被慾望和執念填滿而失控，就會陷入最可怕的絕境，從明君變成暴君。

——塞內卡《道德書信》第114章

「絕對的權力必然使人腐化」這句話基本上沒錯，塞內卡無惡不做的學生尼祿就是最好的例子。另一位多密先皇帝也不遑多讓，他不管別人的意見，就隨便把所有哲學家逐出羅馬（正因如此，愛比克泰德才要離開羅馬避難）。然而，雖然很多羅馬皇帝都是暴君，但過沒幾年，愛比克泰德還是和另一位皇帝哈德良成了好朋友，而且哈德良後來還幫助奧列利烏斯登上王位，奧列利烏斯更成了哲學家皇帝的典範。

照這樣看來，權力不一定會讓人腐化。正確來說，權力會造成的結果，取決於當事人的內在力量和覺察力，譬如當事人重視的價值、追求的目標、對公平正義的認識等等，都有助於抵抗無上財富和權位帶來的誘惑。

這個道理也適用在我們身上。個人發展也好，職涯發展也好，你想成為暴君還是明君呢？

2月12日．維持內心平靜

請時時留意自己的內心波動。這可不是小事，你其實是在守護自己的尊嚴與信用，讓自己步伐穩健、心靈平靜，不被痛苦與恐懼糾纏。簡而言之，你就是在守護自由。你覺得自由值多少錢呢？

——愛比克泰德《語錄》第4卷第3章

無論是工作不順、人際關係緊張還是成為眾人焦點，都讓人焦躁不安。這時候，斯多噶哲學就派上用場了，這套思想能幫助我們梳理情緒，有效紓解壓力、應付三不五時出現的壓力源。

但你不妨問自己這些問題：為什麼我要承受這些壓力？現在的環境適合我嗎？我該對收不完的煩人郵件、應付不完的職場鳥事生氣嗎？腎上腺素能分泌的量有限，留到危急的時候再用不是比較好嗎？

這時候，就讓斯多噶哲學幫我們解決煩惱吧。不過，請記得繼續問自己：這真的是我想要的生活嗎？如果生氣會讓人折壽，現在把寶貴的腎上腺素消耗掉真的值得嗎？需要的話，請大膽改變自己的生活，不要客氣。

2月13日．享受會帶來罪惡感

當你開始期待可以好好享受，請記得，心裡有所期待的時候切忌被沖昏頭。先沉澱一陣子，不要急著行動。再來，請思考自己會享受多久，以及事後會悔不當初、怪罪自己多久。接下來，想想看克制慾望帶來的喜悅和滿足感，和享受的快感比較一下。要是享受的機會真的來了，也不要耽溺逸樂、流連忘返。你該做的，是告訴自己成功自制之後會更快樂。

——愛比克泰德《手冊》第34章

自制很難，大家都知道。這時候，我們不妨參考某個瘦身絕招，提升自己的自制力。這招的操作方法是每星期選一天當「鬆綁日」，可以隨心所欲吃自己想吃的食物。有了鬆綁日，大家會在其他六天當中積極規劃美食清單，等時間一到就大吃特吃，犒賞自己（反正只要七天當中有六天夠節制，瘦身還是很有效）。

這招乍聽之下很美妙，但用過的人才會知道真正的原理：在鬆綁日大吃一天之後，心裡會湧出滿滿的罪惡感，讓人很快就決定不要再鬆綁了。其實我們不需要鬆綁，到後來也不會想要鬆綁。這就跟爸媽一發現小孩在抽菸，就逼他們吸完整包的做法很像。

了解沉迷會引起什麼後果，是其中的關鍵。當發現與其沉迷不如克制，就不會再陷入沉迷的網羅裡了。這時候，除了自制能讓我們真心享受，其他誘惑都只會讓我們充滿罪惡感。

2月14日・三思而後行

獲得智慧的不二法門，就是用心做判斷。判斷力是掌握一切事物的工具。

——引自赫拉克利特斯，收錄於第歐根尼斯・拉爾修斯《哲人言行錄》第9卷第1章

你大概問過自己：「我之前為什麼要這樣做？」「我當時怎麼那麼蠢？」或是「那時候到底在想什麼？」有誰沒問過嗎？

其實你不笨，不過問題就出在這。我們天生就有理智和判斷力了，只是必須好好利用，這點是最難的。我們必須把生殺大權交給心智，不要隨情緒起舞，也不要被當下的感官刺激或體內的賀爾蒙控制。

請用心做判斷，讓心智發揮應有的功能。

2月15日・一切只是惡夢一場

把過去的風暴當成惡夢一場，在夢醒之後清空自己的思緒，好好恢復理智。你會發現，世間的一切不過就是夢幻泡影。

——馬古斯・奧列利烏斯《沉思錄》第6卷第31章

作家雷蒙・錢德勒曾經寫信給合作的出版社，表示「雖然未來讓我憂心忡忡，但我從不回顧過去的事」，這句話其實也適用大部分的人。托瑪斯・傑佛遜在寫給約翰・亞當斯的信裡逗趣地說：「好多沒發生過的壞事，把我們弄得超痛苦的！」最中肯的應該算是塞內卡了：「在恐懼當中，很多事是不確定的，但唯一可以確定的是，大部分我們擔心害怕的事，最後都不會發生。」

斯多噶學派認為，**很多困擾我們的事其實從來沒發生過，都是我們自己想像出來的**。想像跟夢境一樣，我們卡在裡頭的時候，所有事物看似歷歷在目，但離開之後，當初的一切就變得荒謬可笑。我們不會邊作夢邊問：「這些狀況合理嗎？」我們只會順著夢境走。同樣的，在憤怒、恐懼或其他強烈情緒來襲的時候，我們也是順著感覺走。

因為想像而生氣難過，跟醒著作夢沒什麼不同。我們生氣的對象是虛幻的，自己的反應才是真的，而我們也讓假戲成真了。麻煩立刻醒來，不要繼續給自己找麻煩了。

2月16日・不要讓麻煩擴大

如果有人問你你的名字怎麼寫，你會用吼的回他嗎？如果對方生氣了，你會生氣回去嗎？你應該會好聲好氣地解釋你的名字怎麼寫吧？所以，請記得，人生中的任務是由大大小小的行為累積而成的。執行任務的時候，要小心注意每個行為……而且要用對方法執行。

——馬古斯・奧列利烏斯《沉思錄》第6卷第26章

職場上很容易發生的狀況之一，是你身邊有難搞的同事或主管。當他們找你幫忙做一件事，因為你不喜歡負責傳話的人，於是你立刻拒絕，推託說這個要求完全不合理、或是他們不夠尊重你，所以你告訴他們：「不要，我不想做。」接著對方以牙還牙，不幫你完成之前提出的要求，結果雙方的衝突越演越烈。

不過，如果能把自己抽離現場，用客觀的眼光判斷情勢，或許就會發現他們的要求並不是完全不合理。其實，有些部分相對輕鬆簡單，或不怎麼令人反感，而且只要完成這部份，剩下的部份看起來就沒那麼討厭了。再花一點時間，就能完成任務。

人生加上工作已經夠艱難了，我們就不要再為小事發脾氣或隨便引戰，讓人生每況愈下。當我們透過簡單恰當的行動磨練德性的時候，也不要再讓情緒變成絆腳石，干擾我們的努力了。

2月17日．獲得幸福快樂的大敵

追求自己沒有的事物，同時又想得到幸福快樂，是不可能的事。幸福快樂就是什麼都不缺，是一種不餓不渴、豐衣足食的狀態。

——愛比克泰德《語錄》第3卷第24章

我們可能會告訴自己：畢業之後會比較快樂、升官之後會比較快樂、瘦身有成之後會比較快樂、賺錢能力超越父母之後會比較快樂。這種心態，是心理學家所謂的「有條件的快樂」。有條件的快樂就跟地平線一樣，再怎麼奮力追就是追不到，甚至永遠都沒有接近的跡象。

天天幻想自己想要的目標、癡心期待未來有好事發生，這些行為看起來是種享受，卻無法讓人在當下變得幸福快樂。請認清事實：期待有一天會擁有更多、會過得更好的思維，其實是幸福快樂的大敵。癡心盼望和快樂只能二選一，就像愛比克泰德說的，兩者不可兼得。

2月18日・防患於未然

認真練習對抗虛假想像的人，才是真勇士。受苦的人啊，請堅強一點，不要被想像綁架了！努力練習自制、追求自由，讓自己過得幸福平靜，就是一種偉大情操。

——愛比克泰德《語錄》第2卷第18章

愛比克泰德曾經用天氣當比喻，表示想像就跟狂風暴雨一樣會困住我們，還會把我們吹得東倒西歪。當我們一頭栽進某件事，心情跟著起起伏伏，就能體會什麼是風暴了。

不過，現代因為有氣象預報科技和預測專家，要精準預測風暴狀況並不難，除非我們不想未雨綢繆、不關心氣象預報，否則或多或少都能降低風暴的威脅。

要是我們不做計畫，也不研究怎麼提升窗戶的擋風效果，就只能被各種內外因素轟得七葷八素。在時速一百五十公里的暴風面前，人類實在太渺小了，但我們只要懂得防患於未然，就能用更好的方式應對危機。

2月19日・人生如宴會

請記得用參加宴會的方式過人生。當美食輾轉來到你面前，請伸手拿取不多不少的份量。要是美食和你們擦身而過，也不必強求。美食還沒出現怎麼辦？不要急著流口水，要耐心等待美食到來。如果你們能用同樣的方式對待子女、伴侶、職位、財富，就有機會成為眾神宴席上的嘉賓。

——愛比克泰德《手冊》第15章

下次，如果看見自己想要的東西，就想一想愛比克泰德的盛宴比喻。要是你開始充滿幹勁，想不顧一切把眼前的東西拿到手，就記得提醒自己：這是沒禮貌的行為，不需要這樣。不必硬把手伸到桌子另一邊去搶別人手中的美食，只要耐住性子，等食物傳過來就好了。

盛宴比喻還可以給我們別的啟發。我們可以想想自己運氣多好，能受邀出席一場盛大宴會（心懷感激），或是想想是否應該把握時機享受眼前的美食（把握當下），甚至提醒自己貪吃百害而無一益，至少對身體不好（畢竟貪吃是七大罪之一）。我們還可以想一想，宴會結束之後，不幫忙主人收拾洗碗很沒禮貌（無私利他），或者下一次禮尚往來換我們請客（分享的善念）。

好好享受美食吧！

2月20日・縱情享樂的結局

你看看，不管是強盜、變態、殺人犯還是暴君，都是縱情享樂的人！

——馬古斯・奧列利烏斯《沉思錄》第6卷第34章

雖然論斷別人不是什麼好事，但認真看看別人縱情享樂之後的結局，也不算是壞事。作家安・拉莫特在《一隻鳥接著一隻鳥》書中開了個玩笑：「你想過上帝對錢的態度是什麼嗎？看看上帝給誰錢，注意對方的樣子，你就知道了。」縱情享樂也是一樣，想了解後果，不妨看看獨裁者，再看看他機關算盡的三千後宮佳麗，或是看看明星新秀如何快速染上毒癮、白斷前程就夠了。

問問自己：縱情享樂值得嗎？真的會讓人快樂嗎？

一旦有享樂的念頭，就想一下這些問題，或者乾脆選些「無害」的壞習慣來享受。

2月21日・無欲則剛

請記得，不是只有貪戀名利會讓我們面目可憎、綁手綁腳，一味追求心靈平靜、休閒、旅遊、學習亦然。困住我們的並不是目標的種類，而是我們怎麼看待目標……越是對某事汲汲營營，就越容易作繭自縛。

——愛比克泰德《語錄》第4卷第4章、第15卷

難道愛比克泰德覺得心靈平靜、休閒、旅遊、學習是壞事嗎，應該不是吧？還好不是。真正有問題的，是汲汲營營的追逐心態，這種心態本身不但就可能是麻煩，更會帶來各種後遺症。當我們心有所求，就會變得相對脆弱。不管是想環遊世界、當總統，還是想靜個五分鐘，只要進入癡心妄想的狀態，就等著掉入失望的深淵。命運隨時都能捉弄我們，當我們忙著妄想又要應付命運，下場往往是行為失控。

知名犬儒主義者第歐根尼斯說過一句話：「眾神能屏除一切慾望，半人半神能做到清心寡慾。」無欲才能剛強，因為一切事物都在自己的掌控之中。名利固然是應該排除的慾望對象，很多經典文學、戲劇也喜歡批評追名逐利的醜態，但事實上，《大亨小傳》主角蓋茨比追逐的綠光同樣是該排除的對象，因為這道光雖然象徵了愛情、崇高理想等美好事物，卻也能毀掉一個人。

在追求目標的時候，請先問問自己：這些東西是我能掌控的嗎？我會不會反過來被它們控制了呢？

2月22日・準備好再開口

加圖喜歡練習能撼動大眾的演講，他相信，好的政治哲學就像一座大城，必須要具備作戰能力。不過，他從來不在別人面前練習演講，也沒有人聽過他試講。當他知道人們抱怨他太沉默，他回答：「希望他們不會嫌棄我這個人，在不確定開口會不會更好之前，我是不會說話的。」

——普魯塔克《小加圖》第4章

動手做事很簡單，只要一頭栽進去就行了。不為所動、暫時停手，或是說出「我不確定現在是不是該做這件事，我不確定自己準備好了沒」才難。加圖踏入政治圈的時候，很多人對他期待很高，希望他能用演講鼓動人心、用力譴責弊端、精準分析時政。加圖很清楚期待造成的壓力，從古到今，沒有人逃得掉這種壓力。不過，他終究沒有屈服，畢竟討好群眾（或者討好自己）實在太簡單了。

加圖選擇保持耐心、做好準備，把想法梳理清楚，確定自己不會意氣用事、自負躁進。等他覺得演講內容夠充實、自己信心十足之後，他才會開口。

要做到這種程度，一定要有自覺，該停的時候停、該誠實自省就自省。你做得到嗎？

2月23日．大環境是無情的

你們不應該讓自己被大環境激怒，環境無情，不會理會你們。

——愛比克泰德《語錄》第7卷第38章

《沉思錄》裡有很多短句或短文，都是直接引用其他作家的文字。奧列利烏斯之所以這樣編排，是因為他不以原創作家自居，而且引用對他而言是一種訓練，目的在提醒自己哪些道理值得學習，其中有些段落他甚至早就讀過了。

上面這段引文很特別，是從尤里皮底斯的劇本節錄出來的，不過這套名為貝雷羅風的劇本已經佚失了，只有其中幾段引文流傳下來。現存資料顯示，主角貝雷羅風在故事裡懷疑眾神並不存在，不過其中有一句台詞卻是：「面對超越人類極限的力量，我們有必要發脾氣嗎？反應有必要這麼大嗎？」外在環境本來就是無感的，就算我們再怎麼大哭大叫，環境也不可能理我們，更不用說一向置身事外的眾神了。

這就是奧列利烏斯想提醒自己的道理：不管心情是悲還是喜、對外界做出什麼反應，大環境都不在乎，因為環境不是人。所以，請不要再對大環境耍脾氣了，這樣沒有辦法改變什麼，大環境根本不會理我們。

2月24日・傷害從哪裡來

請記住，會造成傷害的不是故意攻擊你們的人，而是面對攻擊的內心反應。下次如果有人激怒你們，請告訴自己，怒氣都是由自己的想法引起的。這種時候，應該先保持清醒，不要陷在想像裡頭。讓自己沉澱一段時間、拉開一點距離，比較容易掌控自己的內心。

——愛比克泰德《手冊》第20章

斯多噶哲學告訴我們，世界上沒有客觀的好事或壞事。舉例來說，億萬富翁因為市場震盪損失了一百萬美元，跟普通人損失一百萬美元是兩碼子事。或者像是死對頭對你的批評，和另一半罵你的話比起來效果完全不同。如果有人寄郵件對你發脾氣，但你根本沒點開來看，這樣你算是被罵嗎？簡而言之，只有因為特定情境、事件分類，加上我們主動涉入，以上這些狀況才能算是「壞事」。

我們對情境的反應，才是決定傷害會不會發生的關鍵。當我們自以為受到不公平待遇而發脾氣，世界看起來就真的不公平。如果我們覺得自己被人踢館，因此刻意提高說話分貝，到最後衝突真的會發生。

不過，要是我們能夠冷靜自制，就能自由決定情境是好是壞了。再說，同一件事在人生不同時期發生，帶來的效應通常大不相同。既然如此，從現在開始練習不要替事物貼上好壞標籤，練習不隨外在事件起舞，不是比較好嗎？

2月25日．一切終究歸於塵土

看看你身邊常發脾氣的人，再看看那些事業有成、歷經風霜或無惡不作的知名人物，然後問問自己，這些人最後都到哪去了？你會發現他們的肉身終究歸於塵土，他們的功績不過就是人們口中的傳奇故事……

——馬古斯．奧列利烏斯《沉思錄》第12卷第27章

奧列利烏斯在《沉思錄》裡常常提到，他之前的羅馬皇帝在退位後沒幾年就被人民遺忘了。對他來說，這件事是有警惕作用的，他知道自己就算征服再多領地、逞再多威風，都像是在沙地上蓋沙堡，成果很快就會被歲月風化。

其實，人不管再悲憤、暴怒、執著，或是一心想追求完美，最後的下場都差不多。奧列利烏斯最愛舉亞歷山大大帝的例子：這位君王算是史上數一數二熱血的雄才，但最後也是跟自己的車伕葬在一起。人終究難逃一死，也終究會被世人淡忘，正因如此，我們應該好好把握活著的每分每秒，不要淪為情緒的奴隸，成天過著苦悶不平的生活。

2月26日・隨便別人怎麼想

有人愛跟我作對怎麼辦？就隨便他吧。他有他的習性，這也是他自己的選擇。上天已經給了我許多東西，我現在只想認真完成上天交代我的任務。

——馬古斯・奧列利烏斯《沉思錄》第5卷第25章

林肯當總統的時候，偶爾會因為下屬、將領或朋友的所作所為發脾氣。不過，他不會直接找對方理論，而是先動筆寫一封信，針對對方的錯誤、自己的分析和建議長篇大論一番。接著，林肯會把信摺起來，放到辦公桌抽屜裡，永遠擱著不寄。好巧不巧，這些信很多都留下來了。

林肯總統跟奧列利烏斯皇帝一樣，都知道反擊對方很簡單，而且對別人發飆的感覺很過癮。可是，要是真的行動了，最後的下場往往是悔不當初，覺得不該把信寄出去。回想一下，自己上次失控發飆是什麼時候？結局如何？對事情有幫助嗎？

2月27日．別人激動，你要保持平常心

世界上的事物有好有壞，但有些必須持平看待。德性是好的，與德性直接相關的東西也是。相反的，惡習是壞的，和惡習沾上邊的東西也是。至於需要持平看待的事物，則是介於德性與惡習之間的財富、健康、生命、死亡、快樂、痛苦等等。

——愛比克泰德《語錄》第2卷第19章

很多人會一直問自己夠不夠瘦、手上有多少錢、可以活多久、以後會怎麼死，但是請想想看，如果這些煩惱有一天變得完全不重要，你的人生和人際關係會不會更開闊呢？當其他人一下又氣又羨、情緒激動，一下汲汲營營、嗜財如命，但你卻能保持客觀、冷靜思考，這樣的情境會是如何？你有辦法想像嗎？如果能做到這樣，會不會讓職場人際關係、愛情、友情更順利呢？

身兼富豪與名人身份的塞內卡，也是位斯多噶主義者。即使擁有萬貫家財，他還是能像斯多噶學派說的一樣，始終以平常心看待：有錢很好，但財產消失了也不必心疼。這樣的態度，是不是比患得患失、錙銖必較的心態更健康？保持平常心，才是四平八穩的中庸之道。

一味避開令人煩心的因子並不是長久之計，最好的方法，應該是以平常心接受各種結果，不需要過度執著，也不需要對某件事產生過於強烈的偏好。要做到這點確實不容易，但要是真的做到了，是不是會過得更自在呢？

2月28日・失控的下場

心就像碗裡的水，外在表相則像是落在水面上的光線。水面搖晃了，光線看似跟著晃動，但是實際上是平靜的。一個人如果無法從容冷靜，受影響的不是自己的技能和德性，而是承載以上兩者的心靈。當心平靜了，技能和德性就會跟著穩定下來。

——愛比克泰德《語錄》第3卷第3章

你做事出包了嗎？或者不只是出包，根本是搞砸了？

這沒什麼大不了的，你心中的哲學思維還是好端端的。理智抉擇從來沒有放棄你，是你暫時放棄了理智抉擇。

請記得，本書的訓練工具和目標完全不受環境變動影響。請穩住腳步、從容以對，心很快就能平靜了。

2月29日・心想不一定能事成

小孩把手伸進窄窄的糖果罐，抓了滿手糖果，結果手卻拔不出來，於是就開始大哭。其實，把幾顆糖果放掉不就好了嗎！請克制自己的慾望，不要坐這山望那山，這樣才能獲得自己需要的東西。

——愛比克泰德《語錄》第3卷第9章

「什麼都要顧到」是現代人的魔咒，不管是工作、家庭、理想、事業還是休閒，我們隨時都想一把抓，一樣不漏。

古希臘人說的大講堂（希臘語是scholeion），其實是休閒用的場地，學生會在裡面思索何謂真、善、美，想辦法過更好的人生，至於其中的訣竅，就是要弄清事物的輕重緩急。可惜的是，現代人總是像把手伸進糖果罐的小孩一樣，這個也要、那個也要，根本沒時間思考需求的先後次序。

就像愛比克泰德說的，不要坐這山望那山。請專心替個人需求排序，不時問自己：「我真的需要這樣東西嗎？」「沒得到會怎麼樣嗎？」「少了這樣東西我還可以怎麼辦？」

如果能回答這些問題，就會覺得自在許多。把不需要的東西放在一邊，就不必日夜奔波了，省得讓生活天翻地覆，自己也不開心。

3 月

•

自覺

3月1日．踏入哲學的世界

要踏入哲學的世界，首先要弄清楚自己的行事準則是什麼。

——愛比克泰德《語錄》第1卷第26章

哲學這門學問聽起來很可怕。要從哪裡開始讀？要自己讀書，還是要聽課？需要先拋售名下的俗世財產嗎？

以上皆非。愛比克泰德想說的是，我們必須懂得使用理性，當其他人對情緒、信念，甚至語言現象習以為常，我們也要能提出疑問，才有可能變成哲學家。有一種說法是，動物在鏡子裡認出自己的樣貌之後，才會培養出自覺意識。我們或許可以換句話說：一旦發現自己有自省能力，就等於踏進了哲學的世界。

你可以從今天開始練習自省嗎？開始之後，你會發現整個人更有活力。套句蘇格拉底的話：我們會開始過值得過的生活。

3月2日．準確評估自己的能耐

人一定要準確評估自己的能耐，才能避免走上自視甚高的老路。

——塞內卡《論心緒平靜》第5章

一聽到要客觀評估自己的能力，大部分的人總是敬而遠之。或許是因為他們想保護自尊，不想讓心中那個厲害的自己被貶低，只是歌德也說，把自己想得太厲害是大失策。不願意誠實面對缺點的人，應該稱不上有自覺吧？

不要因為害怕面對自己真實的樣子，就不敢評估自己的能耐。我們不妨參考歌德那句話的後半段：低估自己同樣會帶來反效果。人的潛力其實很驚人，想想看，我們就算害怕某些事，最後還是能順利解決；當父母或兄弟姐妹等心愛的人過世，我們似乎會崩潰，但最後還是能放下悲傷，試著關心別人；即使面對高壓挑戰、重大轉變，我們依然毫不畏懼，咬牙過關。

我們不但常常高估自己，偶爾也會低估自己。請誠實面對自己，學習準確評估自己的能耐。多傾聽內心就能發現潛能，而且明白如何發揮這些能力。

3月3日・完整好還是破碎好？

人生很多時候只能二選一。當完整的好人，或完整的壞人，你們必須選一個。運用理智、關注內心，或執著於超出控制範圍的事物，你們也必須選一個來認真進行。換言之，若不是選擇向哲學家看齊，就是選擇和烏合之眾廝混！

——愛比克泰德《語錄》第3卷第15章

人是複雜的動物，心裡充斥各種慾望、恐懼，彼此互相衝突。不過，外在世界的複雜弔詭可不輸人心。如果我們疏於防備，內在情緒與外在事物就會把我們東拉西扯，直到我們支離破碎。雙面性格的人生太累了，這樣過生活是撐不久的。

這時候，我們有兩種選擇：第一，可以向哲學家看齊，認真傾聽內心的聲音；第二，可以像一群烏合之眾的領袖，配合群眾需求改變自己的樣貌。

如果我們不認真自省，讓內心圓滿完整，可能就會導致外在四分五裂，潰不成形。

3月4日·自我覺察讓人自由

所謂的自由，就是能照自己的意願過生活，不受強迫、阻礙或限制，無論是自己的選擇或心願，都能順利達成，即使遇到阻撓也不會敗下陣來。誰會想活在謊言裡頭，寧願被人設計、誤解，過著千篇一律的放蕩生活，還天天抱怨呢？不會有人想要的。會這樣過活的，都是庸庸碌碌、失去靈魂的人，完全沒有自由可言。

——愛比克泰德《語錄》第4卷第1章

很多人每天花一堆時間處理「非做不可的事」，實在很慘。不過，這裡說的不是職場工作或家庭責任，而是我們因為虛榮心或無知作祟，一味炫耀自己、滿足內心慾望的無謂行為。塞內卡寫過的信當中，最有名的其中一封提到有權有勢的人經常淪為金錢、權位、情人的奴隸，在蓄奴依舊合法的羅馬時代，甚至有些人少了奴隸就活不下去。之後，塞內卡還酸了一句：「自甘為奴的人，是最丟臉的一種奴隸。」

自甘為奴的例子太常見了，像是害怕沒人愛、老是替朋友收爛攤子的人，或是無事不管、無所不省的慣老闆，還有明明已經忙得不可開交，卻還是答應幫忙各種差事、參加各種聚會的人等等。

請找個時間，列一列個人的責任清單，看看哪些是自找的差事，哪些是真的有必要完成的事情。再想想看，自己真的有自己想像中的自由嗎？

3月5日・免費的最貴

想想看，我們追求了這麼多事物、花了這麼多力氣，卻從來沒想過這些事物可能製造不了任何效益，或是事物本身根本毫無價值。有些東西華而不實，有些東西則是被吹捧過頭，但很多人看不出問題，還以為這些東西完全免費，結果讓自己損失慘重。

——塞內卡《道德書信》第42章

塞內卡寫過很多信，這一封的內容算是最精闢的，但看懂的人少得可憐。這個時代總是覺得房子越大、錢越多越好，而塞內卡卻認為東西累積越多，要付出的隱形代價也越高。我們最好早點認清這個道理。

請記得，免費的東西一定有代價，最起碼，得先找倉庫堆這些東西，而且還要記在心上才行。今天看到自己的個人物品的時候，請記得問問自己：我真的需要這些東西嗎？這些東西是不是華而不實？這些東西到底值多少？我要因此付出多少代價？

回答完問題之後，可能會驚覺自己已經付出了很多代價，而且到現在才知道。

3月6日・不要替自己編故事

在公開場合中，不要大肆宣傳自己立下哪些豐功偉業、經歷過哪些危機。千鈞一髮的故事講起來很過癮，但別人不見得有興趣聽。

——愛比克泰德《手冊》第33章

當代哲學家納西姆·塔雷伯提出了「敘事謬誤」的概念，要大家小心謹慎。所謂的敘事謬誤，是把曾經發生過、但彼此毫不相關的事件，拼湊成有頭有尾的故事。編這種故事很過癮，不過內容卻有誤導之嫌，讓人誤以為真有其事。

如果抗拒不了編故事的誘惑，請想想愛比克泰德提到的另一個壞處：當你一直提起當年勇，別人不但沒興趣，也會覺得你很煩、只想到自己。把聊天場合變成你的個人秀，除了讓自己過癮之外，對別人有任何意義嗎？你覺得大家會想聽你高中的體育競賽事蹟嗎？你覺得在這時候炫耀自己的能力合適嗎？

請盡量接觸真實世界，不要把自己關在粉紅泡泡裡；也請好好傾聽他人、建立真實的人際關係，不要在人前演大戲。

3月7日．感官不可信

赫拉克利特斯認為，欺騙自己是一種糟糕的病，眼睛則是會騙人的器官。

——第歐根尼斯．拉爾修斯《哲人言行錄》第9卷第7章

人要先有自覺，才能客觀衡量自己，並且反省自己的本能、行為模式和臆測。Oiêsis這個希臘文詞彙，指的是自欺欺人、活在自己的世界裡，看到這個詞，我們就要記得嚴格檢查自己的所有想法。別忘了，眼睛也是會騙人的。

這件事乍看之下很可怕，難道我們連自己的感官都不能相信了嗎？沒錯，事實某種程度上是如此。不過，也可以換個角度想：如果我們常常被感官誤導、容易情緒激動、期待常常太樂觀，那麼遇到任何狀況的時候，最好不要太快下結論。在行動之前，我們可以停下來好好思考，讓自己充分掌握週遭狀況，才能做出正確的決定。

3月8日．不要隨便犧牲個人自由

如果有人擅自把你們交給路人擺佈，你們大概會發飆。可是，當你們把自己的心讓給別人操縱、濫用，弄得裡頭一片混亂，你們難道不覺得丟臉嗎？

——愛比克泰德《手冊》第28章

一般來說，我們會出於本能保護自己的身體，不讓別人亂摸、亂推，或隨便限制我們的行動自由。不過，要是把身體換成心智，我們就相對沒那麼在乎了。我們常常讓出心智的操控權，任社群媒體、電視節目、別人的想法和言行擺佈。舉例來說，我們本來要準備工作了，但坐下沒多久就開始上網；或者本來打算和家人聚在一起聊天，但坐下沒多久就開始滑手機；也有可能是打算在公園裡度過平靜的一天，但坐定以後，卻把心思拿來打量路過的男女老幼，而不是放在自己身上。

對於這些行為，我們不但沒自覺，也沒發現自己因此浪費多少心力、做事效率降到多低。最慘的是，這些行為不是別人逼我們做的，完全是自找的。

斯多噶學派最痛恨的，就是這種行為模式。他們很清楚，我們的身體受制於外在世界，不管是遭逢意外，還是被風雨弄得東倒西歪，都有可能發生。但心智不一樣。**心智的主控權操之在己，需要好好保護才行。**對斯多噶學派來說，努力駕馭自己的心智和感受是最要緊的事，畢竟心是個人最珍貴的資產。

3月9日・結交對的朋友

總之，記得隨時注意自己是不是愛和酒肉朋友廝混，不思長進。只要一不小心，之後就慘了……努力留住酒肉朋友、讓自己原地踏步，還是犧牲酒肉朋友求進步，這兩條路只能選一條走……如果兩邊都想要，下場就是兩頭空。

——愛比克泰德《語錄》第4卷第2章

良師益友讓你成長，狐群狗黨使你墮落。

——引自泰奧格尼斯，收錄於穆索尼烏斯・魯福斯《講座》第11卷第53章

吉姆・羅恩說過一句名言：「把你最常來往的五個人的樣子綜合起來，就是你這個人的樣子。」詹姆士・阿圖徹也提醒年輕作家和創業家要加入「對的圈子」，也就是找到一群能督促自己進步的朋友。如果你曾經和壞朋友混過，父母可能會提醒你「小心變得跟那些朋友一樣」。歌德的說法更精準：「我只要看你常和哪些人來往，就能看出你這個人的性格。」

請認真檢討自己的交友圈，但記得不要抱著目中無人的心態，而要秉持自我提升的精神。看看平常來往的對象，再問問自己：這些人能幫助我提升自己嗎？這些人是會督促我、要我求進步，還是只想我和他們一起廝混？找到答案之後，再問自己最關鍵的問題：還要和這些人來往嗎？

選擇交友圈究竟多重要，看看歌德接下來說的話就知道了：「我只要看你怎麼利用時間，就能知道你會變成什麼樣的人。」

3月10日・替自己找個楷模

在我們可能犯錯的時候，如果有個人能在身邊監督，我們就不容易走上歪路。每個人都要替自己找個楷模，把他的言行放在心中，奉為不可違逆的聖旨。不管透過親自陪伴還是精神支持，只要能幫助別人進步，就是一種喜悅。

——塞內卡《道德書信》第11章

羅馬政治家小加圖以自律聞名，曾經為了捍衛共和體制槓上凱撒，氣魄十足。妙的是，明明小加圖從來沒寫過半部著作、沒教過半個學生，也沒做過半場訪談，卻是斯多噶學派著作裡的常客。他的言行之所以深受斯多噶學派推崇，都要歸功於他的英勇事蹟。

塞內卡認為，每個人的身邊都需要像小加圖一樣的優秀楷模，讓我們可以參考模仿、內化他們的言行，就算他們無法陪在我們身邊也沒關係。經濟學家亞當斯密也提過類似的想法，也就是他說的淡漠旁觀者。不過，不管是楷模或旁觀者，都不一定要是真人，只要像塞內卡說的，是個能夠監督我們言行的人物就好。當我們打算偷懶、說謊或是懷抱私心，監督人就會默默發出警告，糾正我們的舉動。

當我們用對方法，過著自律正向的生活，或許就能扮演楷模或淡漠旁觀者的角色，替需要幫助的人指點迷津。

3月11日・無拘無束過生活

人只要無拘無束就是自由的，因為無論何時何地，這樣的人都能得到自己想要的東西。要是人甘於受限、被迫做自己不想做的事，就和奴隸沒有兩樣。

——愛比克泰德《語錄》第4卷第1章

請看看世界上有錢有勢的人，先不要管他們的事業多輝煌、財產多龐大，多去想想他們為了成就事業究竟放棄或損失了什麼。

他們最大的損失，就是自由。為了工作，他們必須西裝筆挺；為了業績，他們必須勤跑活動，對討厭的人鞠躬哈腰。當然，他們免不了口是心非，甚至不得不改變自己的性格、做些壞事才行。

這些人的努力當然很有效，但他們從沒想過代價有多大。塞內卡曾經說：「奴隸的身上常常裹著大理石和黃金。」很多成功人士忙了一輩子，卻活得像監獄裡的犯人。你想要活得跟他們一樣嗎？這是你拼命工作的目的嗎？但願不是。

3月12日・練習同理犯錯的人

當你被某個人捅了一刀，請立刻想一想，對方究竟基於哪些是非觀念才會捅這一刀。當了解對方的思維，就會生出同理心，而不會覺得吃驚或憤怒。如果你心裡的是非觀念也和對方類似或相同，就能容忍對方的所作所為。如果你的舊觀念已經轉變了，就能用慈悲心對待犯錯的對方。

——馬古斯・奧列利烏斯《沉思錄》第7卷第26章

最有智慧的蘇格拉底，認為「沒有人會故意犯錯」，這句話的意思是，沒有人會故意踩上錯誤的位置，就算真的做錯了，也會覺得自己是對的，頂多是疏忽罷了。要不是這樣，他們連對錯都不會去想！

別人對你的嘲笑或攻擊，有沒有可能是無心之過呢？萬一對方覺得自己在做對的事，甚至還覺得是為你好呢？正如美國內戰南方聯盟軍（這批人的動機和做法顯然是錯的），他們在阿靈頓有一座紀念碑，上面寫道士兵「只是依自己的判斷聽令行事」。這些士兵的判斷確實有問題，但也是他們真心的想法。這些士兵的想法，就如同林肯在庫珀學會的知名演講結尾說道：「讓我們憑藉個人判斷，將責任履行到底」，都是誠心誠意的。

如果今天換個角度，把別人的行為看成他們試著做對的事，你的心胸是不是就會更開闊一點呢？就算不覺得他們在做對的事，換了一個觀看角度之後，會不會對別人的挑釁引戰行為另眼相待呢？

3月13日．有天會明白命運的安排

要是你們開始抱怨造化弄人，請多細想幾次，就會發現事件背後的理性規律。

——愛比克泰德《語錄》第3卷第17章

我們之所以會怨東怨西，有時候是因為只想到個人目標，而沒發現自己漏看了大局。我們常常以為某件事是悲劇，結果過了一陣子，才知道是自己走運了，這不也是因為漏看了大局嗎？我們更常忘記世界不是繞著自己轉，沒發現當自己有所損失，別人可能因此賺到一把。

會有被命運捉弄的想法，其實都跟覺察力不夠有關。請記得，萬事萬物都有理性規律，只是因為格局太龐大，我們不一定能隨時掌握。也請不要忘記，蝴蝶在地球的另一端拍拍翅膀，可能就會造成颶風襲擊；**我們當下經歷的痛苦，可能只是用來迎接幸福未來的前奏而已。**

3月14日・自欺欺人就是和自己作對

芝諾認為，會對吸收知識造成莫大阻礙的事，就是自欺欺人。

——第歐根尼斯・拉爾修斯《哲人言行錄》第7卷第23章

自欺欺人、自大自滿的態度，不但是讓人反感的偏差個性，更是個人成長與學習的絆腳石。愛比克泰德曾經說：「一個人只要覺得自己無所不知，就不可能認真學習。」我們要是把自己當成人見人愛的天才，就會開始原地踏步，不但無法吸收新知，別人也不會對我們刮目相看。換句話說，要是我們夜郎自大，騙自己該會的都會了，就達不到預期的學習目標。

我們必須正視自大心態，把這名扯後腿的頭號大敵趕跑，就算只成功一天也好。

3月15日・把握當下

要是你能活三千年，甚至幾萬、幾億年，一定要時時提醒自己：每個人只能失去自己正在過的人生，也只能過正在失去的人生。到頭來，長壽和短命其實沒什麼兩樣，因為當下對每個人而言都一樣長，也是唯一屬於我們的時間。過去或未來是遺失不了的，畢竟，本來就不屬於你的東西，要怎麼失去呢？

——馬古斯・奧列利烏斯《沉思錄》第2卷第14章

今天請想一想，自己的要求是不是常常太多，想要操縱過去（像是扭轉過去、希望過去更好，或不要結束），或是期待未來照自己的預期發展（而且完全不管別人會受到什麼影響）。

當心裡都是這些要求，就看不見當下，這樣太不知足了！漫畫家比爾・基恩說過一句話，值得我們深思：「昨天已經過了，但明天還沒來，只有今天值得珍惜。這就是『現在』（present）跟『禮物』（present）是同一個字的原因。」這份大禮已經在我們手裡了，不過賞味期限很短，轉眼即逝。如果我們能全心享受每個當下，一生就能樂趣無窮，努力也值得了。

3月16日．你最珍貴的能力

請將自己的思考理解力奉為圭臬。在理解力的管轄範圍內，一切都是圓滿的，因為理性原則會把不合自然規律、不合邏輯的事物排除在外。有理解力的人，就要能謹慎思考、關心他人、聽從上天的指示。

——馬古斯．奧列利烏斯《沉思錄》第3卷第9章

你能思考、能讀懂這本書、能夠分析各種局勢，就表示你有能力改變際遇，讓自己更進步。你要衷心感謝自己擁有這項能力，因為不是每個人都這麼好運，像你一樣有真才實學。這是真的。你習以為常的能力，別人可能連幻想都不敢想。

今天請花點時間告訴自己，你的邏輯思考、局勢分析能力是上天的恩賜。這樣的能力不可限量，甚至能因此扭轉自己和他人的際遇。另外，請不要忘記一件事：能力越強，責任越大。

3月17日・抉擇是美妙的

你們的樣子不是身材和髮型決定的，而是取決於謹慎抉擇的能力。如果能做出漂亮的抉擇，你們的樣子也會耀眼動人。

——愛比克泰德《語錄》第3卷第1章

關於上面這段的引文，電影《鬥陣俱樂部》裡也有類似的台詞：「你的樣子不是工作決定的，也不是銀行戶頭數字決定的。你的樣子不是你開的車決定的，更不是錢包裡裝了什麼決定的。」當然，愛比克泰德一定沒看過這部電影，也不可能讀過原著小說。不過，看來古羅馬跟一九九〇年代一樣，都存在消費主義現象。

很多人會把社會面具和真正的自己搞混，尤其在媒體刻意推波助瀾之下，兩者之間的界線越來越模糊了。

今天，你可能看起來很漂亮。但是，這句話如果只是你早上照個鏡子，用來自我催眠的話術，斯多噶主義者會繼續問你：真正的你漂亮嗎？這就跟健身一樣，努力健身換來的身材很不簡單，但為了在健身狂面前炫耀而健身，就讓人反感了。

斯多噶學派希望我們不要只在表相上打轉，要重視背後的付出與抉擇過程。

3月18日・情緒都是自找的

今天，我很幸運沒被外在事物壓垮，但應該說，我因為主動忽略外在事物才逃過一劫。能壓垮人的從來不是外在事物，而是內心感受。

——馬古斯・奧列利烏斯《沉思錄》第9卷第13章

生活不順的時候，我們可能會說「工作多到讓人想吐」或「老闆真的很煩」。不過你要知道，這些事是不可能發生的。沒有人可以讓你覺得煩，工作也不會讓你吐出來，這些不過是外在事物而已，外在事物是掌控不了你的心的。你感受到的情緒確實存在，**但情緒是內心的產物，不是外在事物的結果。**

斯多噶學派通常用 hypolêpsis 這個希臘字，來描述心中充滿感受、想法或判斷的狀態。各種內心猜想、感覺，都是自己主動引起的，不能怪別人給我們壓力、折磨我們，就跟不能怪別人讓我們眼紅的道理一樣。所有感受都是自找的，別人充其量是我們的出氣筒罷了。

3月19日・永垂不朽的道理

隨時記得兩個道理：第一，在理智抉擇以外的世界，沒有所謂的好或壞；第二，不要想控制局勢，順著局勢走就好。

——愛比克泰德《語錄》第3卷第10章

二十世紀中，印度有個叫做安東尼・德梅洛的耶穌會牧師，他生於英國統治時期的孟買，是個學富五車、兼具東西方文化素養的人物，還是一名受過專業訓練的臨床心理師。德梅洛的思想，讓我們看見了真正的智慧可以超越時空、流派，而且永垂不朽，因為在他的著作《通往愛的道路》中，有一句話和愛比克泰德的說法有異曲同工之妙：

我會憤怒的原因跟對方無關，是我自找的。

請記得，每個人都有抉擇的機會，我們才是內心的主宰。我們看見的壞事、感受到的憤怒，其實都是個人內心的產物，完全受到既有的概念或期待影響。其實調整概念不難，調整「我最重要」的心態，進一步接納、關心身邊的一切也不難。這個道理並不稀奇，而且無論哪個時空，早已經有不少人發現過了。

3月20日・隨時準備應戰

我也希望人生沒有痛苦，但如果上天非要我受苦，我希望自己能勇敢承受，以自己的能耐為榮。我當然也不希望上戰場作戰，但要是非打不可，我希望自己能英勇負傷、忍受飢餓和各種折磨。我沒有瘋狂到想被病魔纏身，但要是我不得不生病，我會希望自己不要失去理智，做出丟臉的事。重點不是自願過顛沛的人生，而是如何在顛沛之中維持情操，讓自己度過難關。

——塞內卡《道德書信》第67章

美國前總統詹姆士・加菲爾德是位歷史偉人。他雖然出身貧寒，卻刻苦自學，在內戰時期成了大英雄，可惜最後被人暗殺，讓他的總統生涯劃下句點。他在短短的任期之內，經歷了國家與共和黨黨內分裂的悲慘局面，在某次戰役期間，有人更質疑他領導無方。儘管如此，他當時還是堅定地對身邊的一名顧問說：「我當然反對戰爭，但要是戰火都燒到了我家門前，我也會在家中準備迎敵。」

這就是塞內卡的想法。惹麻煩是無腦的行為，但要是麻煩自己找上門來了，我們還假裝天下太平，一樣是無腦的反應。當麻煩找上門，請一定要好好備戰，說不定今天早上就得應戰了。不要用半夜應付意外訪客的方式備戰，而是要像接待貴賓一樣，事先梳妝打扮、把思緒整理好，等著對方來敲門。

3月21日・內心是最好的休息站

一般人喜歡到鄉下、海邊、山上放鬆休息，你可能也不例外。不過，這是沒水準的人愛做的事。只要條件允許，不妨隨時安頓內心，因為自己的內心才是最清靜的休息站。當仔細關照內心，要進入平靜狀態簡直易如反掌，我想再次強調，整頓內心就是進入平靜狀態的不二法門。請多光顧內心休息站，在裡頭好好恢復體力吧。

——馬古斯・奧列利烏斯《沉思錄》第4卷第3章

準備要休假了嗎？你是不是正期待周末快點來，希望可以安靜休息一下？你可能覺得「事情處理完」、「撐過這段」之後，就可以休息了。不過，你的期待每次都會實現嗎？

禪修導師強・卡巴金說過一句有名的話：「身在，心就在。」只要隨時關照內心，就能讓自己放鬆休息。我們可以閉上眼睛坐著，感受自己的呼吸脈動；也可以聽點音樂，把塵世俗務拋到腦後；甚至可以把手機和電腦全都關掉，排除腦中的雜念。光是這些簡單的動作，就能讓我們進入平靜狀態了。

3月22日．真正的學問

什麼叫做學問好？所謂學問好，就是能夠學會利用天賦，根據自然規律做對的事情。此外，也要學會判斷自己的能力界限，知道哪些事情能受自己控制。

——愛比克泰德《語錄》第1卷第22章

你牆上掛的畢業證書，只是證明你上過學而已，這跟腳上穿了鞋子，只是證明自己還在走路沒兩樣。從學校畢業只是個起點，未來的路還很長。

如果畢業就是終點，為什麼會有這麼多高學歷人士做事亂七八糟，或是連簡單的道理都不懂？其中一個原因是，這些人忘記自己能力有限，應該專心處理自己做得來的事。哲學家赫拉克利特斯流傳至今的一段話，也點出了同樣的道理：

許多讀過赫西俄德作品的人
學會了分辨各種神靈和怪獸
但他們從沒學會的是
白天和黑夜是同一件事

如果走路可以不穿鞋，那麼要學習大自然的基本法則、明白人類應該扮演的角色，也不一定要到學校上課。最重要的是培養覺察力、多思考，而且必須持之以恆，一刻不間斷。

3月23日・被捆住的心靈

積累已久、根深柢固的劣習，譬如貪婪和野心，會讓理智功能失常。這些劣習從四面八方捆住心靈，在裡頭生根發芽，長成洗不去的罪惡。總之，這種病症會持續干擾理智判斷，讓人拼命追求看似沒吸引力的事物。

——塞內卡《道德書信》第75章

西元二〇〇八年爆發的金融危機，讓好幾百名頭腦一流的人損失了幾兆美元。這些聰明人明明了解市場機制，也常常經手幾億、幾兆美元的業務，怎麼還會笨成這樣？這是因為他們誤判了人性，也誤判了全球金融市場崩潰的邏輯。

市場崩潰的原因很單純，只要研究一下當時的狀況，就知道跟人的貪念有關。貪念讓人故意設計出艱深複雜的市場遊戲，想藉此快速賺大錢。貪念讓人想隨便借貸投資，也讓人睜眼說瞎話，不敢戳破各種花招。這種華而不實的脆弱體系，只要被外力輕輕一推，就會全面崩潰了。

不過，當馬後炮批評這些人的意義不大。我們應該要自我反省，想想自己是否受到貪念和劣習影響，面臨著和這些人類似的危機。再想一想，自己的劣習會造成哪些錯誤判斷呢？我們的心染上了哪些症狀呢？

接下來要問的是，該怎麼運用理性思考，好好控制這些劣習呢？

3月24日・生活就是哲學

像個人一樣吃喝、打扮、結婚生子、參與政治，同時像個人一樣經歷折磨，容忍頑固的兄弟、父親、子女、鄰居、同伴。如果能做到這些，代表你們已經完全吸收哲學家的智慧了。

——愛比克泰德《語錄》第3卷第21章

仰慕斯多噶學派的羅馬傳記作家普魯塔克，到了晚年才開始閱讀羅馬經典文學，不過一下子就讀通了。他在狄摩西尼斯傳裡，提到自己讀通經典文學時有多驚訝：「我之所以能讀通，不是靠書上的文字說明，而是因為我的人生經驗夠豐富，讓我很快就能掌握這些文字背後的涵義。」

愛比克泰德心目中的哲學讀法就是如此。讀書很重要，但認真生活更重要，只有生活經驗才能讓人參透哲學。而唯一能確定自己是否讀通的方法，就是判斷今後要如何行動和抉擇。

今天，在去上班、聚會、思考要投票給誰，還是晚上打電話給父母、在門口跟鄰居打招呼、跟心愛的人說晚安的時候，記得提醒自己，這些生活經驗都是哲學，能讓書上的道理更明白。

3月25日・少點慾望，多點富足和自由

……要得到自由不是靠滿足慾望，而是去除慾望。

——愛比克泰德《語錄》第4卷第1章

想過富足的生活，有兩條路可以走：第一，得到自己想要的一切；第二，珍惜自己擁有的一切。如果你想立刻達到目標，哪一條路比較好走呢？

追求自由也是一樣。如果汲汲營營、心浮氣躁，就永遠不可能自由。要是能專心把手中擁有的自由顧好，那麼在此時此刻，你就是個自由人了。

3月26日·誰在支配你的理智？

你的理智是怎麼監督自己的？在理智的最深處，就藏著這股監督力量。在這些力量以外的事物，無論由不由得你抉擇，都只是縹緲的塵埃雲霧而已。

——馬古斯．奧列利烏斯《沉思錄》第12卷第33章

羅馬諷刺作家尤維納爾曾經提出一個有名的問題：「誰來監督監督人？」這正是奧列利烏斯想問自己的問題。今天，我們也可以問問自己：什麼東西會影響我遵循的理智判斷呢？

要回答這個問題，可能得涉獵一點演化生物學、心理學、神經科學知識，甚至研究一下潛意識是怎麼一回事。其實，即使是高度理性自律的人，都不免受深層心理動力的影響。當個全世界最有耐心的人或許不難，但是如果科學都已經證明了，人餓肚子的時候容易判斷失誤，光是有耐心又能怎樣？

所以，請不要只是硬啃斯多噶哲學，記得潛入內心探索深層動力，才能落實斯多噶主義的精神，因為我們正在接觸的這套思想，完全建立在身心靈運作模式之上。除了認識理智這位守護心靈的看門人，請更要認識支配看門人的人事物。

3月27日・看清事物真正的價值

來自錫諾普的第歐根尼斯說：我們會用低價售出珍貴物品，也會用高價買進不值錢的東西。

——第歐根尼斯・拉爾修斯《哲人言行錄》第6卷第2章

你可能會用二十萬美元買鑲鑽沙發，也可能只花五百美元雇個殺手殺人。下次，如果聽到有人在對市場機制高談闊論，認為市場決定所有東西的價格，請告訴自己一件事：市場可能是理性的，但在裡頭交易的人就不一定了。

創立犬儒學派的第歐根尼斯，認為事物的真正價值（axia）非常重要。斯多噶學派同樣重視這點，愛比克泰德和奧列利烏斯更是不厭其煩地一再強調。錯估價值是常有的事，尤其當看到別人灑了大把銀子，買了一堆死後帶不走的小東西，你可能也會心癢，覺得這些小東西值得投資。

不過當然，這筆投資一點都不划算。真正值錢的東西，就會有對應的價格，至於可有可無的東西，連一毛錢都不值得投資。唯一的前提是，必須先分辨出兩者的差別才行。

3月28日・準備不足就會怯戰

沒有原則的人生，就是一團混亂。要讓生活井井有條，沒有原則是不行的。我相信你們都同意，言行閃爍矛盾、遇上麻煩就逃跑，是最丟臉的行為。在我們的日常行為當中，這種問題總是層出不窮，除非我們矯正劣習，讓劣習不再能大行其道、箝制我們的心靈才行。

——塞內卡《道德書信》第95章

比賽的時候，你遇到了很快就取得領先的強勁對手，不讓你有時間重整旗鼓；參加會議的時候，你被攻個措手不及，表現奇差；談敏感話題的時候，雙方的對話演變成互罵大賽；念大學的時候，你因為中途轉系，不得不重修、延畢。這些情境是不是很眼熟？

這些狀況都是因為事先不做規劃，導致結局一片混亂。規劃不必完美，但不做規劃就跟士兵手無寸鐵一樣，一旦上了戰場，下場多半是被打得落花流水。超級盃金牌教練比爾・沃爾許習慣在每場比賽前進行沙盤推演，以免輸得一敗塗地。他在戰術課堂上也說過：「你如果想在比賽前一晚睡好的話，就要趁更前一天的晚上，把要做的前二十五動在腦中練到熟。這樣的話，你走進場地的時候就完全不會緊張，可以輕鬆等比賽開打。」而且就算對手先馳得點、使出奇招，也能從容以對。反正，你有自己的比賽節奏，別人怎麼樣都是他們家的事。

不要到了現場才想到熱身，一定要事先準備。

3月29日．為什麼非得討好別人不可？

如果你們為了討好別人，刻意去做超出自己控制範圍的事，那就完全失去了人生的意義。在每次行動的時候，請專心當個哲學家。如果你們也希望別人把你們當成哲學家，就把這個角色扮演好，最後一定能達成目標。

——愛比克泰德《手冊》第23章

天底下最悲哀的事，不就是一天到晚討好別人嗎？我們可能會想盡辦法討好人，但事後冷靜回想才發現，都是因為突然鬼迷心竅才想討人歡心，逼自己穿別人覺得很酷、但其實不太舒服的誇張服裝，或者改變自己吃飯、說話的習慣，甚至苦等別人打電話或傳簡訊過來。要是我們真心喜歡做這些事，那也就算了，偏偏我們根本不喜歡，但為了得到別人的認同，只好逼自己使出這種手段。

最諷刺的是，我們一味討好的對象可能根本沒那麼偉大，這也是奧列利烏斯一再強調的事。這些人各有各的缺點，也會迷上各種無腦的東西，但我們常常裝作沒看到，寧願繼續討好也不想面對現實。這時候，只好再請《鬥陣俱樂部》的台詞出場了：「我們會買自己不需要的東西，也會討好自己不喜歡的人。」

這種行為還不夠誇張嗎？更糟糕的是，這樣做豈不是跟哲學思想強調的平靜、穩定相差了十萬八千里？

3月30日・理智主宰一切

請立刻檢視自己的理智判斷、天地宇宙的規律以及鄰人的判斷原則，努力讓自己的理智公正不偏，並在天地宇宙之間找到自己所屬的位置，再以鄰人的判斷為範本，認清其中的愚昧或睿智之處，同時也要明白，自己的理智運作其實和對方相去不遠。

——馬古斯・奧列利烏斯《沉思錄》第9卷第22章

人生需要遵循的法則如果不是理智，還能是什麼？衝動嗎？突發奇想嗎？模仿別人嗎？直覺反應嗎？

當我們仔細回想自己過去的言行舉止，通常會發現，沒思考就行動的情形比比皆是，而且我們多半沒有仔細審視這些行為背後的推力。另一方面，最容易讓我們陷入悔恨的，多半也是這些行動。

3月31日・訓練會改變你的樣子

追著永遠辦不到的事跑，跟瘋狂沒有兩樣。不過，水準低的人也只有這件事好做了。

——馬古斯・奧列利烏斯《沉思錄》第5卷第17章

只要主人沒阻止，狗看到汽車就一定會去追；只要長輩疏於管教，小孩就一定會被寵壞。約束不了自己的投資人不配稱為投資人，充其量是個投機客；不懂得發揮自身約束力的失控心靈，只會被外在事物和隨興衝動牽著鼻子走。

你應該不希望自己的人生變成這樣。既然如此，就必須時時提高警覺，把該做的訓練、該養成的習慣做好，不要再讓自己渾渾噩噩、隨隨便便。先盡好這些本分，自己的言行舉止才有可能改變，也才不會繼續短視近利、緣木求魚。

4 月

•

去除偏見

4月1日．思維的模樣

你平常的思緒，會逐漸形塑自己的內心樣貌，畢竟人類的感受總是影響心靈。

——馬古斯．奧列利烏斯《沉思錄》第5卷第16章

如果身體每天都彎成坐姿，過了一段時間之後，脊椎的曲度就會跟著改變，醫生只要看個X光片或做個大體解剖，就能判斷一個人是不是天天坐在辦公室。如果每天硬把腳塞進窄窄的皮鞋裡，不久之後，腳就會變成鞋子的形狀。

我們的心也是一樣。如果天天都陷入負面思考，世界很快就會變得一片灰暗；如果把心封閉起來，就會變成心胸狹窄的人；如果心中充滿了錯誤的思維，人生也會跟著出錯。

4月2日・慎選內心接收的事物

只要你的心疏於防備、門戶洞開，雜七雜八的事件、鬥性、恐懼、麻木冷血就會侵入內心，慢慢侵蝕自己崇高不可侵犯的原則。

——馬古斯・奧列利烏斯《沉思錄》第10卷第9章

如果你身邊的人都隨隨便便，你要做對的事不就難上加難？如果你常接收電視名嘴的負面思想，要能正向思考、同理別人不也難如登天？如果太在意別人的遭遇和爭執，要能專心做自己的事豈不困難至極？

儘管我們再怎麼躲，這些外在干擾還是會不時找上門來，但就算如此，我們也不必讓這些事物侵入內心，影響我們的思緒。

我們可以做的是在內心入口設置關卡，仔細篩選入關對象。雖然不速之客總是有可能上門打擾，但我們既不需要邀對方進門共進晚餐，也不需要讓對方侵擾自己的思緒。

4月3日・不要自欺欺人、三心二意

外在事物會騙人，必須擦亮眼睛才行。我們習慣趨惡避善，以前和現在追求的東西也天差地遠。我們的願望與計畫內容，總是前後矛盾。

——塞內卡《道德書信》第45章

有些女人說要找個好男人結婚，但實際上總是和爛人廝混；有些男人說要找個好工作，但實際上連開始找都沒有；有些企業主管會一次經營兩種不同的路線，希望能兩面通吃，但當他們發現兩頭空的時候，反而大吃一驚。

這些人跟我們很像，常常會自欺欺人、三心二意，給自己找麻煩。就像馬丁・路德・金恩說的「人生就是不斷和自己內戰」，每個人的心裡都有天使和魔鬼，雙方總是彼此交戰著。

斯多噶學派認為，我們心中相互牴觸的慾望、各種錯誤判斷或偏見，往往是內心交戰的導火線。我們很少冷靜問自己到底想要什麼、到底在追逐什麼，不過，我們一旦認真問了，就會發現自己的慾望總是搖擺不定，甚至自相矛盾。這時候，我們就會恢復理智，不再自找麻煩了。

4月4日・不要輕易被沖昏頭

小心不要讓自己變成「皇帝」，因為皇帝身份是個枷鎖。要避免踩進陷阱，就得讓自己過得單純美好、平凡而有情操，不忘與正義為伍、敬畏上蒼、優雅感性，還要把自己工作能力練強。記得隨時奮戰不懈，努力成為符合哲學理想的人，也要崇敬上蒼、照顧同胞。人生苦短，能培養美好的人格、為公益盡心盡力，就算是不錯的人生成就了。

——馬古斯・奧列利烏斯《沉思錄》第6卷第30章

奧列利烏斯的人生之曲折，外人實在不太容易想像。他不是天生的世襲皇帝，這個身份也不是他主動追求而來，而是被他人強迫的。一夕之間，他成了全世界最有錢的人、最強軍隊的統帥，統治了史上疆域最廣闊的帝國，甚至被奉為人中之神。

這樣看來，奧列利烏斯會寫短文提醒自己不要被權力沖昏頭，也就不意外了。要是不靠這種短文提醒自己，一旦有人用謊言欺騙他，企圖從中牟利，他可能就會分不清事態輕重，被這種人牽著鼻子走。換成是我們，這種時候無論自己想做什麼，下場可能都是被自己耍得團團轉。

當我們有了一點成就，千萬記得不要因此昏頭，讓性格被成就感引誘而變質了。就算我們的運勢再好，都要時時靠理性過生活。

4月5日・就算信了，也要檢驗

首先，不要被感覺牽著走。記得對自己說：「先冷靜，看看感覺長什麼樣子、怎麼來的，再好好檢視一下內涵」……

——愛比克泰德《語錄》第2卷第18章

心智最厲害的地方，就是能快速理解、分類各種事物。作家麥爾坎・葛拉威爾在個人著作《決斷2秒間》裡說，人往往會運用長年累積的經驗和知識，在剎那間做出各種決定，並且試圖把自己心中的偏見、刻板印象和假設當作正確的事實。第一種能力確實強大，但是第二種顯然就是個缺陷了。

冷靜檢視自己的想法，其實不會讓自己少一塊肉。想想看，某一件事真的很糟糕嗎？我對某人了解多少？為什麼我對某一件事的反應這麼激烈？焦慮對事情有幫助嗎？那個某一件事到底有什麼特別的？

我們只要依照愛比克泰德的建議，用這些問題來檢驗自己的感受，就不容易被感覺牽著走，或是順著錯覺、偏見行事。靠直覺不是不行，但一定要確認直覺通不通，就像俄文諺語說的「就算信了，也要檢驗」。

4月6日・準備好應付爛人爛事

早上起床第一件事，就是跟自己說：我今天會遇到愛管閒事或愛佔便宜的傢伙，也會遇到自大、愛騙人、眼紅和頑固的人。他們會染上這些毛病，都是因為不懂得判斷是非善惡。而我明白善有多美、惡有多醜陋，所以知道這些偏離正道的人和我相去不遠……這些人無法對我造成傷害，也不會讓我被醜事困擾；面對親人，我也不會發脾氣或心生怨恨，因為我們本來就得同舟共濟。

——馬古斯・奧列利烏斯《沉思錄》第2卷第1章

你可以百分之百確定，今天會遇到至少一個爛人，反正以前也是這樣。問題是，你準備好應付這種人了嗎？

這個問題，讓人想到十八世紀作家尼古拉・尚福爾說過的笑話。妙語如珠的尚福爾說，只要「每天早上吞一隻蟾蜍」，之後發生再噁心的事都打不倒你。如果每天一醒來就做好心理準備，告訴自己大部份的人通常自私又無知（就跟吞下蟾蜍的道理一樣），這樣不是比整天為爛人爛事煩心更好嗎？

不過，光是這樣還不夠，還要參考奧列利烏斯在後半部說的話：「沒有人能讓我被醜事困擾；面對親人，我也不會發脾氣或心生怨恨。」所謂做好心理準備，不是要我們提前否定他人，而是希望先安頓好自己的心，才有可能用耐心去同情、理解他人。

4月7日·做好改變想法的準備

自大自滿和疑神疑鬼，是人類必須根除的兩種心態。自大讓人覺得自己完美無缺，不用改變；疑心病則讓人對變動的世界灰心，覺得人生不可能有樂趣。

——愛比克泰德《語錄》第3卷第14章

我們開始執行計畫的時候，會不會常常以為事情一定順利呢？我們碰到某個人的時候，會不會常常以為，自己能猜出對方的身份和職業呢？我們做的這些假設，會不會也不斷被推翻呢？

偏見和成見本身就是種麻煩，我們必須除之而後快。請問問自己：我漏想了什麼？事情為什麼會這樣發展？我是在製造問題，還是在解決問題？我的想法會不會有錯？當遇到不懂的事情，切記謹慎小心，把既有的知識拿出來對照檢驗。

如果要概括哲學想教我們的事，那就是我們其實沒有自己想的那麼聰明睿智，請記得這件事。想要變成有智慧的人，就要保持一顆謙卑的心，時時提出問題。這跟一般以為胸有成竹、疑心、自負的態度才是智慧，是完全相反的。

4月8日・接受假貨的代價

講到錢，因為事關個人利益，我們會開發各種鑑價技術……這就好比有些事物可能於我們有害，我們卻追著不放，頻頻論斷。但相反的，我們一聽到理性原則，不是想打呵欠就是直接打瞌睡，還把出現在眼前的表相照單全收，不顧任何代價。

——愛比克泰德《語錄》第1卷第20章

在硬幣還是主流貨幣的年代，人們收款的時候必須花時間鑑定硬幣真偽。希臘文有dokimazein這個字，意思就是檢驗礦石的品質。商人很會鑑定硬幣真偽，光是把硬幣丟到堅硬的平面上，聽聽看撞擊聲，就能得到答案了。就算到了今天，如果有人給你一張鈔票，你可能也會搓搓這張紙鈔，或是對著燈光看，確定自己沒有拿到偽鈔。

貨幣不過是社會發明的虛擬產物，我們花在真偽鑑定上的力氣倒是不小。用這個比喻，只是要突顯我們一方面在乎貨幣真假，但另一方面，對於可能改變人生走向的內心思維或成見，卻輕率到連鑑定檢查都不做。舉例來說，我們可能會以為富有就是擁有很多錢，或是覺得既然大家都這樣認為，這個想法一定是對的。這些觀念，可說是矛盾又諷刺。

是的，我們必須用鑑定鈔票的精神，仔細檢視內心的各種想法。愛比克泰德也說了：「哲學家的首要任務是檢視表相、區分差異，而且只根據鑑定過的事物採取行動。」

4月9日・認真檢驗內心感受

當內心出現強烈感受，請早點養成習慣對自己說：「這不過只是感受，沒有看起來那麼可怕。」再來，請使用你們秉持的原則檢視這些感受，首先要使用的大原則，就是判斷感受來源是否在自己的控制範圍內。如果不是的話，就做好心理準備，跟自己說「我根本不在意」。

——愛比克泰德《手冊》第1章

雖然現代的政策、計畫總是以數據為導向，但有些人仍然選擇反其道而行。有些領袖人物膽子夠大，總是憑直覺行動；有些身心靈大師會教人「順著身體的感覺走」；在我們猶豫的時候，有些朋友則會問「你想怎麼做」來幫我們下決定。

不過，這些策略是有問題的，因為已經有太多研究指出，人容易被直覺欺騙。真的，人的感覺永遠都是錯的！由於演化的速度太慢，人類因此發展出各種快速思考、偏見、情緒反應策略，讓自己能在野外草原上存活。可是放到現代社會中，這些策略卻只會帶來反效果。

斯多噶主義一部份的精神，是希望我們培養覺察力，讓我們可以跳脫情緒的束縛，冷靜審視、鑑定內心感受的準確程度，最後只順著正向、有益的感受採取行動。當然，人通常比較喜歡把原則紀律拋在腦後，只想順著感覺走。不過，只要想想我們年輕時代留下了多少悔恨，就會知道當下的直覺看似正確，並不代表經得起日後的考驗。請不要輕易相信自己的感受，然後還是那句老話：就算信了，也要檢驗。

4月10日・內心判斷會帶來煩惱

讓人煩惱的不是外在事件本身，而是因事件產生的內心判斷。

——愛比克泰德《手冊》第5章

日本劍術名家宮本武藏認為，看待事物有「觀之眼」和「見之眼」兩種方式。觀之眼會對事物下判斷，見之眼只看事物本來的樣子。在你看來，哪一種方式最容易讓我們感到痛苦呢？

事件本身是靜態的、客觀的。事件就只是事件，也是見之眼能看見的景象。至於觀之眼看見的，則是「這件事會把我毀了！」「這種事怎麼可能發生？」「天啊，都是這個和那個的錯！」這些景象。觀之眼讓人心煩意亂，也會讓人把錯推給事件本身。

4月11日．保持謙卑才能學習

請拋棄自大自滿的心態，因為當你們自以為懂了，就學不到東西。

——愛比克泰德《語錄》第2卷第17章

在所有斯多噶主義者當中，真正算得上老師的就是愛比克泰德，因為他不但辦了學校，自己也開班授課。他的思想能流傳下來，都要歸功於在他上課時認真做筆記的學生。不過，哲學課堂有個現象讓愛比克泰德非常頭痛，那就是學生嘴巴上說想學習知識，卻暗自認為自己早就什麼都會了。

其實，每個人都有自以為萬事通的經驗，但只要能放下自滿的心態，就能學到更多東西。一個人再聰明、再成功，人外依舊有人，更聰明、更有成就、更有智慧的人永遠存在。愛默生說得好：「我遇到的每個人都能當我的老師，他們都有值得學習的地方。」

如果想好好學習、改善生活，可以先找幾個老師和哲學家、幾本好書當作第一步。不過，除非放下成見、謙卑學習，否則這些方法是不會產生正面效果的。

4月12日・拒絕讓人心癢的大禮

阿楚斯：誰會想拒絕命運送上的大禮？

塞厄斯提斯：知道這些禮物轉眼就會被收回的人。

——塞內卡《塞厄斯提斯》

《塞厄斯提斯》這部作品，是塞內卡的劇作中數一數二沉痛黑暗的。放到兩千年後來看，這部劇本在復仇類故事中依舊經典。這裡不透露劇情，只講引文大意：阿楚斯裝出大方送禮的模樣，試圖陷害他恨之入骨的胞弟塞厄斯提斯。不過，塞厄斯提斯一口回絕了，讓他的死對頭大惑不解。

如果有人不願意收下貴重大禮或能名利雙收的職位，我們通常也會大吃一驚。譬如威廉・謝爾曼將軍在受邀參選美國總統的時候，就嚴正拒絕對方，後來還說「我就算被提名也不會參選，就算選上總統了也不會去當」。至於他的朋友尤利西斯・格蘭特，當初如果也學謝爾曼回絕邀請，就不會弄得散盡家產、滿盤皆輸了。

可惜的是，儘管塞厄斯提斯一開始戒慎恐懼，後來還是掉入陷阱，欣然收下那份「命運大禮」了……而禮物的背後正是一場陰謀，最後引發一齣天崩地裂的悲劇。雖說機會中不一定會暗藏危機，但這齣劇的用意，就是提醒我們不要被光鮮亮麗的表相所惑，否則有可能萬劫不復。

4月13日・少才是多

不要怨東怨西、自私自利、苟且隨便，也不要天天跟人唱反調；不要用華麗的文字包裝自己的想法；不要變成嘮嘮叨叨、忙東忙西的人……讓自己不用在外面找人靠或取暖，也能過得開心。人要自立自強，不能老是靠別人幫忙。

——馬古斯・奧列利烏斯《沉思錄》第3卷第5章

人生中，「少才是多」這句話在很多情況下都適用。舉例來說，能讓我們仰慕的作家，文筆通常都很簡練。他們沒寫出來的部分，跟寫出來的文字一樣重要，甚至還更關鍵。美國詩人菲利普・勒文寫過一首詩，標題就是《假如可以不說話，他一個字也不會說》。而最好的例子，莫過於《哈姆雷特》裡葛楚德皇后說的話了。她在聽完波隆尼斯長篇大論之後，說的是「多講點事實，少堆砌文字」，意思是請直接講重點好嗎？

想想看，奧列利烏斯貴為眾人之上、權力無邊的羅馬皇帝，仍然提醒自己不要變成「嘮嘮叨叨、忙東忙西」的人。當下次發現自己洋洋得意，或自以為萬人迷的時候，請用奧列利烏斯的話來提醒自己。

4月14日・認真鑽研要緊的事

相信我，替自己的人生做評鑑，比替農作物市場計算收支更要緊。

——塞內卡《論生命之短暫》第18章

很多人對運動電玩、名人八卦、金融衍生商品市場瞭若指掌，有人則是熟悉十三世紀神職人員的衛生習慣。

凡是有薪水領的工作，我們都可以做到好；只要是個人興趣，我們都可以嫻熟於心，還會暗自希望可以藉此生財。不過，對於人生、習慣以及各種個人傾向，我們了解的程度可能只是瞎子摸象。

上面這段引文，是塞內卡寫給掌管羅馬糧倉的岳父看的。當時，他的岳父當上主管沒多久，就因為政治因素下台了，而塞內卡則認為下台也無所謂，這樣才有心力耕耘內心世界。

就個人專長而言，在人生走到盡頭的時候，是擁有看透生死的眼光重要，還是對芝加哥熊隊一九八七年賽季瞭若指掌重要？父母養育下一代的時候，是教小孩追求幸福、洞察事理比較重要，還是當三十年的名利追逐者比較重要？

4月15日・繳該繳的稅

遇到困難的時候，我不會心情鬱悶或愁眉苦臉。我會開開心心繳該繳的稅。世間的麻煩和困擾，其實就是人生對你課的稅。親愛的盧基里烏斯，你看到這些稅的時候，千萬不能想要免稅或逃稅。

——塞內卡《道德書信》第96章

繳所得稅的時候，你可能像很多人一樣，整天抱怨政府從你口袋裡掏錢。要扣我百分之幾十的收入？繳這麼多稅要幹嘛？

首先，稅金會用來實施很多你覺得理所當然的政策和服務。再來，你也不是第一個望稅興嘆的人，幾千年來跟你一樣的人多的是，最後也都作古了，所以看開點吧。說真的，繳得了稅總比沒賺錢沒得繳稅好，也比為了在無政府社會中求生存，只能付費使用各種基礎服務來得好。

不過請要明白，人生要繳的稅不是只有所得稅。所得稅還是帳單上看得見的數字，世間上有很多稅可是無形的。旅行中的等待時間是一種稅，名氣引來的流言蜚語也是一種稅；在和睦的人際關係當中，任何爭執和挫折都是稅；別人看你有錢或有他想要的東西，就想偷你一把，這種偷竊行為也是稅；功成名就之前要承受的壓力和煩惱，更是避不掉的稅。無形稅的例子實在太多了，舉都舉不完。

人生稅金的型態，可說是五花八門。我們可以自己選擇要斤斤計較、拼老命逃避這些逃不掉的稅，也可以乾脆乖乖付錢，再享受繳稅之後獲得的好處。

4月16日・看清因果關係

請仔細聆聽發言，再觀察隨後出現的行為模式。觀察行為的時候，請注意背後想達到的目的；聆聽發言的時候，請注意其中的真意。

——馬古斯・奧列利烏斯《沉思錄》第7卷第4章

心理學家阿爾伯特・艾里斯透過個人著作，讓幾百萬人知道「認知行為療法」是怎麼一回事，而這套療法裡頭所蘊含的，正是斯多噶主義的精神。認知行為療法能幫助病患發現思緒和行為混亂的地方，再提供一些指引，讓病患能慢慢理出頭緒，回歸正軌。

當然，奧列利烏斯不可能受過心理學專業訓練，但是他想表達的概念，跟心理專家的建議相去不遠。他希望我們認真觀察自己的內心想法，以及因想法而產生的行為模式。這些想法和行為是怎麼出現的？裡頭有沒有偏頗的地方？效果是正面還是負面的？我們會不會因此犯錯，或做出會讓自己後悔的事？請梳理出其中的模式，再找出裡頭出現的因果關係。

我們必須確實完成這些工作，才能改掉偏差行為，讓自己更上一層樓。

4月17日．放下痛苦，少點鬱悶

把「我受傷了」的想法放在一邊，就不會感到傷痛了。把傷痛感受放在一邊，傷痛就會消失了。

——馬古斯．奧列利烏斯《沉思錄》第4卷第7章

一個字可以延伸出很多的涵義，用字的方式可以刻薄，也可以完全出於善意。有些字可以拿來重重損人，也可以單指一種透明易碎材質；同樣的道理，挖苦暗諷的語氣，也跟直接撂狠話南轅北轍。

一個人對評論或字詞的解讀方式，會帶來很大的影響力。在情緒方面，不同的解讀可以讓人大笑或大哭，而在人際關係方面，不同的解讀更會決定關係會破裂，還是加溫。

所以，我們在和他人互動的時候，就必須注意自己的成見與看事情的角度。你會怎麼解讀自己聽見或看見的事物？你會不會替別人的行為動機預設立場？

如果不想天天傷心難過，就要小心解讀別人說的話，才能讓生活更平靜。只要能恰當解讀他人行為或外在事物，就更容易獲得恰當的回應。

4月18日・想法其實只是……

什麼是倒楣？只是人的想法。那衝突、爭執、指責、控訴、沒大沒小、苟且隨便等狀況呢？這些也都是人的想法，甚至是在理智抉擇範圍之外的想法，只是看似能區分為善或惡兩種類別罷了。當一個人能守在理智抉擇範圍內，只隨著其中的事物改變想法，我敢保證，無論四周發生什麼事，他的心都能保持平靜。

——愛比克泰德《語錄》第3卷第3章

想法嘛，誰不會有呢？

請思考一下，自己一天會產生多少想法。從今天天氣好壞、政治立場、某人發言態度好或不好，到自己成不成功，都會讓我們產生想法。我們常常一邊盯著外界動態，一邊把各種想法套在上頭，而這些想法的樣貌，往往是由自尊心、文化傳統、宗教教義、期待塑造而成，有時也是因為無知造成的。

所以，我們會一天到晚生氣難過，就完全不意外了。不過，我們何不試著去掉這些想法，把想法像雜草一樣從我們的生活中割掉（希臘語是ekkoptein，指切除或剔除），好讓事物恢復原貌？事物沒有好壞，也不受想法或判斷左右。事物就只是事物本身而已。

4月19日·內心的波動

愛比克泰德說，我們必須把深思熟慮的技巧找回來，而且要特別留意個人的內心波動。這些波動要有特定發動條件、符合公益原則，而且要順著事物的真正價值而起伏。

——馬古斯·奧列利烏斯《沉思錄》第11卷第37章

在這則日記片段裡，君臨天下的奧列利烏斯引用的金玉良言，來自當過奴隸的愛比克泰德（據我們所知，愛比克泰德的學生做了筆記，奧列利烏斯很可能就是直接讀到這些筆記）。這一整段話想表達的概念，是勸人放下身段、投身公益，而且要認清個人極限，時時注意內心波動。凡是手中握有權力的人，都應該把這段話放在心裡。

掌權者和弱勢者看似毫無交集，不過一旦兩者能相互配合，就能改變世界局勢。想想看，林肯身為總統，不也和當過奴隸的弗雷德里克·道格拉斯見面、通信，而且認真吸收對方的智慧和見識嗎？

這些人遵循的原則，可以概括如下：無論身處權力或弱勢階級，都要準備好面對各種狀況，而且時時彰顯公益和事物的真正價值。最重要的是，不管人生到了哪個階段，都要懂得向每個人學習。

4月20日・簡單最美好

對於大眾口中的「美好事物」，我們不妨這樣想：如果一開始就能專心，讓自己只接觸智慧、自制、正義、勇氣這些公認的美好事物，那就沒有必要像主流思維一樣，覺得人生美好的事物太多，永遠體驗不完。

——馬古斯・奧列利烏斯《沉思錄》第5卷第12章

有些東西是人捧出來的（甚至還逼你一起捧），有些東西才是真的有價值。這樣的想法會不會有點偏激？如果大家都說名利好，那質疑這種說法會不會太激進？塞內卡在劇本裡寫過一段話：

富人要是能透露心思就好了！
他們總被財富弄得七上八下。

長久以來，很多人總覺得財富能讓人高枕無憂，或是讓問題消失不見。你以為這些人沒日沒夜工作，圖的是什麼？可是，當他們真的名利雙收了，又會發現期盼的美好世界依舊沒有出現。其實，很多我們癡心期盼的事，在成真以後都會讓我們幻滅。

相反的，斯多噶學派想推廣的「美好事物」，不過就是智慧、自制、正義、勇氣這些簡單直白的事物。從來不會有人默默奉行這些準則，事後又反悔的。

4月21日・專心集中注意力

只要稍微分心，就不要以為自己還能找回專注力……請記得，今天犯下的種種錯誤，都會造成日後的悲劇。人有可能不犯錯嗎？當然不可能，但努力避免犯錯卻是做得到的。我們必須專心致志，一刻不得鬆懈，才有可能少犯點錯。

——愛比克泰德《語錄》第4卷第12章

密西根大學認知科學學者大衛・麥爾表示，溫妮佛德・加拉格爾在個人著作《全神貫注》裡提到：「相對論不是愛因斯坦在瑞士專利局的時候想出來的，因為他工作時得一心多用。」後來，愛因斯坦終於有閒專心讀書了，相對論才正式誕生。專心實在太重要了，尤其這個時代的軟體、網站、文章、書籍、社群網站動態太多，讓我們時時分心，專注的能力更顯得可貴。

愛比克泰德想說的是，專心是培養出來的習慣，動不動就神遊物外只會養成壞習慣，同時提高犯錯機率。

如果一發現新鮮事就分心，就註定一事無成。專注力是最寶貴的資產，好好珍惜，不要浪費！

4月22日．理性人具備的能力

理性的人具備自覺、自省、自決的能力。一切收穫都源於自身的努力……所有成就都符合自己設定的目標……

——馬古斯．奧列利烏斯《沉思錄》第11卷第1、2章

今天，如果想當個理性的人，可以做以下三件事：

首先，探索自己的內心。

再來，認真自省。

最後，靠自己做決定，不要受到成見或主流想法左右。

4月23日・只有心能讓你完全掌控

你是由身體、呼吸、心三個部分組成的，前兩項在你獲得掌控權時才受你控制，第三項則是你能隨時能掌控的。

——馬古斯・奧列利烏斯《沉思錄》第12卷第3章

身體可能會受疾病侵襲，也可能因為意外事故傷殘，甚至有可能遭到監禁、折磨。呼吸會因為生命走到盡頭而突然停止，也可能會被別人強制終結，還會因為身體使力或生病而變沉重。不過，即使到了生命的最後一刻，我們都能隨時掌控自己的心。

奧列利烏斯說的身體和呼吸這兩大生命元素，其實還是很重要，只是相較於心，我們對前兩項的掌控權比較小。你會花很多時間整修租來的房子嗎？應該不會吧？心才是我們能隨時掌控的元素，是既自由又清澈的元素。請務必善待自己的心。

4月24日・化貶低為力量

一桌山珍海味擺在我們面前，我們可以單純想成一盤盤死魚、死雞、死豬；一瓶美酒放在我們面前，我們可以只當作葡萄榨出來的汁；一件滾紫邊袍子在我們面前，我們可以想成一團用貝類血液染色的羊毛。……這跟讓感受滲透並左右事物的道理一樣，只要換個方式思考，就能看見事物的原貌。

——馬古斯．奧列利烏斯《沉思錄》第6卷第13章

斯多噶學派有一種思考訓練法，姑且稱之為「嘲諷貶抑法」。對於各種事物，斯多噶主義者習慣用戲謔語氣來描述，好讓華麗迷人的表相一一瓦解。有些事物會帶來快感，讓人天生難以抗拒，這時候，就要靠嘲諷貶抑法來約束自己了。

對於大家都推崇的事物，也可以套用這招。例如，在逛社群網站的時候，如果出現了讓人嫉妒的照片內容，不妨想想要拍好這張照片多費工。對於大家都渴望的升遷機會，也可以這樣想，所謂的成功人士都在過什麼樣的生活。如果還是覺得升遷魅力無窮，那就把這招套在錢上面吧：雖說錢多人不怪，沒錢讓人痛苦，但想想看，鈔票上面根本都是細菌和污垢。如果愛慕某個遠在天邊的完美俊男或美女，那不妨想，這個人之所以單身，就代表他被別人甩了，那他想必是有哪裡不對勁，別人才會跟他分手。

這樣的思考訓練，不但不會讓你變得憤世嫉俗，還能讓你更客觀看待事物。

4月25日·犯錯不是錯

如果有人能指出我的思考和行為問題，而且證明我錯了，我會樂意改進。因為我追求的是真實，真實有益而無害。愛撒謊又無知的人，才會受害受苦。

——馬古斯·奧列利烏斯《沉思錄》第6卷第21章

有人曾經和西塞羅爭辯，而且拿這位哲學家說過、寫過的文字，質疑對方是過去想一套、現在說一套。西塞羅的回答是：「我可是一天一天活過來的！只要我覺得某件事可以說，我就會說出來；正因如此，我才是個自由人，跟其他人不一樣。」

改變心意一點都不可恥，心本來就是這樣運作的。愛默生說：「不假思索的執著，是蠢人內心的小惡魔，很多水準不高的議員、哲學家、神職人員都喜歡這一套。」這就是我們為什麼要努力學習，吸收各種智慧。沒發覺過去犯了什麼錯，才是可恥的事。

請記得，我們就是個自由人。如果有人確實發現我們想法和行為上的缺點，而且願意據實以告，這不是為了批評我們，而是讓我們明白該如何改進。好好接受對方的建議吧！

4月26日・所有狀況都是訓練

練拳擊的時候，如果同伴用指甲刮你或用頭撞你，請不要忿忿不平或大聲嚷嚷，也不要懷疑對方在暗算你。你應該要認真觀察對方，但不用抱著敵意或疑心，而是用自在態度適時迴避。對於生命中的任何事物，也要套用同樣的態度。你身邊的人可能會給你製造很多狀況，但你不需要耿耿於懷。就像我說的那樣，即使不抱敵意或疑心，也能自在迴避。

——馬古斯・奧列利烏斯《沉思錄》第6卷第20章

如果把每一天、每個情境都當作自我訓練的時機，就會覺得要付出的代價變小了，對於自己和別人的過錯，也會變得比較寬容。這樣的寬容態度，比起總是懷疑四周的人都想打倒自己，顯然有彈性多了。

如果今天被人揍了或捅了一刀，請先忘掉疼痛，對自己說：「這是我學習的好機會，也是練拳同伴學習的機會。我們只是在訓練自己而已，沒什麼大不了。我已經更了解對方了，而對方看見我的反應之後，也會更了解我。」

4月27日・由內而外看事情

剝開外皮，把內部組織翻出來看看，看看身體衰老、生病、被自己糟蹋之後，裡頭會是什麼模樣。無論是主動稱讚、緬懷他者的人，還是受他者稱讚、緬懷的人，壽命都同樣轉瞬即逝。整個世界不會同時緬懷一個人，每個人的緬懷方式也不會相同，甚至同一個人也會前後不一。再說，世界終究是個小圓點而已。

——馬古斯・奧列利烏斯《沉思錄》第8卷第21章

斯多噶主義的精神，在於採取不同角度看待事物，當我們換個角度，某些情況就會變得更好理解。碰上負面狀況的時候，如果用客觀、不掛心的態度面對，反而會較有幫助。這樣一來，我們不必進一步深究事物的涵義或起源，就能把狀況看得一清二楚。如果遇上別的狀況，就得換個應對策略，譬如面對讓人讚嘆吹捧的事物，採取嘲諷貶抑法的效果就很不錯。只要由內而外觀察各種狀況，我們就不會被嚇得手足無措，更不會被牽著鼻子走。

你可以深入內心，想想自己為何會怕死或怕黑，這時候，你會發現什麼？也可以深入華麗慶典的幕後情形，這時候，你又會發現什麼？

4月28日・慾望會奴役人

坦塔羅斯：最強大的權力就是——

塞厄斯提斯：讓權力失效，只要沒有慾望就辦得到。

——塞內卡《塞厄斯提斯》

和古人比起來，現代人反而願意容忍暴力。明明聽老闆管東管西很煩，也能找個新工作，但我們最後還是選擇忍耐；為了打入自己喜歡的團體，我們還會改變打扮習慣，或乾脆想一套、做一套；為了討好難搞的評論家或客戶，我們只好順著對方的意思走。就是因為我們心有所求，這些人才能控制我們，只要改變想法，就能自由了。

已故時尚攝影師比爾・康寧漢生前和雜誌社配合的時候，三不五時會拒絕拿酬勞。有個年輕新貴知道了這件事，就問康寧漢為什麼，康寧漢的回答也很經典：「小朋友，只要你不拿錢，對方就不能指揮你了。」

請記得，只要愛錢、想拿錢，就會被手上有錢的人奴役。只要視財富如無物，就能像塞內卡說的，讓各方強權失去威力，至少他們動不了你。

4月29日・清掉俗世塵埃

請望著在天頂流轉的星星，想像自己也身在其中，同時想想元素如何轉換、變化。只要多思考這些事，就能清掉身上的俗世塵埃了。

——馬古斯・奧列利烏斯《沉思錄》第7卷第47章

當我們抬頭仰望星空，心中不可能沒有悸動。宇宙學家尼爾・德格拉斯・泰森說過，我們的情緒會隨著整個宇宙起起伏伏。雖然在浩瀚無垠的宇宙面前，我們會覺得自己渺小至極，但同時也會有天人合一的感受。

不過，我們因為和自己的身體朝夕相處，不免會覺得世界繞著自己轉。要克制這種心態，最好的方法就是凝望大自然，讓自己被大自然的寬廣包圍。塞內卡說過「世界是眾神居住的殿堂」，這句話正好能替本日的引文作註解。

只要仰望那片美麗而無際的天空，就能忘卻俗世煩惱了。有空的時候，就讓自己沉浸在這一大片美好之中，順便提神醒腦一下吧。

4月30日・順著個人天性行動

對於理性或非理性的定義，每個人的見解都不同。同樣的，對於善或惡、實用或不實用的定義，每個人的想法也大異其趣。所以我們要受教育，學習觀察自己對理性和非理性的成見，再對此進行適度調整，讓想法能符合自然規律。想要釐清思緒，除了衡量外在事物的價值，更要順著個人的天性行動。

——愛比克泰德《語錄》第1卷第2章

我們很容易耽溺在想法之中，像是受到某種隱形劇本的指揮，遵循著連我們自己都不懂的指示或行為模式，乖乖照做。不過，如果能對指示內容提出質疑，運用自己過去所受的教育詳加檢驗，就能當自己人生的舵手。同時，我們更能建立一套專屬個人的理念和思路，不必人云亦云。

世上的誘惑何其多，想收買或改變我們的人也不少，這時候，堅毅的性格就能派上用場，替我們抵擋危險了。只要明白自己的理念，而且了解背後的來龍去脈，就不會掉入有害關係、危險工作、酒肉朋友的陷阱，也不會像不探究內心的人一樣，落入其他麻煩之中。這就是教育的用途，也是自我訓練的目標。

PART 2

行動訓練

5月

•

正確行動

5月1日·用性格替自己背書

哲學的用途不是妝點門面，而是用來提醒自己到底需要什麼，讓自己全心投入這些事物。

——穆索尼烏斯·魯福斯《講座》第16卷第75章

僧人總穿著僧袍，牧師必戴牧師領，銀行員要穿西裝、提公事包，但斯多噶主義者不一樣，他們既不穿制服，也沒有固定形象。單憑外表、眼神或聲音，是看不出誰奉行斯多噶主義的。

唯一不會出錯的標準，就是對方的品格。

5月2日・成為自己想成為的人

首先，請告訴自己你們想成為什麼樣的人，接著朝正確方向不斷努力。能達成理想目標的人，都是這樣做的。運動員也一樣，他們會先找到自己喜歡的運動，再進行對應的訓練。

——愛比克泰德《語錄》第3卷第23章

弓箭手射箭的時候，不太可能射到自己沒瞄的目標。同樣的，我們也不可能射中自己沒設定的目標。不過，要是不射出手上的箭，就肯定無法擊中標的。我們想達成什麼目的，是由感知和原則決定的，但最後能不能達成，就要看自己如何行動了。

所以，請花點時間專心思考，想想自己最重視什麼事、最想先達成什麼目標。再來，請放掉別的打算，專心朝一個目標前進。在過程中，不能光是祈禱許願，一定要採取行動，而且要確認行動正確無誤才行。

5月3日．多說話不如多行動

硬吞理論的人，立刻就會像反胃嘔吐一樣，把理論從腦子裡倒出來。你們應該要先消化理論，才不會覺得噁心反胃，否則，這些理論永遠不會變成自己的一部份，而且會失去原有的價值，對你們起不了幫助。消化完理論之後，再透過平日的理智抉擇，讓大家知道你們產生了什麼變化，好比我們看體操選手的肩膀，就能看出飲食控制、體能訓練的效果，或像是檢視工匠打磨出來的成品，就能看出創作者的技術涵養一樣。

——愛比克泰德《語錄》第3卷第21章

斯多噶學派使用的比喻，很多都簡單好記，引用起來還會讓人覺得你很聰明。不過，學習哲學的目的不在雕琢文字，而是把文字化為行動。就像穆索尼烏斯．魯福斯說的，只要有人能「將紮實知識和紮實行動合而為一」，就能彰顯哲學的價值了。

今天也好，以後也好，只要發現自己想賣弄知識，最好先冷靜問問自己：「到底是滔滔不絕好，還是直接做出抉擇，用行為來展現知識比較好？」

5月4日・真正厲害的是什麼？

比起過奢華的生活，能以德性聞名不是比較好嗎？比起花錢買棍子和石頭，把錢投資在他人身上不是比較划算嗎？

——穆索尼烏斯・魯福斯《講座》第19卷第91章

你覺得富豪名流都在過什麼樣的生活？是花幾百萬美元買房、讓個人美髮師跟著自己到處旅行、養老虎和大象當寵物這樣嗎？

在古羅馬時代，這類傳聞可說是不絕於耳。據說，有些羅馬人會花幾千羅馬幣照顧鯉魚池，有些則喜歡酒池肉林的浪蕩生活。尤維納爾、馬提雅爾等羅馬詩人的作品裡，這類腥羶色故事還真不少。

有錢人揮霍財產，圖的就是個名聲，結果也如他們所願。但這也太空虛了吧！天天花錢、花錢、花錢很厲害嗎？只要有錢誰不會花？

奧列利烏斯為了清償戰爭債務，毅然決然變賣了宮廷裡的傢俱；以現代人物而言，前烏拉圭總統何塞・穆希卡不但主動捐出百分之九十的總統薪水做公益，連車齡二十五年的車都照開不誤。有多少人能像他們一樣？這不是大家都辦得到的。所以，他們跟富豪名流比起來，誰比較厲害呢？

5月5日・鍛鍊自己

優秀善良的人所能鍛鍊的原始材料，就是自己的理智，好比醫生和體能教練能調整磨練的材料是身體，農夫能耕耘的材料則是田地。

——愛比克泰德《語錄》第3卷第3章

專業人士花時間磨練專業很合理，不必多做解釋。他們會天天練習，讓技巧越練越純熟。每一行都有各自需要的原始材料，也有各自需要的工作地點和工時，不過，所有職業唯一的共通之處，就是不斷加工、鍛鍊原始材料，努力求進步、成為專家。

在斯多噶學派看來，心就是我們最寶貴的財產和原料，必須認真鍛鍊、探索才行。

5月6日．性格高尚才是美

讓性格變美的關鍵是什麼？不就是靠人類獨一無二的能力嗎？年輕朋友們，如果你們想讓性格變美，就要盡力發揮人類獨特的能力。這能力是什麼？看看你們去除成見之後稱讚了誰。他們的原則是公正還是不公正？公正。他們的個性是溫和冷靜還是混亂苟且？溫和冷靜。他們自制力強還是控制不了自己？自制力強。只要以這些人為目標，你們的性格就會變美；反之，只要你們棄這些特質於不顧，那麼即便你們耍弄書裡學到的技巧，裝出一副華麗的外表，性格依然是扭曲歪斜的。

——愛比克泰德《語錄》第3卷第1章

這個時代對美的定義實在匪夷所思。我們眼中的漂亮事物，都是人幾乎控制不了的東西，像是臉型、膚色、身高、炯炯有神的雙眼，這種標準一點都不符合斯多噶精神。先天基因比人優秀，這樣真的就叫做美嗎？所謂的美，難道不是應該要呼應我們的抉擇、行動，也要呼應我們涵養的性格嗎？穩重、正義感、責任心這些美好性格，都比華麗外表有內涵多了。

今天，我們可以選擇放下成見，用正義感和穩重態度處事，而且努力自制。雖然這過程中多少伴隨犧牲，但能達成這些目標，難道還不美嗎？

5月7日・如何度過美好的一天

上天定出了一條原則：想獲得美好的事物，就在自己的內心裡尋找。

——愛比克泰德《語錄》第1卷第29章

如果想度過美好的一天，最萬無一失的方法就是「做好事」。其他能讓我們快樂的方式，都不在我們的控制範圍內，效力也有窮盡的一天。只有做好事才是自己能隨時掌控、效力永遠不減的方法。想要自立自強，就非得做好事不可。

5月8日・善惡都藏在抉擇內

善藏在哪裡？在我們的理智抉擇裡。惡藏在哪裡？在我們的理智抉擇裡。既不善又不惡的事物藏在哪裡？不在理智抉擇的管轄範圍內。

——愛比克泰德《語錄》第2卷第16章

今天，如果因為摸不透某些事件的意義，所以左思右想，遲遲無法採取行動，那就請記得一件事：行動正確與否，是由理智抉擇決定的。這跟有沒有報酬無關，也跟能不能達成目標無關，只跟抉擇正不正確有關。

只要順著愛比克泰德的諄諄教誨走，我們就能看透各種事件，獲得判斷善惡是非的信心。

把其他的東西放在一邊吧，專心做好抉擇就好。

5月9日・把握當下

讓我們全心全意朝目標前進，不要為各種事情分神，否則在大好光陰匆匆逝去之後才醒悟，一切就太遲了。每天醒來的時候，都要想著今天是最好的日子，並仔細掌控一天的時間。歲月不待人，我們必須好好把握。

——塞內卡《道德書信》第108章

要把握今天的時間，只有一次機會，而且時限是二十四小時。超過二十四小時，機會就永遠消失了。你會認真把握今天的時光嗎？你能大聲說出「我做得到」，然後努力不懈，把能力發揮到淋漓盡致嗎？

在今天轉眼即逝、變為過去之前，你打算怎麼利用時間？如果有人問你前一天做了什麼，你真的願意回答「沒做什麼」嗎？

5月10日・與其效法別人，不如讓別人效法

大膽走出自己的路，讓自己像許多前輩一樣，成為眾人效法的對象。

——塞內卡《道德書信》第98章

古希臘羅馬時期的政治人物跟現代一樣，都喜歡討好群眾。他們除了會稱讚群眾、頌讚國家，還會大肆褒揚國軍的輝煌戰績。演說家狄摩西尼斯曾經在演講中提到，人都喜歡坐在演講台下，聽講者在知名地標或神聖殿堂之前「稱讚前人成就、細數祖先基業」，而且連續聽幾個小時都不膩。

不過，一味討好群眾能成就什麼？什麼都成就不了。更大的問題是，我們一聽到祖先基業就會陷入陶醉，無法體會其中的精神。狄摩西尼斯也說，我們為前人典範陶醉的行為，反而是背叛了前人。演講最後，他則對雅典人說：「請大家想清楚，你們的祖先之所以樹立這些典範，不是為了讓你們膜拜，而是要讓後代子孫都能效法他們的精神。」這段話的概念，除了有後來的塞內卡幫忙背書，過了數百、數千年後仍然不絕於耳。

同樣的概念，也適用於本書引用的語錄或任何名言錦句之上。請不要一味膜拜字句，要把文字化為行動，效法前人的精神。

5月11日．罪惡感比監獄更難熬

讓心靈平靜最好的方法，就是不要犯錯。自制力不足的人，人生必定亂成一團、麻煩不斷。

——塞內卡《道德書信》第105章

有些逃犯在逃亡多年之後，選擇主動向警方投案。這些逃犯明明都自由了，也甩開法律了，最後還是半途而廢！他們到底為什麼要投案？因為他們心中的罪惡感太重、逃亡生活的壓力太大，讓他們寧願蹲監獄也不願意日夜煎熬。其實，這種內心煎熬也算是另一種苦牢。

小時候，你可能在父母從未起疑的情況下，向他們承認自己說謊，這就是罪惡感在作祟。或者有些人出軌之後，會在另一半不知情的狀況下，主動坦承自己偷吃過，這也是罪惡感作祟。當被劈腿的人因此憤而走出屋外，一邊大吼：「你為什麼要跟我說！」另一方大概會這樣想：「因為我們的關係太好，我實在忍不住了！」

犯錯的代價非常大，不但會造成社會負擔，對行為人本身更是慘烈。想想看，那些道德低落、苟且隨便的人，最後都會落入各種悲劇與混亂之中。相較於社會給的處罰，這種下場只會更慘，不會更好。

很多偷竊或搶劫的犯人會主動投案或繳械投降，也是因為受不了罪惡感的煎熬。雖然罪惡感不會天天纏人，但認真發作起來，也會讓這些罪犯覺得這樣下去不是辦法。連他們都想要做對的事以求內心平靜，你一定也會想這樣做。

5月12日．釋出善意絕對不會錯

只有真誠不欺的善意，才能所向無敵。面對世上最邪惡的人，如果能不斷釋出善意，在對方想傷害你的時候適時指出他的錯誤，對方又能對你如何呢？

——馬古斯．奧列利烏斯《沉思錄》第11卷第18章

下次有人對你粗魯無禮的時候，假設你不只是克制自己不還手，而是用滿滿的善意回應，情況會如何？假設能「愛你的敵人，用善意對待討厭你的人」，你覺得會帶來什麼效果？

聖經說，如果你能對恨你的敵人關愛有加，效果就跟「把炭火堆在對方頭上」一樣。一般人習慣用仇恨吸引仇恨，如果有人對你冷嘲熱諷，他們等的不是你的大愛回應，而是等你回嗆。不過，對方只要期待落空，就會無地自容，因為內心受到打擊了。這時候，雙方都能從中獲益，更上一層樓。

很多粗魯、無禮、殘忍的行為，只是為了掩飾脆弱已久的內在。面對這些行為，只有內心強大的人，才能善意回應。你的內心夠強大了，釋出善意吧。

5月13日．助長習慣的氣焰

無論何種習慣或能力，都是藉由行動表現，也是靠行動來加以鍛鍊的……所以，如果想達成某個目標，動手做、養成習慣就對了；反之，就去做別的事。內心的機制也是一樣，如果你們怒火中燒，就會讓邪惡充斥內心，同時加強生氣的壞習慣，替心頭火繼續添薪加柴。

——愛比克泰德《語錄》第2卷第18章

亞里斯多德說：「習慣造就一個人。這就表示，優秀表現不是單一的行為，而是培養出來的習慣。」斯多噶學派則會再加一句「思考模式造就一個人」，就像奧列利烏斯說的，「你的思考慣性一旦如此，心的樣貌也會是如此」。

回想一下，上星期你都做了什麼。對於今天或之後七天，你又有什麼計畫？你的行動有沒有因應自己想成為的樣子，或根據對自己的認識來執行？你在替哪一道內心勢力助長氣焰？你的樣子正往哪個方向變化？

5月14日・快樂來自行動本身

沽名釣譽的人，總是用別人的眼光取悅自己；喜歡享樂的人，總是耽溺耳目口腹之欲；但思考清晰透徹的人，只會在行動當中尋找幸福快樂……想一想，喜歡到處討好的人有什麼個性，他們想藉此得到哪些東西，又要使用什麼策略達成目的。到最後，這些事物終究會被歲月洪流吞噬殆盡，而被時光淘洗無蹤的事物，早就不計其數了。

——馬古斯・奧列利烏斯《沉思錄》第6卷第51、59章

假設你把快樂建築在達成某些目標之上，要是今天造化弄人，導致你無功而返，該怎麼辦？要是別人對你不理不睬，或者出現突發狀況，你又要怎麼辦？當你終於達成所有目標，要是大家反應冷淡，你又會怎麼想？這些困擾之所以存在，無非是因為我們總抓著無法控制的事物不放，以為能因此過幸福快樂的生活。這種瘋狂的做法，只會讓人陷入危機。

如果演員眼中只看到觀眾的反應、只在乎評論家捧不捧自己的戲，就會一天到晚失意難過。然而，如果演員純粹在乎表演本身，又能全心全意投入，把個人表演專長發揮到極致，工作的時候就能樂在其中。換句話說，快樂的泉源不是行動的結果，而是行動本身，而且必須是正確的行動才行。

人生的目標不在於獲勝，而在於努力發揮長才；行為的動機不在於獲得報答或認同，而在於幫助他人、做對的事；心思不要用來耽溺個人遭遇的事件，而要用來思索應對之道。只要走對方向，生活就會充實有勁。

5月15日・想想自己多有福氣

不是你的東西，就不要當成自己的還耿耿於懷。你要想想自己現在多有福氣，再想想，要是這些福氣不是你的，你可能會多想拿到手。不過請注意，不要對自己擁有的東西太執著，以致於會因為失去這些東西而困擾。

——馬古斯・奧列利烏斯《沉思錄》第7卷第27章

我們常羨慕別人手上的東西，還會想盡辦法讓自己的財產不落人後。不過同一時間，其他人也會拼老命讓自己不被我們打敗。

這種情形就算不夠慘，也夠荒唐了。所以，今天請不要再羨慕別人手上的東西，覺得自己非要不可。請好好克制自己，不要老想著囤積財產，這種生活和行為模式很有問題。請珍惜自己擁有的一切，好好加以利用，做任何事的時候，都要抱著惜福的心。

5月16日．串連不間斷

如果不想當個衝動魯莽的人，就不要放縱那些不好的習慣。首先，請試著保持冷靜，算算看自己有幾天沒生氣了。我以前會天天生氣，後來每兩天生氣一次，又慢慢變成每三、四天一次……只要能連續三十天不生氣，就要謝天謝地了！不好的習慣要先磨平、再根除。只要能說「就算碰上不開心的事，我也可以保持冷靜，當天不生氣、隔天不生氣、三四個月也不生氣」，就表示自己身心健康了。

——愛比克泰德《語錄》第2卷第18章

喜劇演員傑瑞．塞菲爾德有次教年輕後輩布萊德．艾薩克構思表演橋段。他跟後輩說，先準備一本日曆，只要某一天寫出一則笑話，就在日曆上打個叉，過一段時間，這些叉就會連成一串，再來要做的就是不讓這一串叉斷掉。成功靠的是一股動力，只要能起個頭，要做下去就不難了。

塞菲爾德因為做事不間斷，讓自己養成了好習慣。愛比克泰德認為，這種方法也能用來根除壞習慣，道理跟「一次維持一天」的戒酒方法差不多。你可以選一天，針對容易生氣、分心亂瞄、拖拖拉拉等壞習慣開始調整，隔天繼續做同樣的事，接著一天天持續下去。先讓記錄連成一串，再維持住不間斷的記錄。記得，不可以半途而廢。

5月17日・斯多噶精神就是不斷精進

你們找得到在生病、身處險境、瀕死、被驅逐出境或被羞辱的時候還能快樂的人嗎？找出來給我看看吧！我的天，我太想認識奉行斯多噶主義的人了。不過，就算你們找不到這類完美的人，至少也找個努力求進步、讓自己更完美的人給我看看……找出來就對了！

——愛比克泰德《語錄》第2卷第19章

與其把哲學視為人生的終極目標，不如想成是能實踐的概念。不要只是偶爾實踐哲學，而是要把哲學當成人生功課，讓自己不斷精進。哲學精神不在於突然開竅，而是努力實踐、持之以恆。

愛比克泰德很喜歡挑戰學生，希望把他們拉出自滿的舒適圈。他想提醒學生和我們一件事：想要達到完美境界，一定要每天精進、努力不懈。

不過，當我們走在精進的道路上，就必須記得這條路沒有終點。所謂舉止完美的斯多噶主義者是個永恆的理想，而不只是一時的目標。

5月18日・不管做什麼都要認真

不要對你眼前的事物掉以輕心，不管是原則、任務，還是眼前的情境，都要認真以對。

——馬古斯．奧列利烏斯《沉思錄》第8卷第22章

思考未來的事很有樂趣，沉溺過去的種種也很簡單，但要專注在眼前的事物上，可就不容易了，要是我們本來就避之唯恐不及，就更難做到。我們可能會覺得「工作就只是工作，跟我這個人的樣子無關，不用太認真」，可惜，工作跟我們太有關係了。你眼前這份工作，說不定就是生前最後一項工作，要是沒好好完成就離開人世，可是會被人記得一輩子。

有句話說「你做一件事的態度，就是你做任何事的態度」，這句話很中肯。其實，**我們用什麼態度過完今天，就會用什麼態度過每一天；用什麼態度過完這一分鐘，就會用什麼態度過每一分鐘。**

5月19日 · 學習、實踐、鍛鍊

所以，哲學家才會提醒我們不要光是讀書，還要記得實踐和自我鍛鍊。因為時間一久，我們會忘記自己讀過什麼，導致最後做出違背這些知識的行為，同時盲信本來不應該出現的倒錯想法。

——愛比克泰德《語錄》第2卷第9章

能夠看看教學影片、聽聽解說，就能徹底掌握做事方法的人實在不多。一般來說，同一件事要練習好幾次，才能真正變成自己的一部份。不論是武術、軍事訓練還是體能訓練，都強調日以繼夜反覆操練。要成為頂級運動員，就得花個幾年練習幾秒鐘的動作才行；要順利完成兩分鐘的演習、掙脫別人的鎖喉攻擊、變成世界一流的跳高或跳遠選手，方法也是一樣。光是理解概念還不夠，一定要讓肌肉和全身習慣操作的感覺，才算是完全消化概念。否則要是碰上壓力和挑戰，很容易就會破功了。

哲學概念也是一樣，我們不可能光聽一次就上手，還能拿來應付狀況百出的外在世界。請記得，奧列利烏斯寫《沉思錄》不是為了給別人看，而是要讓自己反省思考的。集成就、智慧、經驗於一身的他，到了晚年仍然不停鍛鍊自己，要求自己行得正、坐得直。他就像黑帶武術家一樣，每天都要進道場和人對練，或是像職業運動員一樣，就算別人覺得不用每週練習，自己就是非練不可。

5月20日．重質不重量

在家裡到處堆書，弄得像圖書館一樣，結果一輩子都念不完這些書，到底有什麼意義？這樣的人學不到什麼，只會被一堆書壓得喘不過氣。其實，挑幾個作者認真精讀，比瀏覽一堆人的著作還有幫助。

——塞內卡《論心緒平靜》第9章

這輩子讀再多書，都不可能有人頒「最愛看書獎」給我們。就算你是全世界最愛看書的人，每天非看完一本不可，藏書量大概也不可能多過一間小型市圖分館。要看完Google Books伺服器裡庫存的書籍，或讀遍亞馬遜網路書店每年新出的幾十萬本書，更是不可能的任務。

如果調整一下閱讀和學習策略，改成只重質、不重量，結果會如何？如果只挑幾本好書精讀，不要總是匆匆拼完新書，結果又會如何？這時候，書架可能會變空，但腦袋和人生都會變得更充實。

5月21日．你是哪種拳擊手？

哲學到底是什麼？難道不是教我們未雨稠繆的學問嗎？你們難道不知道，學好哲學能讓自己覺得已經做好萬全準備，可以面對各種突發狀況嗎？要是你們不學哲學，就會像意志不堅的拳擊手，才被打了幾拳就退出擂台。其實，就算你們離開擂台也無所謂，但放棄追求智慧，對你們又有何益？所以，遇到難關的時候，我們應該如何面對？你們要說：「我學哲學，就是為了克服困難的，這就是哲學的用途！」

——愛比克泰德《語錄》第3卷第10章

就好比現代人常用棒球或足球來類比一樣，斯多噶學派很常拿拳擊和摔角作比喻。這些搏擊類的運動（pankration 字面上指「出全力」，是混合式武術的概念，但比美國終極格鬥冠軍賽會出現的招式單純），是古希臘羅馬時期每個男孩或男人都會接觸的（最新研究發現，格鬥選手常有的「花椰菜耳」在希臘雕像上也看得到）。大概是因為當年大家都熟悉這類運動，斯多噶學派才會一提再提。

塞內卡認為，一個沒受過挫折的成功人士，其實不堪一擊。他說，反倒是「長年處於各種困頓和折磨之中，身體已經磨出厚皮的人」，才能屢敗屢戰，永不放棄。

這就是愛比克泰德想表達的概念。如果被揍了一拳就退場，你覺得自己算是什麼樣的拳擊手？拳擊就是要吃拳頭，不是嗎？你會因為要吃拳頭就不打下去了嗎？

5月22日．今天立刻行動

種什麼因，得什麼果。你明明可以趁今天當好人，但卻只想等到明天再努力。

——馬古斯．奧列利烏斯《沉思錄》第8卷第22章

我不會抱怨沒時間……我只需要一點點時間，就能大展身手。就是今天了，今天發生的事，會讓後人永世難忘。我會包圍眾神，讓世界天翻地覆。

——塞內卡《米蒂亞》

人生該做哪些正確的事，我們不會不知道。我們知道自己不應該生氣、不應該隨便把自己當成受害者；我們知道要多運動、多吃有機食品，不要老是開車去買得來速；我們也知道應該找時間坐下來，花一個小時靜心思考。不過最難做到的部份，其實是當機立斷、立刻行動。

我們到底在猶豫什麼？作家史蒂芬．普雷斯菲爾德認為，這是因為我們被一股「抗拒力」拖住了。他在《藝術之戰》這本書裡，就描述了這種抗拒狀態：「通常，我們不會跟自己說『我不想再寫交響曲了』，而是會說『我要寫交響曲，不過明天再開始』。」

不要再拖到明天了。今天就馬上行動，努力變成好人吧。

5月23日·你的人生怎麼過

人生美不美好，不是看活了多久，而是靠如何度過來判斷。一般人很可能、甚至根本是經常活了很久，卻像是沒活過一樣。

——塞內卡《道德書信》第49章

塞內卡的人生不是重點，我們的人生才是。不管能活幾歲，我們能不能保證自己會認真生活，讓一生圓滿充實呢？我們都認識這種認真的人，當他們早早離開人世，就會讓我們不斷感慨：「如果我有他們一半努力，這輩子就算值得了。」

想要追上他們，最好的方法就是把握當下，做好眼前或大或小的事。塞內卡也說了，只要我們認真投入當下的情境，就能「讓倏忽即逝的光陰走慢一點」。

5月24日・給自己添好運

你說，以前你運氣一直都很好。不過，真正運氣好的人，是會給自己添好運的。所謂的好運，其實就是穩定的心靈、良好的感受，加上正確的行動。

——馬古斯・奧列利烏斯《沉思錄》第5卷第36章

以下是兩種對「好運」的定義：一、不受個人控制的一種隨機因素；二、當決策和準備方式都正確，就有可能（不是百分之百）提高的一種事件機率。你覺得哪種定義對自己比較有意義？不用說，一定是第二個。很多「運氣莫名好」的成功人士都支持第二種定義，原因就在這裡。

知名網站「語錄偵探」告訴我們，這個概念源於十六世紀的諺語「勤勞乃好運之母」，而到了一九二〇年代，科爾曼・考克斯也講了同一件事，只是說法比較現代一點：「我是運氣的忠實信徒。我越努力工作，運氣就越好。」很多人以為這句話是托馬斯・傑佛遜說的，但其實不是。至於現在，我們改成說「運氣等於努力乘以機會」。咦，還是應該前後對調才對？

今天，我們可以單純盼望會有好運上門，或是在對的時間專心做對的事，讓自己準備妥當，等著迎接好運。妙的是，只要願意積極努力，運氣幾乎就派不上用場了。

5月25日・快樂哪裡找

人要快樂，就必須盡人事。所謂的盡人事，指的是友善待人、排斥紛亂的思緒、對表相做出可靠的判斷、思索自然規律以及依循規律運作的事物。

——馬古斯・奧列利烏斯《沉思錄》第8卷第26章

訓犬師只要接到病懨懨或悶悶不樂的狗，通常會先問主人平常會不會遛狗。他們會這樣問，是因為狗有自己的天生習性，必須去做牠們與生俱來的任務，要是施展天賦的機會被剝奪了，牠們不但會不快樂，還會用行為表示抗議。無論這些狗的日子過得再好，該做事的時候還是要做事。

人跟狗一樣，也有天生應盡的任務。斯多噶主義者之所以不在乎情緒或物質享樂，不是因為他們沒興趣，也不是因為他們愛過單調無趣的生活，而是因為斯多噶主義重視人的本質，希望教大家盡人事、過快樂的生活。

5月26日・別管別人怎麼想

我們雖然常常自我陶醉、無視他人，但對於別人的眼光，又看得比自己的想法還重。一直以來，這件事總讓我嘖嘖稱奇……同儕對我們的評論，我們總是洗耳恭聽，但只要自己的想法一冒出頭，好像就被我們當成耳邊風了！

——馬古斯・奧列利烏斯《沉思錄》第12卷第4章

我們常常為了別人的想法拋棄個人感受，而且速度奇快無比。我們在店裡看到一件不錯的襯衫，心裡很喜歡，但只要另一半或同事隨口評個幾句，我們就會覺得沒面子，接著看到這件衣服就討厭。我們好像可以開開心心過生活，但只要發現自己的眼中釘過得更快樂，心情就會變差。更糟糕的是，我們常常看不起自己的成就或天賦，總是要等到別人大聲肯定，才會覺得自己還不錯。

今天這段引文的重點，跟大部份的斯多噶訓練內容差不多，都是想強調**我們能控制自己的想法，但控制不了別人的想法，更不用說別人對我們的看法**。正因如此，當我們為了獲得別人認同，而甘願被別人的意見左右，麻煩可就大了。

不要再拼命管別人怎麼想了，自己怎麼想才要緊。多思考自己的想法會帶來什麼結果和影響，再想想自己的所作所為正不正確。

5月27日・點滴累積最重要

想過幸福快樂的生活，要靠一點一滴的累積，絕對不要小看這些功夫。

——引自芝諾，收錄於第歐根尼斯・拉爾修斯《哲人言行錄》第7卷第1章

知名的哲學家傳記作者第歐根尼斯，把這段引文的出處歸於芝諾，但他自己也承認，蘇格拉底可能說過同樣的話。換句話說，這段引文可能是一堆人引來引去的結果。不過，話是誰說的不重要，反正道理永遠不會變。

這段文字背後的道理，我們早就滾瓜爛熟了，也就是「累積很重要」。某個人的性格之所以良好，不是靠自己老王賣瓜，而是正確的行動累積出來的。一個人要能採取行動，並不是靠靈機一動，而是得先做出各種不同的決定，像是在對的時間起床、整理床鋪、拒絕抄小路、投資自己、把該做的工作做好等等。而其中最重要的，就是不要犯錯，因為每個行動乍看之下不起眼，但全部累積起來，影響力可就不小了。

想想看，有哪些決定是看似不起眼，卻會在今天影響我們呢？我們知道哪條是正道、哪條是小路嗎？請好好走正道，累積成果，有朝一日，就會發現自己脫胎換骨了。

5月28日・行動前該做的兩件事

第一件事：不要生氣。所有事情都是順著天性發展的，就算你是哈德良或奧古斯都皇帝，轉眼間也會變成無名小卒，歸於塵土。第二件事：用平實的眼光看待手上的工作，而且請記得，變成好人才是最終目的。天性要你做什麼，你就直接行動；適合出聲的時候，你就開口發言。不管是哪種行動，都要遵守善意、謙虛、真誠的原則。

——馬古斯．奧列利烏斯《沉思錄》第8卷第5章

請花個幾秒鐘，想像一下奧列利烏斯過的是什麼樣的生活。他除了要管理元老院，還要率領軍隊征戰沙場，當運籌帷幄的指揮官。不僅如此，他還得接見人民、律師、外國使節，聆聽這些人的意見。換句話說，奧列利烏斯跟其他掌權者一樣，每天都有做不完的決策，而且一個接著一個。身經百戰的他，建立了這套可靠的決策模式，保證不失誤。既然如此，我們也應該跟著用用看。

首先，不要生氣，因為憤怒容易讓我們做出負面判斷，讓決策變得難上加難。

其次，不要忘記自己最重視的目的和原則，請把這些標準當作決策依據，這樣就能去蕪存菁，讓我們採取正確的行動。

不要生氣。

做對的事。

就是這樣而已。

5月29日・工作就是一種療癒

工作能滋養高貴的心靈。

——塞內卡《道德書信》第31章

好幾天沒去健身房運動的感覺，你應該不陌生吧？你要不是覺得全身無力、情緒不穩，就是害怕一個人關在家裡，擔心前途茫茫。其實，很多度完長假或剛退休的人，也會有類似的感覺。身心生來就是要鍛鍊的，如果不好好利用，它們就會自我封閉。

這樣的痛苦，很多人每天都要經歷一次，實在讓人扼腕。這些人空有一身潛力，卻總是打混摸魚或游手好閒，導致才能永遠開發不了。很多人會靠購物、玩樂、打架、鬧事來排遣痛苦，但這樣做不但不能滋養身心，還會吞進一堆空虛的能量，讓痛苦每況愈下。

還好，解決方法其實很簡單，而且隨時都能執行，那就是立刻開始工作。

5月30日・你在瞎忙嗎？

在我看來，就算一個人會徹夜讀書寫作，也不一定就是個勤奮工作的人。除非我知道這些人為了什麼而忙，否則我無從判斷他們勤不勤奮……不過，只要他們忙著堅持理性原則，讓理性原則永遠符合自然規律，我就會認為他們很勤奮了。

——愛比克泰德《語錄》第4卷第4章

在你認識的人當中，最忙的人會是最有效率的人嗎？我們常把忙碌當成好事，也一心覺得花了時間工作就要獲得報酬。

不過，我們真正得思考的事情，其實是我們在做什麼工作、為什麼要做、做完之後會有什麼效果。要是找不到讓自己滿意的答案，就先不要瞎忙了吧。

5月31日・人生唯一的任務

你的志向是什麼？讓自己成為好人。

——馬古斯・奥列利烏斯《沉思錄》第11卷第5章

斯多噶主義者認為，人活著只有一個任務，那就是成為好人。雖然這是大家的必修課，但我們卻老是找各種藉口逃課。

總之，還是貝里柴克的那句老話：「把工作做好。」

6 月

•

解決問題

6月1日・做好轉念的準備

沒錯，意志只要堅定就能無往不利，不管是烈火、鋼鐵、暴政、攻訐或其他事物，都動搖不了堅強的心靈。

——馬古斯・奧列利烏斯《沉思錄》第8卷第41章

人生總會碰到挫折，不管是突發狀況、干擾阻礙，還是情勢失控，都是免不了的。不過，對具備斯多噶精神的人來說，只要內心運作順暢，凡事就能無往不利。因為這樣的人無論採取什麼行動，都會備好一條「轉向條款」。

所謂的轉向條款，指的就是備案。當朋友捅我們一刀，我們就要啟動轉向條款，開始思考事情的前因後果、有沒有可能原諒對方。當我們突然被陷害，也要啟動轉向條款，告訴自己不要因此被擊倒。當電腦突然當掉，導致我們處理過的檔案消失，我們更要啟動轉向條款，告訴自己大不了重新做起，而且下一次會做得更好。雖然工作不免延宕或受阻，但我們隨時都可以改變心態、轉向思考，這是我們與生俱來的能力。

請記得，所謂的人生日常，就是墨菲定律說的那樣：「只要是可能出錯的事，就一定會出錯。」既然突發狀況層出不窮，就請隨時備好轉向條款，讓自己能夠穩如泰山。

6月2日・學柏拉圖看世界

柏拉圖說得太好了：想評斷別人的時候，最好要像鳥一樣俯瞰全局，總覽地面上的人情風土，包括農場、結婚離異、生死、喧鬧法庭、寧靜空間、外國居民、假日、市場等等，這些事物會交錯融合，形成一組組彼此對立的概念。

——馬古斯・奧列利烏斯《沉思錄》第7卷第48章

詩人盧西安寫過一則名為《伊卡若曼尼普斯的天際探險錄》的精彩對話故事。在故事裡，敘事者得到了飛翔的能力，讓他可以從高空俯瞰世界。他一望向地球表面，就發現無論是大富翁、大宅邸還是大帝國，看起來都小得出奇，而世間的各種恩恩怨怨，也顯得無足輕重了。

在古早年代，這種思考訓練只能靠想像，畢竟當時的人再怎麼登高，也只能登上一座山或幾層樓的高度。不過隨著科技發展日新月異，人類終於能像鳥一樣俯瞰世界，甚至比鳥飛得還高。太空人艾德加・米契爾是率先登上外太空的前幾人之一，回到地面上一段時間後，他分享了當年從太空看地球的感受：

「一進入外太空，視野一瞬間會變得很全面，心中想的都是人類同胞；同時，你會對當前世界局勢大大不滿，恨不得能貢獻一點力量改變現狀。在月球上看地球，你會發現國際政治渺小得可憐，甚至會想揪住政治人物的衣領，把他們拖到離地面幾百萬公里的地方，再跟他們說：『王八蛋，給我睜大眼睛看清楚。』」

只要使用柏拉圖的全觀視角看世界，很多問題就能迎刃而解。試試看吧。

6月3日・讓人生更有彈性

這人當不了軍人？那就當公務員。他非得待私人單位不可？那就當個公關發言人。他沉默寡言怎麼辦？那就陪同胞進議會，在旁邊默默支援。進議會遇到很多麻煩？那就叫他在家裡、公共場所和各種聚會上當個好同伴、講義氣的朋友、和人共進餐點的溫和桌伴。失去了公民的身分？那麼好好當個人就是了。

——塞內卡《論心緒平靜》第4章

在美國內戰大局底定之際，林肯也即將步向生命的盡頭。當時勝利在望的他，對著一群將軍和海軍上將說了一個故事。故事的主角是一名向他求過官的人，這人一開始想當外交部長，被林肯拒絕之後，就要求一個小一點的職位。當林肯第二次拒絕，這個人就說當基層海關人員也可以，可惜依然事與願違。這時，他乾脆請林肯給他一條舊長褲穿。故事說到最後，林肯邊笑邊作結：「我說啊，人要謙卑一點比較好。」

林肯說的故事，其實反映了斯多噶主義強調的彈性和決心。如果這條路不通，就換另外一條走；如果下一條路還是不通，就再走別條路看看；就算下一條又是死路，依然還有其他的路可以試。如果最後一條路純粹是要我們當好人，那也無妨，我們還是可以藉機鍛鍊哲學思考、回饋社會。

6月4日·活著的意義

我們何必不滿？我們何必抱怨？活著不就是為了克服困難嗎？

——塞內卡《論上蒼恩惠》第5章

人生一向不容易，也總是充滿不公不義。

但不要忘了，多虧歷代祖先願意披荊斬棘、拼死延續香火，我們才能誕生在這個世界上。我們體內的基因、身上流的血，都是祖先留下來的，沒有他們，就沒有今天的我們。

祖先的優良傳統，現在交到你手中了，身為傳統繼承人，應該也有毫不遜色的表現才對。活著就是為了克服困難，好好磨練自己最重要。

遇到困難的時候，就想想自己的祖先吧。

6月5日・動手解決問題才重要

我們哭著問老天爺，到底怎樣才能讓痛苦趕快消失？笨蛋，你們身上是沒手嗎？還是老天爺忘記給你們了？你們要不坐下來禱告，祈求上天讓你不要再流鼻水，要不就快點擤鼻涕，少怪東怪西了！

——愛比克泰德《語錄》第2卷第16章

世界對你很不公平，連玩遊戲都遇到黑箱，看來看去，好像每件事都在找你麻煩。雖然這些假設可能都是事實，但說真的，對此時此刻的你來說，一直陷在陰謀論裡會有幫助嗎？就算你讀了政府報告或溫馨新聞報導，該繳的帳單還是要繳、斷掉的腿還是要花時間復原、該償還的短期貸款還是要還。一天到晚舔自己的傷口、搶著當受害者不但無濟於事，還會冒出一堆負能量，讓自己沒心情解決問題。

你有兩條路可以走：一是佔著受害者位置不放，二是發揮天賦積極行動，選哪一條才好？你是打算等人來救，還是照著奧列利烏斯的建議，讓自己「想辦法振作起來，努力拉自己一把」呢？雖然擤鼻涕也算是踏出了一步，不過跟擤鼻涕比起來，振作應該更有幫助吧？

6月6日・該留就留、該退就退

那些心志還算堅定，但不夠努力的人，總是無法如願過自己想要的生活，只能過一天算一天。

——塞內卡《論心緒平靜》第2章

賽斯・高汀在《低谷》這本書裡，介紹了超市結帳隊伍會出現的三種人。第一種人總是挑最短的隊伍排，即使自己所在的隊伍動得慢、別的隊伍動得快，他們也無所謂；第二種人一發現哪邊快，就換到哪邊去；第三種人則是在確定自己排的隊伍太慢、別的隊伍真的比較快之後，才會選擇換邊排隊，而且不會再換第二次。高汀提這個例子，正是要讓我們好好想一想，自己的行為模式比較接近哪一種人。

在塞內卡看來，當第三種人會比較好。一開始選了某一條路，不代表一定要走完，何況這條路可能坑坑洞洞，或者根本不通。不過，這不能變成我們敷衍、三心二意的藉口。改變心意和換跑道都需要勇氣，至於要能對抗「另一條路比較好」的思考習慣，讓自己不陷在裡頭，就非得靠紀律和覺察力不可了。

6月7日・找到你的貴人

我們喜歡說爸媽沒得選、父母天註定，但其實，我們可以自己決定要當誰的孩子。

——塞內卡《論生命之短暫》第15章

我們很幸運，過去的某些大人物習慣寫書或寫日記，讓我們能一窺他們腦中的智慧或狂想。至於其他大人物的一生，則是靠普魯塔克、包斯威爾、羅伯特・卡羅等歷代傳記作家幫忙立傳。只要到圖書館走一圈，就能找到這些總數超過幾百萬頁的資料，一覽裡頭記錄的數千年知識與智慧結晶。

我們可能沒有好榜樣父母，也可能始終沒遇到生命中的貴人。不過，只要我們願意查點資料，就能找到值得仿效的先人，還能輕鬆閱讀他們的智慧。

我們能獲得這些知識，首先要感謝自己努力挖掘資料，再來要感謝前人願意抽空記錄人生，讓後人能夠傳承、效法這些高貴祖先的經驗，成為他們的優秀子孫。

6月8日・步步為營

想替人生打好基礎，就要認真完成每次行動；只要每次行動徹底達標，就要以自己為榮，而且沒有人攔得住你。話是這樣說，你的面前或多或少還是會出現干擾！不過，只要你的行動具備正義、自制力和智慧，就能無往不利了。要是其他方面被阻擋了，該怎麼辦？那就爽快接受被阻擋的事實，接著專心利用依舊可行的條件，這時候，新的行動就會應聲出現，而且更能幫你打好人生的基礎。

——馬古斯・奧列利烏斯《沉思錄》第8卷第32章

無論大學校隊或專業等級的優秀運動員，都慢慢接受了「專注過程」的概念。「專注過程」這個概念，是阿拉巴馬大學的教練尼克・薩班提出來的，他希望球員先忘掉關鍵賽事、奪冠、對手大幅領先等大局，專心把全力練習、打完比賽、持球得分等小事處理好。畢竟，一個賽季有好幾個月、一場比賽有好幾個小時、要追平可能還需要四次達陣，但一個動作在幾秒間就結束了。再說，不管是單場比賽或整個賽季，都是一秒一秒組成的。

採取專注過程模式的球隊，通常都能百戰百勝。遇到困難的時候，他們不會鑽牛角尖，也因此能一路過關斬將、稱霸體壇。在日常生活中，如果也能採取專注過程模式，按正確順序反覆執行正確行動，就能順利排除萬難，成就非凡人生。而且，甚至還能談笑用兵，瞬間讓路障灰飛煙滅。只要能專注過程，你就會忙著前進，不會在乎各種路障了。

6月9日·解決問題要趁早

沒有麻煩是解決不了的，而所有的惡劣行為，在剛開始的時候都毫不起眼、容易處理，但我們要是放著不管，問題就會不斷擴大，最後讓局面完全失控。不管是什麼情緒，剛出現的時候都不強，但堆積久了，力道就會越變越大。剷除情緒不容易，阻止情緒坐大比較簡單。

——塞內卡《論生命之短暫》第106章

「一條河最容易渡過的地方，就是河的源頭」，這是古羅馬作家普布里烏斯·西魯斯用來提醒我們的一句話，他想表達的概念，跟塞內卡在這段引文裡談的一模一樣。習慣糟、紀律差、生活混亂無力，這些問題就像是漩渦和激流，剛冒出頭的時候都只有芝麻綠豆大，而到了後來，就會演變成看似平靜的池塘或湖泊，甚至是地底翻騰的湧泉。

你是寧願等麻煩變大再處理，還是一發現問題就馬上解決？自己決定吧。

6月10日・你一定辦得到

當你發現完成某件事很困難，請先不要覺得自己做不到。既然有人能順著天性輕鬆完成，那你也辦得到。

——馬古斯・奧列利烏斯《沉思錄》第6卷第19章

世界上有兩種人，第一種人看到別人功成名就，心裡就會想：「為什麼成功的不是我，而是他們？」第二種人看到同一批成功的人，則會覺得：「既然他們都辦得到，我一定也可以。」第一種人認為世界是零和的，覺得一人贏眾人輸，所以常眼紅別人；第二種人的想法正好相反，他們覺得大餅人人有份，會把別人的成就當成範本參考。這兩種思維，哪一種能讓人不斷進步，哪一種會讓人不斷悲憤呢？

你想當哪一種人？

6月11日．不要讓情況雪上加霜

我們為了外在事物悲憤，最後對自己造成的傷害，比外在事物造成的直接傷害大太多了！

——馬古斯．奧列利烏斯《沉思錄》第11卷第18章

有句話說：「如果你掉進洞裡，就不要再往下挖了。」這句話的道理看似人盡皆知，但真正能做到的人恐怕少之又少。大部分的人一遇到麻煩或陷入危機，通常會先氣憤難過，接著開始怪東怪西，完全沒有認真解決問題的打算。不過這樣一來，麻煩只會越來越大。

請不要讓情況雪上加霜。今天先把這件超級簡單的事做好，就算是功德圓滿了。當遇到任何狀況，不要急著生氣或難過，也不要為回應而回應。請先客觀面對狀況，著手擬定脫身計畫，不要再挖洞給自己跳了。

6月12日・把心練好才能隨機應變

現在你們一定明白，為什麼「快告訴我做什麼才對！」這句話會那麼蠢了。其他人哪知道要給什麼建議？與其這樣問，不如說「請你幫我練心，讓我能應付各種狀況」……就算你們遇到突發狀況……也不需要再到處找人開示了。

——愛比克泰德《語錄》第2卷第2章

要是有人能教我們應付各種場面，就再好不過了。其實，為了讓自己進退有據，每個人要不是認真讀書、要不就是花時間做準備，就算面對難以預料的未來，依然會先揣摩一番。可惜，計畫永遠趕不上變化，而且就像拳擊手麥可·泰森說的，總是等到被揍了，才知道計畫不管用。

不管是堅持找到標準答案，或是為了突發狀況想各種備案，都不是斯多噶主義者會做的事；相反的，他們完全不會提心吊膽。斯多噶主義者能辦得到，是因為他們心裡清楚，自己無論遇到什麼狀況都能應變。他們不會忙著找標準答案，而是會培養創意、自信和獨立精神，讓自己解決問題的能力變強，所以他們不但不死板，還能剛柔並濟。這樣的心態，我們可以試著培養看看。

今天，我們先把小細節放一邊，只著重思考大方向。記得提醒自己，與其等別人給自己魚吃，不如學著怎麼釣魚。讓自己學會隨機應變，比只會照稿演出好多了。

6月13日・人生如戰場

人生就像戰爭，你們難道不明白嗎？打仗的時候，有人負責站哨、情蒐，有人負責上前線作戰；人生也一樣，每個人都有各自的奮戰目標，不但需要長期抗戰，也要應付多變的戰局……你們不是打雜的基層，而是肩負重責大任的戰士，你們的任務會持續一生，不會一下就結束。

——愛比克泰德《語錄》第3卷第24章

作家羅伯特・葛林常說「戰場如此，人生亦然」。這句話非常精闢，值得我們放在心裡。從各種角度來看，人生確實就是一種戰鬥：身為一個物種，我們必須在無情的大自然中努力生存；身為人類，我們必須和幾十億人口競爭，好在社會上生存；在人體內部，各種細菌也要互相競爭求生存。拉丁文說的「生存就是戰鬥」，就是這個意思。

今天，為了讓自己達成目標、對抗情緒起伏、變成理想中的模樣，我們要努力奮戰。如果想要百戰百勝，會需要哪些特質呢？**紀律／堅強心靈／勇氣／清晰思考／無私／犧牲**

哪些特質會讓人一敗塗地呢？**膽小／急躁／雜亂無章／自傲過頭／軟弱／自私**

這些特質的影響力，在戰場上如此，在日常生活中亦然。

6月14日・換支把手抓抓看

每件事都有兩支把手，抓住其中一支把手，事情會變得輕盈俐落，抓住另外一支把手，事情則會變得千斤重。當你們被兄弟傷害了，千萬不要抓著他們的錯誤不放，因為就算抓住這支把手，問題還是一樣沉重。這時候，要記得換個角度看事情，想想彼此的兄弟情誼，想想一起長大的時光。只要抓到這支把手，事情就會變輕盈了。

——愛比克泰德《手冊》第43章

知名記者威廉・希布魯克曾經染上酒癮，身體因此虛弱不堪，到了一九三三年，他決定住進精神病院接受治療，這是當時唯一能治療酒癮的機構。後來，希布魯克把這段戒酒過程寫成了回憶錄，題為《精神病院》。書裡提到，他一開始還離不開成癮模式，導致自己和院方衝突不斷，也和周遭的環境格格不入。這段時間內，希布魯克的治療不但毫無進展，院方還差點要他走人。

某天，他不經意想到愛比克泰德提過的把手比喻。回想當年，他表示：「我決定抓住另一支把手，讓生活好過一點。」的確，從那一刻開始，他不但能全心全意配合戒酒治療，甚至「突然發現讓腦袋清醒是很奇怪、但也很美好的事……感覺像是原本蓋在眼睛和耳朵上的面罩、殘渣或薄膜，一下子被拿掉了一樣」。很多成癮患者在改變思考習慣，開始接納前輩的意見和智慧之後，都和希布魯克有同樣的感觸。

換支把手抓其實不是萬靈丹，不保證能有效解決問題，但死命抓著無用的把手不放，又是何苦呢？

6月15日．多聽少說更有益

芝諾向胡說八道的年輕人表示：「我們天生有兩隻耳朵，卻只有一張嘴巴，就是為了要多聽、少說。」

——第歐根尼斯．拉爾修斯《哲人言行錄》第7卷第1章

詩人赫西俄德說：「口下留情就是最珍貴的寶藏。」羅伯特．葛林覺得話語的效果最重要，所以才說：「就算需要講話，也盡量少講一點。」

我們會想講話，是因為我們覺得能藉機紓壓，但實際上，開口反而會帶來不少麻煩。譬如當另一半發脾氣，我們可能會想出聲給對方建議，不過，對方其實只想找人說話發洩而已。又譬如別人給我們提醒或建議的時候，我們就會想找藉口否認，但這樣一來，問題反而越來越嚴重。

今天，你想當製造問題的人，還是解決問題的人？你會認真聽取別人的建言，還是乾脆用自己的聲音蓋過去？

6月16日・求救不可恥

不必為了求救而覺得丟臉。你跟攻城的士兵一樣，手上有任務得完成，要是你因為受傷無法爬上城牆，卻又不靠同袍幫忙，情況會如何？

——馬古斯・奧列利烏斯《沉思錄》第7卷第7章

沒有人期待你天生神力，能解決人生中所有問題。再說，你剛出生的時候本來就軟弱無力，需要別人幫忙，等你年紀再更大一點，也會知道求救是人之常情。也是因為你願意求救，才會知道有人愛你。

就算到現在，還是有人愛著你的。需要支援的時候就開口求救，沒必要當獨行俠闖蕩江湖。夥伴，如果需要幫忙，就開口求救吧。

6月17日・進攻好還是防守好？

命運沒有我們想的那麼神，只有把一切交給命運決定的人，才會被命運捉弄。所以，我們還是跟命運保持距離吧。

——塞內卡《道德書信》第82章

據說仰慕塞內卡的馬基維利，在《君王論》裡提到：「命運是女人，你必須和她纏鬥、打敗她，她才不會繼續囂張下去。」即便當時是十六世紀，這種話聽起來還是非常驚悚，但對永遠野心勃勃的統治者來說，和命運搏鬥只是家常便飯。這種拼個你死我活的日子，是你想過的生活嗎？

現在，我們來看看塞內卡怎麼說。他認為，人越和命運纏鬥，就越容易被命運操弄；另一方面，如果想讓自己安全無虞，就要靠哲學的「銅牆鐵壁」來防禦。對塞內卡而言，哲學的功用正是在於「克制貪念、消滅恐懼」。

如果用體育競賽或戰爭策略來打比方，以上兩種情況剛好形成對比，一種是耗盡全力、積極進攻，另一種是剛中帶柔、彈性防守。你會採取哪種策略？你的行為模式比較接近哪一種？

這些問題的答案，只有你自己知道。不過你不能不知道，在《君王論》裡提到的君王，只有少數能在親人陪伴下壽終正寢，至於其他的君王，最後的下場都不怎麼樣。

6月18日・做好準備，積極進取

當命運找上門來，我們必須做好準備、積極進取，而能夠坦然接受命運的人，才是了不起的人物。反之，那些和命運纏鬥、罔顧自然規律，又只想挑眾神的毛病，而不懂得自我反省的人，都是軟弱的廢物。

——塞內卡《道德書信》第107章

不管今天發生什麼事，我們都要做好準備、積極進取。我們要準備好面對問題、克服困難，也要準備好迎接麻煩人物，努力將危機化為契機。

請不要一廂情願，希望自己能讓時光倒流，或希望整個世界能配合我們轉動。與其癡心妄想，不如好好改變自己，這樣不是更簡單、更有意義嗎？

6月19日・專注當下

不要為了思考人生大局，把自己給壓垮了。不要為了可能降臨的壞事，讓自己整天七上八下。好好專注當下，問問自己，事情到底是哪邊不合情理，讓人喘不過氣。

——馬古斯・奧列利烏斯《沉思錄》第8卷第36章

當回顧自己的過去，有些人不免會心生疑惑：曾經發生過的驚奇事件，或是自己的驚世駭俗行徑，究竟是怎麼產生的？當時自己怎麼有辦法忽略各種痛苦，或是在可能性微乎其微的情況下反敗為勝？正如奧列利烏斯所說，當人專注於小細節，就不至於被人生大局給壓垮。其實，在事件發生的當下，人可能根本沒心思計較大局。

在查克・帕拉尼克的小說《搖籃曲》裡，有個角色說了一句話：「仔細觀察各種細節，就是把大局忘掉的訣竅。」有些時候，掌握大局固然重要，斯多噶主義也強調過這點，但大多數情況下，考慮太多容易拖慢做事效率，還會讓人心煩意亂。相反的，**我們只要能專注當下，就不會陷入排山倒海的負面情緒，甚至能擺脫這些麻煩了。**

走鋼索的人，會盡量不去想自己離地面多遠；戰績輝煌的隊伍，會盡量不去想之前連贏了幾場比賽。他們跟我們一樣，必須要專心把手上的工作做好，把其他不相干的事情忽略掉，才能有出色的表現。

6月20日・冷靜的感染力很強

迎面而來的事物，可能不是你正在追求或迴避的，但如果你某天可能需要它，不妨先穩住心神，讓自己冷靜以對。這時，你眼前的事物同樣會穩如泰山，你更不會面露饑渴或神色惶恐。

——馬古斯・奧列利烏斯《沉思錄》第11卷第11章

美國海豹部隊常說一句話：「冷靜的感染力很強。」這句話流傳已久，從部隊將領到士兵無人不知、無人不曉，在沙場上更是屢試不爽。對海豹部隊來說，凡是情勢混亂或身處戰爭迷霧當中，最好的策略就是保持冷靜。

如果領導人能帶頭保持冷靜，感染力會更強。當將領發現士兵言行失序、焦躁不安，就要適時安撫部下，但不能採取強逼手段，而是要以身作則，讓大家跟著一起冷靜。

不管是從事哪一行，都要想辦法當個冷靜的人，適時安撫身邊的同事，提醒他們放鬆深呼吸，不要慌張。這樣一來，就能穩住場面。千萬不要自亂陣腳、製造恐慌，否則變成大家的負擔就不好了。

先冷靜，其他人就會起而效法。

6月21日・散個步吧

我們最好出門散個步，讓自己大口呼吸新鮮空氣，才能讓心好好放鬆充個電。

——塞內卡《論心緒平靜》第17章

羅馬這個城市吵得要命，要找個安靜的地方休息都很困難。舉凡拖車車輪滾動聲、路邊小販叫賣聲，甚至是鐵匠鎚打金屬聲，都讓整個城裡充滿刺耳的噪音，更不用說羅馬的衛生下水道系統有多差，讓街上臭氣沖天了。因此，羅馬哲學家只好不斷找地方散心，讓自己能呼吸新鮮空氣、清空思緒。

其實，散步的好處還不只如此。從古至今，哲學家、作家、詩人、思想家都很清楚，散步能讓人擁有專屬的時間和空間，用來把工作做好。尼采也說過一句話：「靠散步得到的想法，才值得認真看待。」

今天，請記得散個步。不管是壓力大到撐不住、麻煩纏身、必須做決定、想找創作靈感、想呼吸新鮮空氣，還是有電話要打，都先去散個步。如果需要做運動，更要好好散個步。要和人開會、和朋友聚會，利用散步的時間完成也不錯。

散散步，幫身心充個電，問題就會慢慢解決了。

6月22日・什麼是瘋狂

失敗一次之後，如果還繼續幫自己打氣，覺得堅持同一招一定會成功，到最後一定會身心俱疲、頻頻出錯，而且你們不但不會發現問題，還會找理由幫自己的行為開脫。

——愛比克泰德《語錄》第2卷第18章

有人認為，瘋狂就是失敗了很多次仍然不死心，相信最後一定會成功。其實，很多人都會做這種事。他們會告訴自己今天不能生氣、不能吃太飽，但實際上，他們的行為模式根本沒改變，只是重複同一招，期待下次會更好。可惜，祈禱許願根本算不上策略。

失敗是人生的基本要素，我們不太能夠避免。不過，能不能從失敗中記取教訓，就看每個人怎麼決定了。我們最好是能認真學習，並且努力嘗試各種策略、修正路線，來達成預期的目標。但說歸說，要做到真的很難。

相較之下，走老路不花腦力、不費體力，實在容易得多，大部分的人會這麼做，也就不意外了。

6月23日・不必捨近求遠

你繞了一大圈追求的事物，其實馬上就能拿到手，只要你願意停止繞遠路就好。

——馬古斯・奧列利烏斯《沉思錄》第12卷第1章

當被問到工作的目的是什麼，大部分的人可能會說是為了成為某某專家，或是為了加入某某團體、爬到某某職位，甚至是為了成為百萬富翁、遇到知音、讓自己出名等等。當繼續問對方「為什麼要追求這件事」？或是「達到目的之後，情況會如何」？就會發現，大家追求的其實是自由、幸福、別人的尊重這些目標。

對斯多噶主義者來說，費了一堆心思和財力，只為了追求單純易得的事物，其實是不智之舉。這就跟寧願花好幾年架一台精緻的魯布・戈德堡裝置，請機器幫忙撿東西，也不願意自己動手撿一樣。這也很像是我們為了找眼鏡翻箱倒櫃，最後才發現眼鏡一直在自己頭上。

要獲得自由很簡單，看你想不想要而已。

要獲得幸福也很簡單，看你想不想要而已。

獲得別人的尊重呢？一樣，看你想不想要而已。

這些事物全都在面前，完全不必捨近求遠。

6月24日．有學養的人不會起爭執

性格美善的人不會和別人鬥個沒完，也會盡量阻止別人起衝突……這就是你們受教育的目的，也就是學著判斷什麼事和自己有關、什麼無關。一個人如果能這樣思考，怎麼還會想跟別人起衝突呢？

——愛比克泰德《語錄》第4卷第5章

蘇格拉底著名的事蹟之一，是他經常在雅典市內閒晃，找和自己立場差距很大的人辯論一番。根據資料記載，蘇格拉底因為問了太多問題，常常把對方弄到惱羞成怒，後來，由於他激怒太多雅典人，逼得大家判他死刑。

不過，蘇格拉底本人倒是一向相當冷靜，就算討論起生死議題，他也不會失去理智。他只在乎別人到底有什麼想法，而不是為了到處佈道，或像大多數人一樣只想辯倒對方。

當你下次和人辯論政治，或者和別人起了爭執，請先問自己這些問題：這件事有必要爭嗎？爭了對解決問題有幫助嗎？換作受過教育的人或智者，他們會跟你一樣容易起衝突嗎？他們會不會先放鬆深呼吸，克制自己不起衝突呢？想想看，如果能克制爭執的衝動和好勝心，會不會因此更有收穫，心情也更愉快呢？

6月25日．智者不會麻煩纏身

所以我們才說，發生在智者身上的事，全部都在他們的預料之中。

——塞內卡《論心緒平靜》第13章

和大部分的人比起來，智者的煩惱為什麼那麼少？原因有以下幾點：

一、智者不太會好高騖遠，他們通常只做合理的期待。

二、智者不會一廂情願，覺得事情非照自己的期待發展不可。他們會做最好和最壞的打算，也會務實分析可能出現的狀況。

三、智者會預備好轉向條款。換句話說，他們不只想到可能發生的壞事，更會提前擬定應對方案，讓狀況成為磨練能力和品行的好機會。

今天，如果我們能做到以上幾點，就會發現一切狀況都在預料之內，讓自己不動如山。

6月26日·把事情反過來做做看

要怎樣才能有效杜絕壞習慣？把壞習慣反過來做就對了！

——愛比克泰德《語錄》第1卷第27章

納粹大屠殺生還者、優秀心理學家維克多·弗蘭克，在治療恐懼症、精神官能症病患的時候，會用一種叫做「矛盾意向法」的治療法。假設病患失眠，一般會建議病患練習放鬆，不過，弗蘭克則是叫病患試著保持清醒。他發現，病患只要轉移注意力，不要在失眠問題上打轉，就能讓自己順利入睡了。

影集《歡樂單身派對》的忠實觀眾，應該會記得〈完全相反〉這一集。這一集裡，喬治·康斯坦薩一採取跟平常習慣完全相反的行動，生活品質就莫名其妙改善了。這時，塞菲爾德告訴他：「如果你的直覺老是出錯，就表示反過來想才是對的。」這句話背後的道理是，我們的直覺和習慣有時候會偏離常軌，當我們被困在裡頭，身心就會開始出毛病。

可是，我們也不需要馬上把所有的習慣丟掉，至少得把有幫助的部份留下來，譬如各位手上的這本書。話雖如此，如果今天把事情反過來做，效果會如何呢？如果能打破壞習慣，效果又會如何呢？

6月27日・疾風知勁草

親愛的，你一直抱怨命運弄人，對事情有什麼幫助呢？你貴為國王，更應該和逆境正面作戰。當情勢越危急，王位越可能保不住，國王的作戰意志就應該更加堅定。一面對命運就退縮，完全不像個男人。

——塞內卡《伊底帕斯》

嘉信理財集團的總裁沃特・貝廷格，每年會雇用幾百名新員工，也要面試幾百名應徵者。在他的職業生涯中，招募新人肯定有順利的時候，也免不了遭遇失誤和意外。不過，隨著經驗增長，貝廷格的招募方式也進化了：他會先跟應徵者共進早餐，同時跟餐廳經理串通，故意把應徵者點的餐弄錯。

這招的目的，是為了測試應徵者的反應。應徵者看到餐點送錯，會不會因此生氣，或表現出沒禮貌的一面呢？他們會不會被這件小事影響，導致面試表現不佳呢？他們能不能用溫和有禮的態度解決問題？

處理小問題看似平凡無奇，不過在這時候，你的真面目反而會顯現出來。

6月28日·不必自虐

哲學的目的是幫助人簡單生活，不是要人低頭悔過。人可以活得既簡單，又不隨便。

——塞內卡《道德書信》第5章

在奧列利烏斯的沉思文裡，很多段落都在自我檢討，其他斯多噶主義者的著作也不例外。不過請務必記得，你最多做到檢討就夠了，千萬不要自虐，也不必低頭懺悔，甚至不必因為罪惡感而貶低、討厭自己。斯多噶主義者不會自認是廢物、人渣，也不會靠絕食或自殘來處罰自己。他們做的自我檢討，都是有正面幫助的。

其實，辱罵自己、過度苛刻自己、懲罰自己，全都是自虐行為，沒辦法讓自己進步。

真的不必逼死自己。要求自己的標準可以高，但不需要高不可攀，而且就算行動不小心失誤了，也要放寬心胸原諒自己。

6月29日・不要找藉口

不管是克制自己的傲氣、不要耽溺享樂和痛苦、超越個人野心，或是不要對笨蛋和忘恩負義的人生氣，甚至好好照顧這些人，全部都是做得到的事。

——馬古斯・奧列利烏斯《沉思錄》第8卷第8章

很多人會說「我天生就這樣」、「我一直都是學這套」、「我被爸媽教壞了」、「大家都這樣做」，究竟是為什麼？因為他們不想跳脫舒適圈、不想進步，所以替自己找各種藉口。

其實，克制自己的傲氣和怒火，讓自己變成溫柔的人，絕對都是辦得到的事。為什麼有人就是辦得到？當然，這些人不可能有完美的父母，也不可能天生就虛懷若谷、清心寡慾。不過他們懂得鍛鍊自己，從不懈怠，而且面對個性弱點或其他問題時，更懂得盡力尋找解決方案，接著一步一步解決問題，直到成功為止。

他們因為付出了心力，才走到今天這一步。我們也辦得到的。

6月30日・危機就是轉機

其他人或許可以阻止我們行動，但無法動搖我們內心的意志和態度。心智適應環境的能力很強，就算行動時遭遇困難，心也能化危機為轉機、化阻礙為推力。橫在眼前的麻煩，最後也能變成康莊大道。

——馬古斯・奧列利烏斯《沉思錄》第5卷第20章

今天，你的計畫可能會趕不上事情的變化，即使今天一切順利，未來總有一天會狀況百出。雖然狀況出現的時候，我們的計畫會被打亂，但這不算是什麼壞事，因為人的心適應力強，隨時都有彈性。我們天生就具備斯多噶學派所謂的「翻轉危機」能力，能好好利用劣勢，藉機磨練德性或才能。

如果突發狀況讓你無法準時到達目的地，剛好可以磨練自己的耐心。
如果員工因為失誤讓公司大虧損，剛好能用心教對方如何記取教訓。
如果你的重要成果因為電腦當機而消失，剛好可以徹底歸零，從頭來過。
如果有人傷害你，剛好可以練習原諒別人。
如果你遇到困難，剛好能趁機磨練能力，讓自己更強大。

好好練習這種思考模式，試著找找看有沒有哪些狀況，是我們無法藉機磨練德性或從中獲益的。事實上，任何狀況都是我們磨練的好機會，而劣勢更能化為不同形式的推力，讓人採取行動。

7月

・

責任

7月1日·做好自己的工作

不管別人做了什麼、說了什麼，我都堅持要當個好人。換作是翡翠、黃金或紫色染料，它們也會這樣主張：「不管別人做了什麼、說了什麼，我都要堅持我的面貌、展現我的本色。」

——馬古斯．奧列利烏斯《沉思錄》第7卷第15章

斯多噶學派相信，世界上的人類、動物或物體，都有其存在的意義。即使在古希臘羅馬時期，斯多噶學派就已經隱約知道，世界是由幾百萬個微小原子構成的。他們也因為認為宇宙萬物彼此相連，於是深信每個人、每個行動，都是整個宇宙系統的一環。

我們是鑽研斯多噶主義的人，在整個宇宙系統裡，最重要的一環就是認清自己肩負的重責大任：當個好人、當個智者、讓言行永遠符合哲學精神。

今天，請做好自己該做的工作。不管發生什麼事、不管其他人有什麼任務，請顧好手上的工作，當個好人就對了。

7月2日．在不同情境下盡責

你絕對不能逃避責任，不管你是否全身凍僵、燥熱、病懨懨或獲得充分休息，不管你是像過街老鼠還是受萬人景仰，不管你是否不久人世或忙得不可開交，都要永遠盡責。再說，死亡也是人生的重責大任之一。死亡也好，其他責任也好，請充分利用身邊的資源，把這些工作做好。

——馬古斯．奧列利烏斯《沉思錄》第6卷第2章

當各種機會和責任來到我們面前，我們總是會問：「做這件事能讓我變有錢嗎？」「做這件事，別人會對我刮目相看嗎？」「做這件事要花多少時間？」「做這件事對我有什麼好處？」「我是不是應該做別的事才對？」

奧列利烏斯跟每個掌權者一樣，也肩負了許多重責大任，包括斷案、聆聽各方需求、率軍作戰、委任官員、審核預算等等，他得因此做出許多抉擇、採取各種行動。我們可能會問，他到底該做哪件事才對？他到底該聽從哪邊的意見？他什麼時候才能享受生活？事實上，面對各種怨言、恐懼和利益糾葛，奧列利烏斯只能順著此段引文裡的原則，讓自己快速下決定。

我們在各個人生階段做決定的時候，都要謹守這項原則。講「道德」兩個字有點複雜，講「做對的事」這四個字，倒是清楚易懂、直觀多了。我們的責任從來不簡單，但也十分重大。要盡到責任同樣不簡單，但我們不能敷衍了事。

7月3日．把責任當成體驗

身為哲學家，任務是讓自己的意志適應各種狀況，如此一來，所有狀況都不會和我們的意志衝突，讓我們心想事成。

——愛比克泰德《語錄》第2卷第14章

長到不行的本日或本周待辦事項清單，總會給人不小的恐懼和壓力，但是，如果把名稱改為體驗事項清單，聽起來反而變成一種享受了。這不單單是文字遊戲，更是哲學家面對世界的核心手段。今天，請不要把個人意志強加在周遭事物上。應該想想自己運氣真好，不但能接收全世界的意志，還能與之互動。

當被困在車陣中，該怎麼辦？乾脆利用這些時間坐著休息。車子怠速太久發不動，該怎麼辦？乾脆趁機下車走走，一路走到目的地。走到一半，有輛車忽然急轉彎朝你衝過來，車裡還坐了個分心講手機的白痴駕駛，結果這輛車不但差點撞到你，還噴得你一身泥水，這時候該怎麼辦？乾脆趁機提醒自己人生充滿危機，而且相較之下，上班遲到或交通工具出問題根本不算什麼，何必因此發脾氣！

把責任當成體驗，除了聽起來搞笑以外，看似對生活沒什麼影響，但實際上，這招的影響力可是大到讓人驚艷呢。

7月4日・守護內心的火焰

不管做什麼事，請守住內心良善的一面。至於其他能力，請在自己能合理掌控的範圍內發揮。如果做不到這點，未來必定禍不單行，充滿各種挫折和阻礙。

——愛比克泰德《語錄》第4卷第3章

你內心的善念就像火苗，讓火繼續燃燒就是你的工作。每天，你都要確保燃料源源不絕，讓火焰不會減弱或熄滅。

每個人跟你一樣，都有自己需要看顧的內心火焰。如果大家都失職了，世界就會陷入一片黑暗，沒有人能阻止得了。不過，只要內心還留著一絲火焰，就能替世界保留一點光亮。

7月5日・行善本來就不簡單

內心美善的人，會努力做他們心目中的善事，就算辛苦、就算因此傷痕累累、就算危機四伏，他們也在所不惜。我再說一次，他們不會為了財富、逸樂或權力，而做出自認不堪的事。世上沒有任何事物能阻止他們行善，也沒有任何事物能蠱惑他們自降格調。

——塞內卡《道德書信》第76章

行善要是真的那麼簡單，每個人早就做了；反過來說，作惡要是沒吸引力或沒樂趣，也就不會有人做了。手上的工作也是一樣。這份工作如果每個人都能打得了，早就派給其他人了，但現在，負責的人可是你。

還好，你不是一般人。你既不怕難，也不會被各種誘惑拐騙，不是嗎？

7月6日・快起床吧

每當早上死命賴床，請先跟自己說：身為人類，我應盡的責任在等我起床開工。一想到自己有與生俱來的使命要完成，就沒什麼好抱怨的吧？還是說，你的天職就是躲在被窩裡取暖？賴床真的很舒服，但享樂是你的人生使命嗎？簡單一句話：你的責任是天天取暖，還是認真行動呢？

——馬古斯・奧列利烏斯《沉思錄》第5卷第1章

羅馬皇帝奧列利烏斯在兩千年前寫了這段文字，激勵自己爽快離開被窩（據說他不時會失眠），既然連他都會賴床，我們也就不必太自責了。從小時候爸媽開始送我們上學，一直到我們工作退休的那一刻，我們總是為了早起而掙扎。閉著眼睛按掉幾次鬧鐘，確實很爽快沒錯，可惜我們不能這樣做。

因為我們有任務在身。我們除了有各自的天職要完成，還要為了斯多噶學派提倡的崇高價值，也就是「人類共善」奮鬥。要是我們不盡快起床開工，就沒辦法助自己、他人或全世界一臂之力了，所以快點沖個澡、泡杯咖啡，然後開始工作吧。

7月7日・學習是我們的責任

你應該教我的，是如何變得跟奧德修斯一樣愛國、愛妻、愛父親，甚至是在遭遇船難之後，還能繼續朝崇高目標揚帆而去。

——塞內卡《道德書信》第88章

很多學校老師教《奧德賽》的方法都錯了，他們總是一下強調日期，一下討論荷馬是不是這部史詩的作者、眼睛是不是看不見，或者跟學生描述何謂口述傳統、獨眼巨人或特洛伊木馬的操作方式。

塞內卡認為，閱讀經典文學的時候要拋開細節，日期、人名、地名等等都不甚重要，真正重要的是角色的德性。搞錯《奧德賽》大部份的細節沒關係，只要記得毅力很重要、自大很危險、誘惑和消遣會帶來麻煩這些道理，就算是收穫滿滿了。

讀書學習不是為了考高分，也不是為了讓老師刮目相看，而是為了掌握人生道理，努力讓自己成為更好的人，而且永遠不懈怠。

7月8日・不要再唉聲嘆氣了

不要再唉聲嘆氣了！你在煩惱什麼？有任何新狀況出現嗎？有什麼好困惑的？是為了事物起因而困惑嗎？那就先釐清起因再說。純粹是事物本身讓你困惑？那就把事物本身看清楚。除了這兩樣東西，就沒有別的需要看了。現在，不妨學學眾神，讓自己變得更單純善良。不管你需要檢驗事物一百年，或是只看三年，都是一樣的道理。

——馬古斯・奧列利烏斯《沉思錄》第9卷第37章

文筆洗鍊的作家瓊・狄迪恩，在某篇經典散文裡寫過一句話：「所謂德性，不但象徵了承擔人生責任的意願，更是自尊心的泉源。」

奧列利烏斯認為，面對不屬於自己的事物，或是事物背後的成因，我們都不該浪費時間唉聲嘆氣。我們更應該停止渾渾噩噩度日，好好把握自己的人生。德性是可以鍛鍊的，只要鍛鍊得好，自尊心就會油然而生。當然，這也表示我們必須認真付出，而且不能等問題都解決了、樂子都享受過了才行動。不能再拖了，現在就必須行動，而願意負責正是行動的第一步。

一個人如果沒有德性，無疑是世上最悲慘的事，狄迪恩在〈談自尊〉這篇文章裡也提過同樣的事：「沒有自尊的人生，就像是夜晚無法成眠，身邊卻沒有溫牛奶和巴比妥助眠藥，放在床上的手沉重麻木，只好細數自己犯過的干犯之罪和怠忽之罪、做過的背叛行為、默默背棄過的承諾，或是因為自己偷懶、膽怯、粗心而被虛耗的天賦。」

和這段話比起來，你肯定能做到更好。

7月9日・哲學家皇帝

我相信一個人在成為好皇帝之前，必定是個哲學家，而在成為哲學家之前，也必定是個帝王之才。

——穆索尼烏斯．魯福斯《講座》第8卷第33章

以色列將軍赫茲爾．哈列維認為，哲學撐起了他的領導和作戰能力：「很多人跟我說企業管理比較務實，哲學只能用來陶冶性靈。但這麼多年下來，我倒覺得事情剛好相反，因為對我來說，哲學是非常務實的策略。」不管是戰爭還是領導工作，都必須日以繼夜做出合理決策，而在決策過程中，更要懂得安排優先次序、保持平衡、清晰思考。在這個時候，哲學就派上用場了。

柏拉圖對這點心知肚明，也設想出由哲學家皇帝治理的烏托邦，他在《理想國》這本書裡就說：「要不就讓哲學家來當皇帝，要不就讓目前在位的皇帝付出足夠心力學習哲學。」

這件事和我們有什麼關係？雖然這個時代君王所剩無幾，但每個人某種程度上都是領導者，可能是一家之主、公司主管、團隊總召、群眾領袖，也可能是帶領一群朋友、甚至是帶領自己的人。學習哲學，能鍛鍊我們的理性思維、倫理準則，讓我們順利完成應盡的責任。我們不能抱著到時看著辦的心態，畢竟，期待我們把事情做好的人實在太多了。

7月10日・認真投入庶民藝術

認真投入你學過的庶民藝術，藉著藝術表現安頓身心。往後的人生，請全心把手上的一切託付給眾神，不要讓自己變成暴君或奴隸。

——馬古斯・奧列利烏斯《沉思錄》第4卷第31章

當你人在紐約或洛杉磯，不妨趁周末晚上隨便拜訪一間喜劇俱樂部，你會看見某些全球知名、荷包滿滿的喜劇演員，居然會待在這間小劇場內，為了人數不多的觀眾認真演出。這些演員光靠電影或巡迴演出，可能就不愁吃穿了，但他們還是願意勤練基本功。

如果問他們為什麼如此努力練習、拼命演出，他們的理由不外乎以下幾種：表演是我的專長、我喜歡表演、我想精進表演技巧、我喜歡和觀眾互動、我不表演就全身不對勁。

凌晨一點站上紐約知名俱樂部的舞台，對這些演員來說不是苦差事，反而能讓他們精神抖擻。這不是他們不得不為的工作，而是出於自由選擇的行動。

不管你專精哪一種庶民藝術，請問問自己這些問題：我有沒有花時間投入？喜愛的程度能不能讓我花時間投入？我願不願意相信付出心力之後，事情就會順順利利？事實上，順利是一定的，所以請投入自己專精的領域吧。

7月11日·把自己當成新創公司

所以蘇格拉底怎麼說？「有人喜歡把農田耕得整齊肥沃，有人喜歡把馬照顧得漂亮強壯，我跟這些人很像，只是我喜歡耕耘自己，讓自己越來越強。」

——愛比克泰德《語錄》第3卷第5章

創業是這年頭最熱門的潮流，很多人都想當創業家。確實，創業帶來的成就感很強，所以人們才會拼了老命創業，投入大把時間換取大把成果。

不過，如果我們能為創業賣命，難道不需要付出同樣的拼勁鍛鍊自己嗎？

每個人的一生都像一間新創公司。起初，這不過是某些人的念頭，後來慢慢孕育成形，於是我們降生在這個世界上，接著隨著時間成長茁壯，而且不斷累積夥伴、員工、客戶、金主和資產。把自己的人生當成創業理念來經營，真的有那麼奇怪嗎？再說，哪一項工作才是攸關生死的要務呢？

7月12日．記住這些單純的原則

行動不要拖拖拉拉、談話不要語焉不詳、思考不要天馬行空、心智不要怠惰或躁進、人生不要只想賺錢。

——馬古斯．奧列利烏斯《沉思錄》第8卷第51章

單純的境界不容易達成，但我們既然都知道單純的原則有哪些，就請好好實踐，當作自己的重責大任吧。用這些原則來處理第一條待辦事項、應對今天第一個談話機會、鍛鍊自己的心智，當然，也要藉此豐富自己的人生。記得，只有今天實踐是不夠的，每天都要確實做到。

請把這件事寫在顯眼的地方，提醒自己不要忘記。

7月13日・帶頭是領導者的責任

某個人幫了別人，立刻就期待對方報答自己。另一個幫手的心裡沒有立刻浮現同樣的念頭，卻同樣覺得對方欠自己人情，非報恩不可。至於第三個幫手，則完全不把對方報答與否放在心上，就像是一棵葡萄樹，除了催生出一大串葡萄，什麼回報都不要，也像是一匹完賽的馬、一隻散完步的狗、一隻釀完蜜的蜜蜂。這樣的人就算行了善，也不會四處宣傳自己的功勞，只會默默繼續行善，就像葡萄樹在對的季節催生新的葡萄串一樣。

——馬古斯・奧列利烏斯《沉思錄》第5卷第6章

你有沒有遇過誰抄襲你的想法，還當成自己的四處宣傳？你有沒有注意過，比自己年幼的家人或親戚會模仿你的行為，譬如跟你穿一樣的衣服、聽一樣的音樂？我們在血氣方剛的年紀，可能會因為這些模仿行為而動怒，在心裡大喊：「不要再學我了！我才是第一個！」

隨著年紀增長，我們會漸漸改變心態，知道踏出步伐、伸出援手是領導者的風範，無論在什麼情境之中，助人都是我們應盡的責任。如果我們想成為領導者，就必須知道這是不求回報的工作。領導者不在乎報酬、不在乎恩情、不在乎掌聲，視所有付出為己任，這就是我們該抱持的心態。

7月14日・一知半解最危險

對初學者來說，擁有強大的才能是件危險的事。所以，請等到自己控制力足夠了，再將能力發揮出來，同時記得配合自然規律。

——愛比克泰德《語錄》第3卷第13章

好的老師面對自己最優秀的學生，態度通常會極度嚴格。從一方面來說，老師希望幫助學生把潛力發揮到極致，但另一方面他們也知道，如果學生能力好、反應快，卻缺人指導，可能就會有災難發生。少年得志容易讓人恃才傲物，養成不好的習慣，而反應快的人則容易趕進度、忽略基本功，讓老師頭痛。

請不要得意得太早，放慢步調、謙卑前進才是上策。

7月15日·做對的事就夠了

當你做了善事，別人也受惠了，又何必繼續汲汲營營，期待別人表揚，或回報你的善行？

——馬古斯·奧列利烏斯《沉思錄》第7卷第73章

如果聽到有人問：「你為什麼要做對的事？」只要回答「因為這樣做是對的」就好了。畢竟，當我們看見或聽說某個人做了善事，甚至因為行善而受盡磨難，我們通常會心想「這人確實是個典範」。

所以，我們何必期待別人表揚或回報自己的善行？行善只是我們的責任，不是嗎？

7月16日・讓心不斷進步

我要把心獻給什麼工作？記得多問自己這個問題，再看看自己是否遵循理性原則。我的心現在是什麼模樣？是小孩、青少年的樣子……還是暴君、寵物或野獸的模樣呢？

——馬古斯・奧列利烏斯《沉思錄》第5卷第11章

請問問自己這些問題：我熱衷什麼事情？熱衷的動機、目的，以及需要執行的任務有哪些？我正在採取什麼行動？更重要的是，我為什麼要採取這些行動？我每天做的這些事，和我在乎的價值有什麼關聯？我做事的方法有沒有違背個人價值？我是不是還在漂泊晃蕩，做一些跟理想無關的事？

你回答完問題之後，可能會覺得答案差強人意，但這是好事。這表示你已經踏出改變行為的第一步，讓自己不至於淪為奧列利烏斯口中的野獸。這也表示你越來越清楚人生方向，知道自己天生肩負了什麼任務。一旦你抓到方向，離完成任務又更近了。

7月17日・不要放棄別人，也不要放棄自己

當你走在理性的道路上，一定會有人擋你的路。不過，他們沒辦法阻止你做正確的事，所以不必因此灰心喪志。你要兼顧兩件事：一是做出穩健的判斷和行動，二是善待擋路或製造麻煩的人。發脾氣跟半途而廢、慌亂喪志一樣，都是不好的缺點，如果以上兩件事都顧不好，自己不但會退縮不前，更會鬧得眾叛親離。

——馬古斯・奧列利烏斯《沉思錄》第11卷第9章

當我們的鍛鍊工作開始出現成果，我們就會覺得身邊的人充滿缺陷。這跟控制飲食的狀況一樣，只要每個人都不忌口，就會形成隨興亂吃的風氣；但只要有一個人開始健康飲食，立刻就會有許多人跟進，也會認真辯論晚餐吃什麼比較好。

你不會因為別人擋路，而放棄嘗試新的途徑，但同樣的，你也不應該直接放棄這些人。你不需要藐視他們，或任對方自生自滅，你更沒必要因此發飆，或和對方起爭執，畢竟，你以前也和這些人一模一樣。

7月18日·專心顧好各自的人生

我的理智抉擇和鄰居的理智抉擇毫不相干，正如同我的理智抉擇和鄰居的呼吸或身體狀況完全無關。就算我們生來必須同心協力，每個人的理性思維依舊各自為政，互不相涉。要是情況剛好相反，別人的惡就會變成我的痛，但上蒼當初創世的用意，絕對不是要讓別人決定我的不幸。

——馬古斯·奧列利烏斯《沉思錄》第8卷第56章

自由國家的立國精神，就是人人有「自由揮舞拳頭的空間，但不得越過他人的鼻尖」，意思是，每個人都有隨意行動的自由，但以不侵犯他人的身體和個人空間為限。這句話的概念，作為個人處世哲學也相當適合。

不過要能享受這種自由，前提有兩個：第一，使用這種方式過生活的時候，不能刻意強迫別人；第二，當別人採取了同樣的生活方式，必須全心全意接受。

這兩個前提，你都辦得到嗎？就算別人的決定讓你不以為然，你也能保持初衷嗎？你能不能明白每個人的人生是自己的，不需要互相干涉呢？再說，光是你自己的人生就夠忙了，哪來的多餘心力干涉別人呢？

7月19日・原諒無知的人

柏拉圖說，每個心靈都有知識缺陷，也同樣有正義、自制力、善意等品德缺陷，這些缺陷都是不得已的。請務必把這點放在心上，讓自己的處世手腕更加溫柔。

——馬古斯・奧列利烏斯《沉思錄》第7卷第63章

當年，耶穌在沿著苦路一路爬上基督受難的加略山之前，不是被棍棒、鞭子、刀刃毆打穿刺，就是被迫背十字架上山，可說是受盡了各種折磨。到了山頂，耶穌和兩名普通罪犯一起被釘在十字架上，只能眼睜睜看士兵擲著骰子，決定他身上的衣服歸誰，至於人們對他的冷嘲熱諷，他也全部聽在耳裡。

不管你有沒有宗教信仰，只要你知道了耶穌歷經磨難後的反應，一定會感到震撼不已，因為他當時只是抬頭望著天，淡淡說了一句話：「天父啊，請原諒這些人，因為他們不知道自己在做什麼。」

早耶穌幾百年誕生的柏拉圖，已經提過了相同的概念，而耶穌受難後兩個世紀，奧列利烏斯又重提了這件事。遭奧列利烏斯政府處決的基督徒，或許在行刑當下也說過類似的話：「請原諒這些人，他們是無知的。要是他們有點知識，就不會這樣做了。」

請隨時記得這件事，讓自己變得更溫和、更圓融。

7月20日·與生俱來的正義感

行為不正義的人，就是在和眾神作對。宇宙創造理性人種的目的，是希望大家互助合作，為個體應享的共同利益奮鬥，而不是要大家互相傷害。要是有人違背上蒼的意志，就是明目張膽和眾神之首作對。

——馬古斯·奧列利烏斯《沉思錄》第9卷第1章

天底下最醜陋不堪的罪行，就是和自然規律作對。有些行為在我們眼中違背人性，甚至到了人神共憤的地步，會讓我們感嘆「所有價值都崩壞了」，無論一個人有什麼樣的宗教信仰、出身背景、政治立場、社會階級、性別性向，都會同意這點。

為什麼大家會一致同意？因為我們天生就有正義感，討厭別人插隊、當米蟲，也會立法保護弱勢，甚至建立納稅制度，讓財富流到需要的人手上。不過，當我們有意鑽漏洞，也可能會用欺騙或竄改規則的手段達到目的。就像比爾·沃爾許說的，很多人一得到自由，就像水一樣往低處鑽。

想讓世界上的惡減少，就要一邊劃定各種底線，一邊滋養內心的善性，就像林肯在美國陷入分裂、群情激憤的時候，希望大家全心全意守護「人性中的良善天使」一樣。如此一來，我們與生俱來的正義感才能發揮效力。

7月21日・與人共事是我們的天職

如果早上起不來，請記得自己與生俱來的任務，是為了和其他人一起工作，只有不思考的動物才會貪睡。所謂的天職，就是最適性、最能讓人滿足的工作。

——馬古斯．奧列利烏斯《沉思錄》第8卷第12章

就算你的狗整天呼呼大睡，而且還是在你的床上睡，也不是什麼壞事。狗不需要趕去別的地方，也沒有太多工作要做，只要專心當隻狗就好。斯多噶主義認為，人類背負的責任比狗重大得多，但服務的對象不是眾神，而是自己的同胞。你早上之所以願意起床，甚至像奧列利烏斯一樣把自己挖起來，是為了完成希臘文說的「由眾人推動的工程」。譬如社會文明和國家體制，正是需要我們攜手一塊努力的工程，也是我們和祖先幾千年來共同促成的大業。和其他人通力合作，就是我們的天職。

所以，如果你今天早上爬不起來，或是喝了咖啡還是想睡，不妨想一下自己手上的大工程。請記得，這項任務沒有你不行，你的目標也是和同事一起完成任務，再說，其他人早就滿心期盼你的到來了。

7月22日・沒有人在逼你

只要是被迫或靠衝動完成的事，就算不上什麼高尚大業。只要是高尚大業，都是發自內心完成的。

——塞內卡《道德書信》第66章

沒人逼你一定要做對的事，你可以繼續當個自私無禮、短視近利、鑽牛角尖、邪惡愚蠢的人。其實，讓人做壞事的誘因還不少，而且還不一定會被抓到。

可是，按照這個思路過生活的話，會有什麼下場？這種人生要怎麼過下去？

沒有人逼你一定要完成天職，也沒有人逼你一定要做對的事。一切只能等你心甘情願、自發行動。

7月23日．面對榮辱，心態一致

得勢勿喜，失勢勿憂。

——馬古斯．奧列利烏斯《沉思錄》第8卷第33章

在羅馬共和國即將滅亡之際，龐貝正和凱撒拼命內戰。某天，他決定將艦隊指揮權交給小加圖，在當時，這個頭銜可是無上的榮耀。但過沒幾天，龐貝的親信卻因為眼紅而異議不斷，讓龐貝決定從小加圖手中拿回指揮權，試圖平息紛爭。

在眾目睽睽下升職又降職，可以說是奇恥大辱，不過根據史料記載，小加圖倒是完全不當一回事。面對榮辱，他一律坦然接受，即使仕途一波三折，他內心的原則也從未動搖。事實上，小加圖在被奚落之後，還在開戰前召集他無緣指揮的士兵們，對他們信心喊話。

這就是奧列利烏斯想說的事。請不要太在意別人的批評，也不要一獲得獎賞或褒揚就沾沾自喜，尤其當有重責大任在身，更要抱持平常心。在執行任務時，你的為人跟職位升降這種瑣事無關，重點在於言行舉止，小加圖就是個很好的例子。

7月24日．世界永遠不缺壞消息

當你們聽見一則壞消息，請記得，你們的理智抉擇不會受到任何消息影響。誰會特地跑過來告訴你們，你們內心的假設和願望都錯了？沒有人會這樣做！別人頂多告訴你們有人死了，但就算如此，這件事對你們又有什麼意義？

——愛比克泰德《語錄》第3卷第18章

今天，可能會有朋友好意問你：「你對某國發生的某個不幸事件有什麼看法？」聽到這個問題，你可能會好意回應對方：「我覺得這件事好可怕。」

這時候，你和對方不但無視理智抉擇，也沒有真的採取行動，向不幸事件的受害者伸出援手。世界上駭人聽聞的消息，很容易就能吸走我們的注意力，甚至還會讓我們心神不寧。但斯多噶學派認為，當聽見這種消息，只需要留心而不必憂心，一味抱持同情心不但無濟於事，也很容易打亂穩定的思緒。當你真的有辦法幫助受害者，那麼事件本身加上你的回應，才會和理智抉擇息息相關。要是你只是想抒發情緒，而不打算進一步行動，那還不如盡自己的本分，顧好自己、自己的家人、自己的國家。

7月25日・你的墓碑刻了什麼字？

當看到某人天天炫耀自己成就不凡，或是聽著大家傳頌某人的名字，你不需要感到太羡慕，因為這樣的成就，是用性命換來的……很多人拼了命爬上功名階梯，結果不是踩了幾階就墜地，就是在登頂前摔下階梯。少數人惹了一身腥臭，終於成功登頂，但卻發覺一切的努力不過是為了墓碑上的幾行字。

——塞內卡《論生命之短暫》第20章

我們對專業的堅持和投入，有時候只是為了滿足自己的慾望。政治人物可能會拿公務繁忙當藉口，替自己冷落家人的行為開脫；作家可能會高舉自己的才華，用來合理化自私、疏遠他人的行為。但在明眼人看來，這種政治人物愛的不過是名，而這種作家不過是想滿足優越感，畢竟，工作狂總是會找一堆藉口，來美化自己的自私行為。

這種態度雖然能讓人擁有不凡的成就，但手段卻難以令人苟同。能沒日沒夜工作確實不簡單，但我們是人，不是機器人。塞內卡說，人又不是動物，「死的時候還綁著韁繩，有什麼好開心的」？亞歷山大・索忍尼辛的說法更有意思：「馬都是勞碌死的，這應該要變成常識才對。」

7月26日·善人不應該無為

不公不義除了跟做了什麼有關，更和沒做什麼有關。

——馬古斯·奧列利烏斯《沉思錄》第9卷第5章

歷史一再證明，人類除了會主動做壞事，也會不自覺犯下惡行。不管是蓄奴、納粹大屠殺、種族隔離，還是著名的「旁觀者效應」案例，也就是凱蒂·吉諾維斯謀殺案，這些可恥事件中該反省的不只是加害者，自有盤算的冷淡旁觀者同樣無法免責。俗話說得好：「當善人袖手旁觀，罪惡就會佔地為王。」

不做壞事是不夠的，我們必須努力行善，才能讓世界更美好。

7月27日・有比德性更好的目標嗎？

真的，如果你發現人生中有些東西比正義、真理、自制、勇氣更有價值——或者換個方式說，除了有一顆能自給自足的心，讓你根據理智判斷採取行動，並在個人的控制範圍外接受命運的安排，你還發現世上存在更值得擁有的事物——我的建議是，你應該全心利用這項事物，創造出更高的價值。

——馬古斯・奧列利烏斯《沉思錄》第3卷第6章

在人生中，我們都曾經汲汲營營過。我們可能會以為金錢能解決一切煩惱、功成名就是最好的回報、被才子佳人不渝的愛包圍是一生的慰藉，所以四處尋覓這些事物。可是，當這些事物真正到手了，我們會有什麼感覺？通常不會是空虛失落感，因為只有達不到目標的人才會這樣想。我們最常有的感受，是覺得還缺了點什麼。

事實是，金錢會帶來更多煩惱、攻下一座山之後還有更高的山，而且愛永遠嫌不夠。

德性才是值得我們追求的事物。有德能讓人自得其樂，帶來的收穫高得出人意料，而且德性也沒有等級差異：我們不是有德，就是無德，沒有中間地帶可言。正因如此，包含正義、誠實、紀律、勇氣等美德的德性，才是值得一生追求的目標。

7月28日・想想自己的優勢

有人敏銳，就有人遲鈍；有人出身高，就有人出身低。屬於後者的人，先天和後天條件已經矮人一截，想要領略哲學大義或接受名師指導，就必須先經過更嚴謹的思考論證訓練。這跟身體出問題的時候，需要認真接受治療才能完全康復，是一樣的道理。

——穆索尼烏斯・魯福斯《講座》第1卷第1－3章

在和別人共事之後，你可能會暗自抱怨對方「怎麼這麼笨」或「怎麼老是出錯」。可是，不是每個人都跟你一樣有優勢。所謂的優勢，指的不是你的人生一路順遂，而是你已經先一步開始思考了。這時候，你就必須同情理解那些落後的人，拿出耐心對待他們。

哲學能鍛鍊意志、滋養心靈，只是有些心靈需要的成長養分比較多，這就跟有人天生新陳代謝快、有人天生長得高的道理一樣。只要心胸越寬大、越能包容別人，就更能明白自己的優勢所在，也會更願意付出力氣和耐心。

7月29日・修補自己

靠哲學修補自己的人，會逐漸擁有充滿自信、所向無敵的卓越心靈。當你越靠近這樣的人，他們的心靈就顯得越崇高。

——塞內卡《道德書信》第111章

「修補自己」是什麼意思？塞內卡想說的，大概是以下的概念：我們的性格受先天和後天條件影響，既形成獨一無二的樣貌，組成元素也有好有壞；當壞元素開始侵蝕我們的生活，有人會選擇尋求心理治療、精神分析或互助團體協助，目的正是修補內心自私、具破壞性的一面。

在所有修補手段之中，哲學是歷史最悠久、也造福最多人的一種。哲學的功用，不只能緩解心理疾病或精神症狀，更能豐富人類的生命，幫助大家過優質的生活。

想要讓生命更豐富嗎？想擁有一顆卓越心靈，讓自己在面對外在世界的時候充滿自信、所向無敵？想讓內心像洋蔥一樣，充滿一層又一層的精緻結構？

想要的話，就努力靠哲學鍛鍊自己吧。

7月30日・斯多噶式的快樂

相信我，真正的快樂來自於認真的態度。在你看來，誰能像文人說的那樣一派輕鬆、笑看生死，或是耗費家財救濟窮人、克制享樂慾望、思索經歷困頓的意義呢？能夠把這些念頭隨時放在心上的人，才能真正過得快樂，而不是歡樂度日。這樣的快樂，才是我希望你追求的，只要你能一路追到源頭，就能隨時自得其樂。

——塞內卡《道德書信》第23章

我們常常把「快樂」掛在嘴上，一下說「這消息讓我好快樂」、「這個人替大家散播快樂」，一下說「這真是個快樂的場合」。可惜，這些情境裡的快樂，都算不上是真正的快樂，頂多是「歡樂」罷了，沒有深度可言。

在塞內卡看來，快樂是種深邃的存在狀態，是我們內心深處的感受，跟能不能露出微笑或開懷大笑無關。很多人以為斯多噶主義者天天板著臉、內心總是憂愁苦悶，實際上並非如此。大家都開心順利的時候，再歡樂又如何？這算得上是了不起的成就嗎？

你能對人生感到心滿意足嗎？能勇敢面對生命中的各種事件嗎？能在經歷各種磨難後回到正軌，完全不踩錯腳步嗎？能成為親友或同事的支柱，替他們指點迷津嗎？如果做得到這些事，就能體會斯多噶式的快樂。這種快樂，來自於一顆有理念、上進、盡責的心，也是一種認真的態度，這比臉上掛著微笑或笑聲爽朗來得深刻多了。

7月31日·工作不是無期徒刑

要是律師七老八十還繼續出庭，替自己不認識的人辯護，還期待觀眾對自己刮目相看，結果最後在眾人面前殉職，就真的是丟臉丟大了。

——塞內卡《論生命之短暫》第20章

每隔幾年，新聞上就會出現這樣的悲劇：個人事業如日中天的年邁老闆，被迫和股東及家人對簿公堂，聽另一造批評自己年老神衰，應該交出事業經營權，不再插手公司的法律事務。年邁的大老闆通常不會妥協，也不願意思考交棒計畫，結果就被對手抖出各種不堪的私事，在大庭廣眾下被徹底羞辱。

我們不應該沉迷於工作之中，覺得自己天生神力，不會被年紀或意外擊垮。誰會想當一個天天操心的人？人生唯一的目標難道只有工作，寧願讓自己鞠躬盡瘁、死而後已才甘心？

對事業有熱情很好，但工作絕不是人生的全部。

8月

•

務實

8月1日・放下完美主義

「這根小黃瓜太苦了，丟掉吧！這條路有很多荊棘，不要走了吧！」不要再說這種話了，一直為了討厭的事物牽掛有意義嗎？那些懂得向大自然學習的人，只會把你當成笑話而已，就好像你說木匠店或鞋匠店的地板上怎麼都是木屑和碎片，店主只會笑破肚皮。不過，這些店不免得準備裝殘屑的垃圾桶，但大自然可是完全不需要。

——馬古斯・奧列利烏斯《沉思錄》第8卷第50章

我們為了讓事情圓滿順利，總是會告訴自己等條件齊備了，或搞清楚狀況了再行動。但認真來說，立刻去做、隨機應變其實會比較好。

奧列利烏斯也對自己說過：「不要癡癡等待柏拉圖的理想國實現。」他雖然不會一廂情願，認為世界要照他的想法運轉，但他心裡明白一件事：「一個人只要看清事物的樣貌、存在狀態，就能做善事了。」天主教哲學家尤瑟夫・皮柏後來提的概念，也跟奧列利烏斯遙相呼應。

今天，請不要因為看清了世界的樣貌，就不敢邁開步伐發揮才能。就算前方充滿絆腳石，我們也要努力完成重要任務。

8月2日・無論如何都要積極向上

一個人就算被流放，還是有辦法學習、鍛鍊必要的工夫，既然如此，自我精進或培養德性的工作怎麼可能因為流放而窒礙難行呢？

——穆索尼烏斯・魯福斯《講座》第9卷第37—39章

老羅斯福晚年動了手術，也在術後得知自己可能要坐輪椅度過餘生。不過，他還是維持一貫的正向陽光，對醫師說：「沒關係！我還是能精進自己！」

面對命運捉弄，我們不妨參考羅斯福的態度，在有限的空間內積極採取行動。學習是一件風雨無阻的事，而逆境本身就是學習的大好機會，這樣的學習模式即使不如己意，還是可能讓人有所領悟。

穆索尼烏斯・魯福斯一生被流放三次（被尼祿皇帝流放兩次、維斯帕先皇帝一次），但他就算被迫流離失所，也依然持續鑽研哲學，等於是用行動說出「沒關係！我還是能精進自己」這句話。流放期間，魯福斯還把握時間指導了愛比克泰德這位學生，間接催生了斯多噶主義。

8月3日・到處都能過優質生活

這時候，你並不在前往目的地的道路上，而是漫無目標、四處遊蕩。但其實，如果你是想把生活過好，不管在哪裡都做得到。這世界上，還有比議會更讓人混亂迷惘的地方嗎？不過，只要你願意，議會也是個能平靜度日的場所。

——塞內卡《道德書信》第28章

某個知名作家曾經抱怨，當他成名之後，一群有錢的朋友總是邀他去自家豪宅體驗異國風情。朋友一下對他說「來我南法的家」，一下說「我的瑞士滑雪小屋很適合你寫作」，讓他有機會環遊世界、天天錦衣玉食，而且期待莊園或華廈生活能讓自己文思泉源、創意不斷。可惜的是，他的期待落空了，因為每天總是會有更誘人的豪宅、更有趣的樂子，還有體驗不完的新鮮事，讓他走到哪都腸思枯竭，甚至因此焦慮不安。

我們總是以為必須等到萬事具備，自己才能定下心來認真工作，或者覺得度個假、獨處一下對增進感情、身心健康很有幫助。其實，這種想法根本是自欺欺人。

讓自己更務實、適應力更強，隨時隨地都能進行重要工作，才是上上之策。最適合我們工作、過優質生活的地方，其實就在自己腳下了。

8月4日·少埋怨，多專心

不要再埋怨上蒼，也不要再怪任何人了。必須克制自己的慾望，要避的話，也只能避開落在自己理智抉擇範圍內的事物。你們不能再繼續忿忿不平、羨慕別人、悔不當初了。

——愛比克泰德《語錄》第3卷第22章

當年，曼德拉因為反對南非政府實施種族隔離政策，被執政當局關進了監牢。在他二十七年牢獄生涯裡，有十八年都住在狹窄的囚房內，身邊只有一個充當馬桶的水桶、一張硬床，而且每年只准接待一名訪客，每次訪視更不能超過三十分鐘。這些慘無人道的手段，用意都是要孤立、折磨犯人，但就算情況再差，曼德拉還是成了獄中的精神典範。

雖然生活處處受限，曼德拉還是能堅持信念，想方設法實踐自己的意志。他的獄友奈維爾·亞歷山大曾經在《前線追蹤》節目上表示：「他（曼德拉）總是對大家說：如果別人叫你跑，你要堅持用走的；如果別人叫你走快一點，你就繼續慢慢走。他想教大家的，就是掌握自主權這件事。」曼德拉會假裝自己在跳繩或是做假想拳擊訓練，讓自己維持身心健康，而且走路的時候也抬頭挺胸，顯得與眾不同。牢裡日子難過的時候，他還會替獄友加油打氣，同時維持一貫的自信，從不灰心。

我們可以像曼德拉一樣，讓內心永遠充滿自信。無論今天發生什麼事、無論人在何方，請顧好理智抉擇範圍內的事物，對於來來去去、容易使人分心的情緒，請盡量置之不理。總之，請拋開情緒，好好專心就對了。

8月5日·沉默就是力量

沉默是歷經苦難之後的領悟。

——塞內卡《塞厄斯提斯》

你最近一次說笨話，結果給自己添麻煩的狀況，你還記得嗎？你當時為什麼要說這種話？其實，這種話多半沒必要說出口，只不過是你太想賣弄才學、標新立異或打入某個團體罷了。

羅伯特·葛林曾經寫過一句話：「話說得越多，笨話就越多。」這裡可以再加一句：「話說得越多，就越可能搞砸好機會、忽略別人的意見，甚至給自己找麻煩。」

經驗不足、膽小怕事的人，總是說個不停來安撫自己。能夠聆聽別人說話，而且能堅持不亂聊的人，真的是鳳毛麟角。只要學得會沉默，力量就會變強，也更能夠自給自足。

8月6日·永遠都有機會逆轉勝

請仔細想一想，困難究竟是什麼。其實，所有阻礙都可以化解、所有窄縫都能擠寬，就算是再重的負荷，只要經過正確施力，都能變得更加輕盈。

——塞內卡《論心緒平靜》第10章

你有沒有參加過好像快沒勝算，卻突然大獲全勝的比賽？有沒有哪次覺得自己會考不及格，最後卻靠熬夜和運氣考出不錯的成績？對於大家都放棄的想法，你有沒有努力堅持下去，最後見證想法開花結果的經驗？

這些動力、創意和自信，就是我們現在最需要的。失敗主義除了帶來失敗，完全沒有任何正面效果。只要能專心顧好一個小地方，投入百分之百的努力，就能把看似渺小的機會轉化成勝負關鍵。美國前總統林登·詹森的某位幕僚曾經表示，只要待在詹森總統身邊，就會有一種「只要全力以赴，就能獲勝的感覺」。沒錯，必須全力以赴。或者就像奧列利烏斯說的，只要其他人辦得到，我們一定也不例外。

8月7日·腳踏實地，堅持原則

在你住得下去的地方，你都能過得很好；就算必須住在宮廷裡，也可以過得很好。

——馬古斯·奧列利烏斯《沉思錄》第5卷第16章

作家威廉·李·米勒曾經以獨樹一格的方式替林肯作傳，他稱之為「德行傳記」。米勒在林肯傳記裡，點出了一件重要的事：林肯被神格化之後，身為政治人物的面向就會被刻意忽略。我們通常只關心他出身多卑微、自學多難得、演講多精彩，卻對他的政治本業視而不見，也看不見他雖然身為政治人物，卻擁有許多優秀特質，包括同理心強、謹言慎行、處事公正、心胸開闊、意志堅定等等。我們往往相信，搞政治的人一定不具備這些特質，但同樣身為政治人物的林肯卻顛覆了我們的觀念。

堅持原則和腳踏實地，兩者完全不衝突。不管是住在華盛頓廣場公園的一角、在物欲橫流的華爾街工作，還是在封閉小鎮上長大，我們都能把生活過好。畢竟，很多人都已經成功做到了。

8月8日・先看清世界的實相

現在，請做好大自然交代給你的任務。如果你做得到，請立刻行動，不要拼命東張西望，想著讓大家看見你的一舉一動。不要癡癡等待柏拉圖的理想國實現，每當你跨出一小步，就要感到心滿意足，不必太在意後續結果。

——馬古斯・奧列利烏斯《沉思錄》第9卷第29章

你有沒有聽過「至善者，善之敵」這句話？這句話不是要人妥協、拉低標準，而是希望大家不要被理想主義綁死。

對此，社區組織者索爾・阿林斯基在《叛道》這本書的開頭，提出了發人深省的務實觀點：「我身為社區組織者，第一件要做的事就是看清世界的實相，而不是實現我心中的理想世界。接納世界的實相，並不會抹煞我們改變世界、實踐理想的熱情。事實上，想要改變世界、實踐理想，一定得從面對世界的實相做起。」

如果我們想讓世界變好，今日此刻就有很多地方可以著手。無論努力方向為何，只要願意跨出第一步，就有機會改善這個世界，不要因為覺得條件不對或時機未到，就找藉口不行動。現在，請盡自己所能，立刻行動。在付出努力之後，請記得關照全局，不要自吹自擂。總之，永遠都不要自我膨脹、滿嘴藉口就對了。

8月9日．實事求是最重要

事物在你面前呈現什麼樣態，就是什麼樣態，請不要在心裡加油添醋。當你聽說有人在背後說你壞話，心裡要明白這不過是一則消息，不代表自己已經名譽受損。我知道我的兒子生病了，但這跟他有生命危險是兩回事。請記得事物一開始的樣態，不要在心裡多加渲染，這麼一來，你就能不動如山了。

——馬古斯．奧列利烏斯《沉思錄》第8卷第49章

這段引文想表達的概念，看起來和我們受過的教育完全衝突。大家不是都說，我們必須鍛鍊邏輯、培養獨立思考，才不會只看表面就下定論嗎？沒錯，這在大多數情況下成立，但有些時候，想太多反而會帶來反效果。

哲學家除了懂得思考，也像尼采說的一樣，能夠「大膽停留在表相之上」，好讓自己用最樸實、客觀的眼光看世界，不增也不減。是的，斯多噶學派其實很「膚淺」，但在尼采看來，這種膚淺其實是「由深入淺」。今天，趁所有人都還在胡思亂想，請好好練習這種客觀視角。這種視角能讓人更直觀、更務實，看見事物最初的樣態。

8月10日・完美主義會扼殺行動

我們不會因為達不到完美境界，就決定不再朝理想前進。

——愛比克泰德《語錄》第1卷第2章

有個心理學概念叫做「認知扭曲」，指的是一種極端的思考模式，會導致當事人的生活四分五裂。最常見的認知扭曲類型，就是「全有或全無」（或稱作「分裂」）的思考模式，譬如底下這些想法：

- 你不挺我，就表示你討厭我
- 事物不是十全十美，就是一無可取
- 不完美的成功，等於是完全失敗

這些極端想法，往往會讓人鬱悶、挫折，要是說不會才奇怪。完美主義通常只會讓人失落，不會帶來完美的結果。

我們只要保持務實心態，就不會庸人自擾。有多少能力，就有多少成果，這就是愛比克泰德想告訴我們的事。就算世界上真的有十全十美，我們也不可能達到，畢竟，我們只不過是人而已。人生真正的目標應該是自我精進，無論路途再艱難，都要堅持下去。

8月11日・面對現實、少鑽理論

培養德性的時候，究竟靠習慣好還是靠理論好？如果理論指的是標準行為規範，習慣指的是固定根據這套規範行動，那麼在穆索尼烏斯看來，靠習慣會比較有效。

——穆索尼烏斯．魯福斯《講座》第5卷第17－19章

哈姆雷特說：

賀瑞修，天堂和地獄裡的事物，比你靠哲學構想出來的還多。

挑剔理論到底說不說得通，實在太浪費時間了。我們要面對的是現實世界，如何解決眼前的問題、能不能過五關斬六將才重要。當然，這不代表道理隨便說都通，只是我們得記住一件事：即使理論再簡單清楚，現實問題往往複雜難解得多。

8月12日・言行合一最重要

不管是柏拉圖、芝諾、克律西普斯、波西多尼烏斯，還是其他優秀的斯多噶主義者，都留下了不少語錄。他們要怎麼證明自己不是在複誦別人的說法？我告訴你，這些人只要言行合一，就能證明一切了。

——塞內卡《道德書信》第108章

現代有不少譯者和老師，都覺得斯多噶主義的內容一直重複，令人反感。馬古斯・奧列利烏斯的著作也淪為學界箭靶，被批為和早期斯多噶學派思想太像，沒有原創性可言。可惜，這種批評完全是畫錯重點。

早在奧列利烏斯還沒出生之前，塞內卡就發現哲學家的想法一下東借西借、一下互相重疊，這是因為他們在乎的不是著作權，而是概念務不務實。再說，他們更認為與其滔滔不絕，不如多多行動。

這句話不管在當時或現在，聽起來都很合理。你隨時都能翻出這些先哲的語錄，愛怎麼用就怎麼用，畢竟他們早就不在人世了，根本管不了你做什麼。你要玩拼貼、要調整修改，沒有人會攔你，不過，如果你想證明自己的話不是東抄西抄，而是心中真實的想法，自己就必須說到做到。沒有什麼比言行合一更重要了。

8月13日．多動腦，麻煩就少

你因為不讓理性原則發揮功用，已經吃過太多苦頭了，夠了，真的夠了！

——馬古斯．奧列利烏斯《沉思錄》第9卷第26章

你擔心的事情，最後成真的有多少？因為焦慮而言行失當，搞得自己萬分懊惱的經驗，你一生中經歷了多少次？因為放任嫉妒、挫折、貪心坐大，結果導致自己幹下錯事的經驗，你又經歷過多少次？

靠理性判斷採取行動，乍聽之下是件大工程，但實際上卻能讓人趨吉避凶。富蘭克林之所以說「一分預防勝於十分治療」，道理就在這裡。

腦袋天生就是要用來判斷思考，一方面辨別事物的輕重緩急，一方面關照全局，**就算要煩惱，也只為必要的事擔憂**。總之，好好利用自己的腦袋就對了。

8月14日．哲學重實不重虛

哲學不是騙人的花招，也不是觀賞用的表演；哲學不重視用詞，只在乎事實；哲學不是用來打發時間的玩物，也不是消除煩惱的工具；哲學的功能是強健心靈、梳理原則、引領行動，劃定行為的界線。當我們在茫茫人生中搖擺不定，哲學就是我們最好的舵手。少了哲學，人生必然充滿恐懼或憂慮。世上每分每秒都有讓人毫無頭緒的事，如果我們想理出頭緒，就要靠哲學了。

——塞內卡《道德書信》第16章

小加圖的祖父老加圖，當年在羅馬的聲勢如日中天。有一天，他剛好聽見懷疑論哲學家卡內亞德斯演講，這位講者口若懸河，不斷用華麗的辭藻歌頌正義。到了隔天，老加圖又聽見卡內亞德斯暢談正義的缺陷，這時，他卻表示正義不過是人類發明出來的維穩手段。卡內亞德斯的身段，讓老加圖感到驚駭萬分，因為這種「哲學家」居然假借論述理念之名，行論辯表演之實。這樣做到底有什麼意義？

於是，老加圖努力向元老院遊說，希望能把卡內亞德斯遣送回雅典，好避免羅馬年輕人被幼稚話術蠱惑。對斯多噶主義者來說，抓著一個主題拼命正反論辯，甚至認為兩方都有道理的行為，簡直是浪費時間、折磨身心到極點。塞內卡都說了，哲學不是一種花招，是讓人在生活中實踐的原則。

8月15日・讓理智引領行動

這道理很簡單：德性是唯一的善，沒有德性就沒有善，而德性就藏在高貴的理性當中。所以德性的內涵是什麼？就是準確可靠的判斷。當外在事物激起情緒波動，德性就能發揮功效，讓模糊的情勢逐漸清晰。

——塞內卡《道德書信》第71章

想想自己身邊那些穩重的人，他們為什麼如此優秀可靠、讓人信賴，名聲有口皆碑？

這些人的共通點，就是「穩定一致」。不管局勢好壞，他們都能誠實待人，而無論有無好處，他們都願意助人一臂之力。換言之，不管他們從事什麼行動，都會展現讓人敬重的特質。

為什麼這麼多人都尊敬老羅斯福？這不是靠幾次勇敢、剛毅的事蹟就能達成的，事實上，羅斯福所有的事蹟，都展現了這些特質。他年輕時身體瘦弱，卻努力成為拳擊手，而他在更年輕、更瘦弱的時候，甚至會在家裡用器材健身，每天練上好幾個小時。當母親和妻子同一天過世，他心裡雖然悲痛，還是照樣去光禿風化的劣土區放牧。羅斯福類似的事蹟還有很多，說都說不完。

我們過去的所有行動，造就了現在的自己，而每一刻出現的內心波動，都透露出我們採取過什麼行動。所以行動之前，請小心抉擇吧。

8月16日．劣勢也能成為優勢

人類從理性的大自然身上得到了理性思考能力，也獲得了扭轉局勢的能力。面對各種阻礙或抵抗，大自然會順著既有規律運作、在困難中找到立足點，以便達成自己的目的。這種化劣勢為成功條件的能力，在理性的人身上也看得到。

——馬古斯．奧列利烏斯《沉思錄》第8卷第35章

身高只有一百六十公分的馬格西．包格斯，是NBA史上最矮的球員。因為身高太矮，他在NBA裡總是遭人訕笑，甚至還被歧視排擠。

不過，包格斯選擇將劣勢轉為優勢，反而讓身高成了他的賣點。有人覺得他長得矮簡直悲劇，他本人倒覺得是一樁好事，因為矮個子也有矮個子的優勢，在籃球場上尤其明顯，譬如移動速度快、能出其不意抄走高個子的球。那些嘲笑包格斯的球員，其實都小看他了。

這種逆轉局勢的能力，怎麼可能對我們沒幫助呢？在我們的人生中，有哪些看似扯我們後腿的事物，其實是能化為前進力量的呢？

8月17日・與其怪東怪西，不如認真自省

在理智抉擇範圍外的事物干擾不了我的心智，也無法造成任何傷害，能傷害自己心智的，從來都只有理智本身。人生不如意的時候，如果我們能認真自我反省，同時明白各種煩躁都是由想法引起的，我敢發誓，這樣就能讓自己進步了。

——愛比克泰德《語錄》第3卷第19章

今天，請試著不要怪東怪西、怨天尤人。想想看，如果有人不聽你的指揮任意行動，你的人生反而會多出一點驚奇。有些人的話乍聽之下很沒禮貌，但其實只是你自己太敏感，覺得別人都在針對自己。就算你投資的股票賠到脫褲，你也要想一想，這不就是砸重金、冒大險的可能後果嗎？再說，你何必每天盯著股市看呢？

人生不如意的時候，我們可以選擇發揮理智抉擇的能力，讓自己不要一整天怪東怪西。如果撐不了一天，那就撐個一小時；如果連一小時都撐不了，就先撐個十分鐘就好。

總之，能做多少算多少，光是能撐一分鐘不怪別人，人生就算是有長進了。

8月18日．有勇無謀的人最蠢

好人能所向無敵，是因為他們不會在居於劣勢的時候拼命，和別人鬥個你死我活。如果你們想搶走他們的財產，就拿吧，甚至把他們的員工、事業、性命也搶走。不過，你們不但阻礙不了他們的決心，也沒辦法騙他們掉進你們設下的陷阱。不在理智抉擇範圍之內的賽局，好人是不會隨便跳進去的。這樣的人，還能不所向無敵嗎？

——愛比克泰德《語錄》第3卷第6章

無論哪一種武術，一定都會叫人不要硬碰硬。所謂不要硬碰硬，指的是不要挑對手的強項戰鬥，還想贏得勝利。可惜的是，我們總是熱血過頭、自不量力，不是讓自己掉進別人設好的局，就是對別人的要求照單全收。

在某些人看來，「挑選戰場」的做法要不等於沒擔當，要不就是投機取巧。可是如果挑對戰場能降低失敗機率，或者避免沒必要的損失，這還能算是沒擔當嗎？這難道不是好事嗎？有人說「知慎近乎勇」，照斯多噶主義的說法，就是所謂的理智抉擇。所以，請理智一點吧！凡事想清楚再做決定，才能讓自己所向無敵。

8月19日・放下不必要的事物

俗話說，如果你想讓心靈獲得平靜，就要少操點心。不過，要是改說「身為會理性思考的社會動物，就要做天生該做的事」，聽起來會不會更有道理呢？只要這樣想，就能靜心做好重要的事，讓自己更加安心。我們說的話、採取的行動，大部份都沒什麼必要，如果能省下沒必要的力氣，心就能更加閒適平靜。所以，我們在說話或行動之前，都要先問自己有沒有必要出力。當然，我們不但要避免無謂的行動，更要排除無謂的想法，才不會被這些想法推著跑，白白浪費力氣。

——馬古斯．奧列利烏斯《沉思錄》第4卷第24章

斯多噶主義者跟僧人不一樣，他們不會在修道院或寺廟隱居，而是選擇從政、經商、參戰、進行藝術創作。他們跟我們一樣，都在塵世中努力實踐哲學。

想要讓心靈平靜，就要狠下心放棄多餘的目標，少被虛榮心、貪心、散漫習慣搞得自己不斷瞎忙，也不要不敢拒絕別人的要求。總之，下定決心放下、放下、再放下就是了。

8月20日．內在才是重點

你的內在必須與眾不同，但外在打扮反而得融入人群。

——塞內卡《道德書信》第5章

犬儒主義者第歐根尼斯，當年是位頗具爭議的哲學家，因為他常常在街上四處遊蕩，活像個流浪漢。雖然幾千年後，他留下的文字還是讓我們回味無窮，但我們要是有機會和他面對面，大概也會暗自心想：「這個瘋子是誰啊？」

很多人喜歡舉著哲學大旗，用偏激的態度對抗世界，但這樣做有任何好處嗎？再說，當你不斷鄙棄社會常理，別人多半會和你保持距離，甚至會嚇得退避三舍。另一方面，我們可能會拼命讓自己的衣著、車子、妝髮與眾不同，但和陶冶內在比起來，雕琢外觀實在太膚淺了。畢竟，內在轉變是件隱微深刻的事，別人通常是看不出來的。

8月21日·不要杞人憂天

一天到晚擔心未來、杞人憂天、害怕自己永遠得不到想要的東西，只會讓心靈陷入毀滅。如果心思總是為了未來糾結，就沒辦法好好享受當下，內在也不可能有平靜的一天。

——塞內卡《道德書信》第98章

為了可能發生的壞事緊張兮兮，是很奇怪的做法。所謂可能發生，就是代表事情還沒發生，這時該不該忐忑不安，其實是我們自己可以做主的。不過，我們還是寧願咬指甲、胃痛，甚至把身邊的人踢開。我們會有這些舉動，都是因為擔心壞事可能會發生。

但在務實主義者看來，光是採取行動就忙不完了，傻傻擔心根本是浪費時間。再說，為了事情各種可能的發展擔憂，完全不是他們的作風。請想想看，如果事前操了一堆心，最好的結局大概是事情發展出人意料的好，讓自己白擔心一場；反之，最壞的結局則是持續煩惱，而且還是自己選擇要煩惱的。

如果把煩惱的時間拿來做別的事，會不會更有意義？**每一天都可能是人生的最後一天，你確定要用來煩惱嗎？**當別人繼續坐困愁城，任由命運宰割，我們有沒有辦法找到新的出路，打破停滯的現狀？

事件要發生，就讓它發生吧，請記得讓自己多做點正事，就能少操點心了。

8月22日．別為小事抓狂

你必須記得，分配給每個行動的專注力要和行動效益等值，這樣一來，你才不會為了效益不高的事累過頭，最後乾脆半途而廢。

——馬古斯．奧列利烏斯《沉思錄》第4卷第32章

一九九七年，心理治療師理察．卡爾森的著作《別為小事抓狂》一出版，立刻成為書市搶手貨，接著盤踞暢銷排行榜好幾年，後來還翻譯成各種語言，前後熱銷了幾百萬本。

卡爾森的書名簡短有力，傳達了千古不變的道理，無論你有沒有讀過這本書，都應該把這句話放在心上。要是奧列利烏斯的修辭學老師科奈利烏斯．弗龍托有機會看到這本書，肯定會大力推崇卡爾森，認為他的說法比奧列利烏斯那段引文更好。其實，卡爾森和奧列利烏斯想說的事是一樣的：**不必為小事浪費時間，因為時間可是最珍貴、最難再生的資源。**至於那些明明不重要，但是卻非做不可的事怎麼辦？基本上，請快速應付過去，能不花心思就不花心思。

如果你投注在小事上的時間和心力，已經遠超出事物本身的效益，那這些小事就不再只是小事，而會因為你已經把一部份的人生耗在上面，變得非常重大。可惜這樣一來，家庭、健康、人生理想等真正重要的事，反而會因為你刻意漠視，結果被邊緣化了。

8月23日・談個人利益才有說服力

所以，請把智者不應該醉酒的原因解釋清楚。光是堆砌文字說教是不夠的，點出醉酒使人失態、墮落的事實才有效。當享樂行為失去控制，就會變得跟懲罰沒兩樣，這是最有說服力的道理。

——塞內卡《道德書信》第83章

在所有的說服招式當中，還有比拼命說教更弱的招嗎？光是用抽象概念轟炸別人，不就只會讓人左耳進、右耳出嗎？因此，如果斯多噶主義者想說服人，他們不會說「這是罪孽行為，不要做」，而是會說「這行為會讓後果不堪設想，不要做」；他們也不會說「享樂不會帶來快樂」，而是會說「享樂過頭會變成一種懲罰」。《權力世界的叢林法則》裡有一條法則是「訴諸對方的個人利益，不要懇求對方慈悲或感恩」，正好替斯多噶學派的說服技巧作了註解。

當想說服自己的親朋好友改變行為模式，請記得，訴諸個人利益通常比較有效果。行為本身糟不糟糕不重要，重要的是讓對方知道，換個方式做，對自己比較有好處。與其用道德勸說轟炸，不如讓對方親自面對事實。

如果把這招用在自己身上，結果會怎麼樣呢？

8月24日．多多參考各家說法

就算我引用了爛作家的話，只要他的說法有道理，我就不會因此感到羞愧。

——塞內卡《論心緒平靜》第11章

塞內卡在書信和散文裡，常常引用哲學家伊比鳩魯的話，簡直讓人摸不著腦袋。莫名其妙之處在哪？因為理論上，斯多噶主義和伊比鳩魯主義應該是完全對立的思想體系啊（但其實，兩者的差異通常被誇大了）！

不過對塞內卡來說，這是再自然不過的事，畢竟他追求的是智慧本身，來源一點都不重要。很多宗教、哲學的基本教義派人士，最常卡死的地方就在這裡。就算某個概念來自斯多噶主義，或是和斯多噶主義完全相容，那又如何？只要能讓自己的生活和性格變好的概念，都是值得參考的概念。

今天，如果你放下對門派、名聲的執著，會不會有什麼新的領悟呢？如果能一心追求效果，會不會有更多新發現呢？

8月25日．胸懷過去、心向未來

你問我，我難道不走前人的路嗎？我當然會走，但只要發現可能有更好走的捷徑，我就會身先士卒、勇往直前。這批開路先鋒不是我們的老師，而是嚮導。真理是每個人都能獲得的，不會被某些人獨占。

——塞內卡《道德書信》第33章

經過時間考驗的傳統法則，通常會是最好的處事策略。不過，不要忘記眼前所見的保守思維，在當年誕生的時候也是前衛創新、爭議不斷的，既然如此，我們更應該大膽嘗試新想法，不需要害怕。

就塞內卡來說，他可能是找到了能補強芝諾、克里安西斯說法的新觀點，決定嘗試新的哲學取徑。到了現代，心理學上的新發現或許也能補強塞內卡、奧列利烏斯的觀點，甚至光靠個人反思，就能有所突破了。當我們找到了更好、更貼近真實的概念，就好好吸收、利用吧，不需要把自己的知識水準困在兩千年前，和已經作古的老人相依為命。

8月26日・遭遇不幸是好事

我人還沒登上甲板，就已經沉船了……我走過這一遭才知道，我們擁有的東西，很多都是沒必要的，而且只要到了必須捨棄的關頭，我們就能輕鬆把這些東西丟掉，一點都不會心痛。

——塞內卡《道德書信》第87章

斯多噶學派的創始者芝諾，一開始並不是哲學家，而是個商人。他有次搭船經過腓尼基和皮瑞斯兩地之間，船卻和貨物一起沉了，他因此輾轉漂流到了雅典，並走進一家當地書店，認識了蘇格拉底和另外一位雅典哲學家克拉底斯的思想。這段經歷，讓芝諾的人生走向產生了極大轉變，他漸漸發展出一套原則和思想，奠定了斯多噶哲學的雛形。根據傳記作者第歐根尼斯・拉爾修斯和其他資料，芝諾也曾經拿這段經歷自嘲，說出「我遇過船難之後，從此一帆風順了」、「上天，感謝你幫我和哲學牽線」這些玩笑話。

斯多噶主義者之所以說大家都需要轉向條款、倒大楣也可能是運氣好，絕對不只是幻想、假設而已。畢竟，這整套哲學就是奠基在這樣的現實之上啊！

8月27日．要哭還是要笑？

在大庭廣眾下，赫拉克利特斯常常會掉淚，但德謨克利圖斯比較愛大笑。在旁觀的人看來，前者好像在演悲情大戲，後者則是在演一場瘋癲秀。正因如此，我們更應該用輕鬆的心情面對世界，不需要鑽牛角尖，因為嘲笑人生比哀嘆命運更有人味。

——塞內卡《論心緒平靜》第15章

每當聽到不好的消息，大家都愛說「我不知道是該哭還是該笑」，這句名言該不會是出自塞內卡這段引文吧？不過對斯多噶主義者來說，既然外在事物不在乎人的情緒，那麼人為了事物生氣難過也無濟於事，何況陷入情緒風暴之後，自己只會更加難過。

照這樣看來，斯多噶主義者顯然不是一群刻薄又鬱悶的老頭子。就算眼前的世界一片黑暗，讓人憤怒、絕望到想掉淚，斯多噶主義者還是會選擇大笑三聲。

我們可以像德謨克利圖斯一樣，選擇用笑聲面對人生。不管在什麼情境之下，幽默永遠比悲憤更有幫助，至少幽默能紓解壓力，不會製造更多低氣壓。

8月28日・斯多噶富豪

創造宇宙的主宰者替我們設定的生命法則，就是把生活過好，而且用不著大富大貴。過幸福快樂生活的必要元素，全都在我們面前了，跟必須經歷痛苦、不安才能獲得的富貴截然不同。我們應該盡力發揮這項先天條件，讓它成為最美好的事物之一。

——塞內卡《道德書信》第119章

當年，塞內卡在推行斯多噶哲學的時候，他羅馬富豪的身份經常被人撻伐。塞內卡因為實在太有錢，讓歷史學家不禁懷疑，他借給不列顛地區居民的鉅額貸款，就是後來引發當地血腥抗爭的導火線。很多批評人士還替塞內卡取了「斯多噶富豪」的綽號，就為了嘲諷挖苦他。

面對各種質疑，塞內卡總是淡淡回答：「我是有錢沒錯，但我不需要這些錢。」的確，他完全不缺錢，也從不嗜錢如命，就算銀行存款多得驚人，也從來沒被說成羅馬最愛揮霍、最耽溺逸樂的人。不管塞內卡的說法是不是真心誠意（他有可能只是惺惺作態罷了），這句話對金錢與物質至上的現代社會來說，都像是茫茫大海中的一根浮木。

這就是務實的財富觀，不會流於道德批判。

我們不需要淪為金錢的奴隸，就能把生活過好。我們也不必逼自己對工作鞠躬盡瘁、死而後已，只為了賺點錢買自己不需要的東西，弄得連閱讀、反思的時間都沒有。沒人規定經濟寬裕一定要過著揮霍的日子，請記得，人不需要太多東西，就能過得很快樂了。

8月29日・減少慾望就能擁有一切

沒有人能夠得到自己想要的一切，但對於不屬於自己的東西，每個人都可以選擇不去追求，同時妥善利用自己擁有的事物。

——塞內卡《道德書信》第123章

誰可以有錢到買下所有東西？當然沒有人辦得到。不管富翁再怎麼花錢買選票、尊重、地位、愛，或是其他錢買不到的東西，也是會經常碰壁。

如果耗盡不義之財也買不到自己想要的一切，人生會不會就沒戲唱了？對於這個問題，到底有沒有解套方案呢？在斯多噶主義者看來，這個問題有解：只要調整自己追求的目標、改變看事情的角度，就有機會完成心願了。我們也可以參考大富翁約翰・洛克斐勒的說法：「一個人有不有錢，是由收入、支出和慾望之間的關係決定的。如果一個人覺得十美元的收入很夠用，而且自己什麼都不缺，這樣就算是有錢了。」

今天，我們可以選擇累積財富，也可以選擇減少自己的慾望，好讓財富更快達標。

8月30日·想偷懶的時候怎麼辦？

面對有待完成的任務，只要能夠發揮德性，就能展現勇氣和行動力完成。作正事的時候如果發懶、埋怨，身心各唱各的調，或是被各種猛烈情緒牽著鼻子走，只會被當作傻子而已。

——塞內卡《道德書信》第31—32章

如果計畫才開始沒多久，你就覺得無力或煩躁，請先想想計畫的目的是什麼。如果確定這項計畫非做不可，就再問自己之所以不想做是為什麼，究竟是因為害怕、生氣，還是太累呢？

不要妄想有人會來解救你，讓你可以停止自己不愛的計畫，也不要期待有人會突然走到你面前，告訴你計畫的意義何在。不要變成嘴上說好，實際上卻毫無作為的人。二〇〇五年，當蘋果瞬間成為全球價值最高的企業，賈伯斯就對美國《商業週刊》說了這樣的話：「質比量重要多了，與其打兩支二壘安打，不如打一支全壘打。」

8月31日・記得反省自己的錯誤

當你看別人犯的錯不順眼，請立刻回想自己犯過的類似錯誤，譬如見錢眼開、享樂至上、沽名釣譽等等。只要這麼想，怒氣就會馬上消失，讓你認真思考這些人犯錯的原因。其實，既然他們都被情緒衝動支配了，還能不犯錯嗎？如果你行有餘力，就幫助他們脫離情緒苦海吧。

——馬古斯．奧列利烏斯《沉思錄》第10卷第30章

先前提到，蘇格拉底認為「沒有人會故意犯錯」。這種體貼的說法，是不是真的符合現實呢？其實，不妨回想自己不帶惡意、卻犯下無心之過的情形，或是兩天沒睡覺導致脾氣暴躁的情形、根據錯誤資訊採取行動的情形，甚至是因為心不在焉而忘東忘西、有聽沒懂的情形，就知道那句話合不合理了。類似的例子還有很多，實在不勝枚舉。

就是因為這樣，我們才不應該隨便否定、醜化別人。請盡量用善待自己的方式包容別人、放人一馬，才能好好和別人合作，讓大家的才華都有機會發揮。

PART 3

意志訓練

9月

•

堅強心靈與韌性

9月1日．期待好運不如鍛鍊心智

不管什麼樣的財富，都比不上理智的心靈來得有影響力。理智的心靈會親自主導行為模式，決定生命基調是悲還是喜。

——塞內卡《道德書信》第98章

小加圖從來不缺錢買漂亮的衣服，但他還是常常打著赤腳，在羅馬城內走來走去，完全不管周遭的眼光。他同樣不缺享受山珍海味的錢，但他卻寧願粗茶淡飯。而且無論下雨天或大熱天，小加圖都一樣會光腳走路。

小加圖明明可以過舒服的生活，這樣究竟是何苦呢？其實，他是為了鍛鍊心智，讓自己能韌性十足。更精確一點來說，他想鍛鍊的是淡定、處變不驚的態度，好讓自己能在壕溝裡與士兵並肩作戰、在議會和元老院裡收放自如，或是好好扮演父親和政治人物的雙重角色。

靠著自我鍛鍊，小加圖更能在變化多端的局勢中站穩腳步，隨機應變。如果我們也能像他一樣精進自己，或許就能變得更加強韌，和他並駕齊驅了。

9月2日·哲學課堂就是一座醫院

各位，哲學課堂就像是一座醫院，離開這裡的時候，你們不應該覺得飄飄然，而是渾身疼痛，你們就是因為不舒服才走進來的。

——愛比克泰德《語錄》第3卷第23章

你去過物治中心或復康中心嗎？這些機構的名字聽起來很療癒，裡頭的人好像也躺成一片，舒舒服服做著按摩，但實際上，這些地方根本不好玩。治療是會痛的，而且訓練有素的專家在治療病患的時候，都知道該在哪個點施力、施多少力，讓弱化或退化的患部能越來越強壯。

這差不多就是斯多噶哲學的運作模式。我們在思考或自我鍛鍊的時候，可能會被斯多噶主義戳到痛點，但會痛是正常的，跟是否太脆弱無關。多痛幾次，我們才能加強耐力和韌性，讓自己不被人生中的各種難關擊垮。

9月3日・請先經過嚴格訓練

我們必須先經過嚴冬訓練，不要還沒準備好就想跳到下一步。

——愛比克泰德《語錄》第1卷第2章

在現代戰爭模式成熟之前，軍隊一遇到冬天就會停擺。當時的戰爭模式，和現在完全是兩個世界，真要形容的話，比較像是一連串的突擊行動，夾雜著零星幾場關鍵戰役。

愛比克泰德之所以要每個人接受「嚴冬訓練」（希臘文是cheimaskêsai），就是希望打破「在特定時間練兵」（或是練習任何技術）的傳統思維。想在戰場上獲勝，就必須投入每一分每一秒、用盡手上的資源，把該進行的訓練和準備做好。就像籃球員勒布朗・詹姆斯，他即使在暑假休賽期間，還是忙著鍛鍊球技。同樣的，美國國軍在休戰期間也會日夜操練，讓士兵在上戰場前做好準備，一旦真的開戰了，就要戰到最後一刻。

每個人的一生就是不斷戰鬥，沒有幹勁是不行的。人生沒有所謂的停戰期，更沒有休假日可言，面對變化多端的人生戰局，我們必須隨時備戰，只要開戰了，就要戰到獲勝為止。

9月4日・沒吃過苦，就沒有領悟

你一生順遂，但我卻覺得你真是不幸。如果你這輩子沒敵手，就沒人知道你的真本事，甚至連你自己也搞不清楚。

——塞內卡《論上蒼恩惠》第4章

很多人走過苦難之後，會把這些經歷當成勳章掛在身上，就算現在的生活已經衣食無虞了，他們還是會一臉失落說「想當年」、「真希望回到年輕、沒飯吃的時代」、「那段經歷真是太美好了」、「很想再過一次當年的生活」這些話。這些經歷艱苦歸艱苦，卻鍛鍊了許多人的意志，讓他們變成今天的樣子。

悲慘經歷的另一個好處，就是幫助度過難關的人自我探索，看清自己的能耐和潛力。撐過殘酷試煉的人之所以能更強大，就是因為他們知道未來要是碰到類似的難關，自己一定挺得過去，這就是尼采說的那句話：「殺不死我的事物，會讓我更強大。」

所以，就算今天事情不斷出差錯，或是自己可能面臨危機，也不必忐忑不安。不久之後，說不定你會感謝命運給自己的考驗。

9月5日・把心思放在能控制的事物上

請記得，如果把充滿奴性的事物視為自由，又把不屬於自己的東西當成自己的，就會處處受制，痛苦不堪，甚至怨天尤人。不過，如果把屬於自己和屬於別人的東西分清楚，不隨便越界，就沒有人能夠逼迫、阻止你們，你們也不必找人責怪或出氣，更不會做出違背個人意志的行動。你們不但不會有敵人，別人也傷不了你們，因為你們已經練就金剛不壞之身了。

——愛比克泰德《語錄》第1卷第3章

詹姆斯・史塔克戴爾在越南被擊墜之後，落入敵軍手中，在不同的戰俘營待了七年半之久。他雖然受盡了各種酷刑，卻依然能頑強抵抗，永不屈服。有一次，敵軍想逼他在政治宣傳影片裡露臉，史塔克戴爾乾脆把自己弄得遍體鱗傷，讓敵人無法得逞。在飛機被擊墜的當下，史塔克戴爾就發現自己也「加入了愛比克泰德的行列」，意思不是他要去參加哲學討論會，而是史塔克戴爾已經明白，自己墜機之後要保命恐怕不太容易。

吉姆・柯林斯在撰寫《從A到A^{+}》這本書的時候，訪問了史塔克戴爾。他提到自己當戰俘的時候，最受不了一種人：「我最受不了那些樂天派，他們會說『聖誕節就能出去了』，但是聖誕節來了又走，這時他們又會說『復活節就能出去了』，結果復活節一樣來了又走。接著感恩節過了，大家還是逃不了，眼看下一個聖誕節就要來臨，這些人也因絕望走向生命終點。」但史塔克戴爾始終維持堅定的意志，最後成功逃出，這全因為他能排除雜念，專注於自己能控制的事物：自己的心。

9月6日．被鐵鍊綁住又如何？

你們可以綁住我的腿，但就算是宙斯，也沒辦法限制我抉擇的自由。

——愛比克泰德《語錄》第1卷第1章

據說，愛比克泰德當奴隸的時候被鐵鍊綁住腿，害他一生只能跛腳走路。兩千年後，史塔克戴爾的腿也被綁上了鐵鍊，甚至手臂也被綁在背後，延伸到天花板的鐵鍊還不斷扯著他的肩關節。後來當上參議員的約翰．馬侃，當年也和史塔克戴爾待在同一個監牢裡，被同樣的手段虐待。敵軍知道馬侃的爸爸是風雲人物，於是不斷對馬侃誘之以利，表示可以先放他回家。不過，出於個人自由意志，馬侃斷然拒絕了利誘，即使行動自由得繼續受限也無所謂。

這些人從不妥協，別人也沒辦法逼他們打破原則，這就是我們需要的精神：就算別人用鐵鍊綁住我們，也改變不了我們的意志。即使是最慘無人道的酷刑，都摧毀不了我們的決心，因為我們對心智的掌控不可能受到摧毀，只有可能放棄。

9月7日・努力發揮潛能

請仔細想一想自己是誰。你們是人類，理智抉擇就是你們最了不起的操控能力，讓自己不會淪為外在事物的奴隸。

——愛比克泰德《語錄》第2卷第10章

心理學家維克多・弗蘭克有三年的時間都被關在不同的集中營裡，其中包括奧斯維辛集中營。他的家人和太太先後被殺害，自己的事業也被摧毀殆盡，更不用談人身自由；換句話說，弗蘭克確實是一無所有了。不過，他在深思內省之後，發現自己始終能夠調整視角，賦予「受苦」這件事不同的意義。這樣的心智能力，就連最有辦法的納粹都奪不走。

接著，弗蘭克發現自己雖然身陷苦難，還是能夠正面看待。如此艱困的環境，正好讓他有機會發展、驗證自己的心理學理論，以及修正其中的錯誤。不僅如此，他還能夠幫助身邊的人。他甚至安慰自己說，還好他最愛的人沒有落入同樣的命運，在集中營裡被折磨得死去活來。

無論是多微小、多有限的決定，你都能運用理性思考做出抉擇，這就是你的潛能。想想看，在你被責任逼迫到看似無路可退的時候，人生是不是還有一些轉圜餘地，讓你能夠做出選擇？其實，這些餘地一直都在，而且空間大到會讓你大吃一驚。請問問自己，我有沒有好好利用各種機會，進行正向思考呢？

9月8日·不要被命運耍弄

只有被命運耍弄的人，才會被命運擊垮……只要不在風光時自大吹噓，就不會因為局勢更迭，導致美好的泡泡破碎幻滅。無論外在世界如何變化，穩健的人都能保持理性，讓自己所向無敵，事實上，順境才是他們證明自己能撐過逆境的時機。

——塞內卡《致赫爾薇亞告慰書》第5－6章

西元四十一年，塞內卡從羅馬被流放到科西嘉島，雖然原因至今不明，但是有傳聞說塞內卡和皇帝的妹妹有染。被流放之後，塞內卡很快就寄了一封信給母親，希望能撫慰她。不過，當時他遭逢變故措手不及，從許多層面而言，這封信也可以說是他寫給自己的，藉此斥責自己。塞內卡先前獲得了政治、社會成就，有可能縱情聲色，最後換來了這些後果，讓自己和家人必須共同承擔。我們冒著風險做事，就必須承擔可能的後果。

這時塞內卡會怎麼反應，又要如何善後呢？還好他第一個想到的是安慰母親，而不是怨天尤人。老實說，他曾經寫信哀求有力人士，希望他們能想辦法讓他回到羅馬掌權，最後也真的如願。不過面對流放的痛苦和恥辱，他倒是坦然面對，這要歸功於長年鑽研哲學，讓他遭逢逆境依舊處之泰然，同時具備度過風暴的決心和毅力。塞內卡一回到羅馬掌權，拿回了被剝奪的財產，但多虧哲學，他沒有因此覺得一切理所當然，也沒有吃老本。還好塞內卡沒有貪圖安樂，因為新的羅馬皇帝登基後就對他大發雷霆，讓他又陷入新的危機。這時，他長期鑽研的哲學再度派上用場。

9月9日．恐懼本身最可怕

要是我們被恐懼吞噬，痛苦就永遠不會消失，自己也沒有活下去的必要了。

——塞內卡《道德書信》第13章

美國經濟大蕭條剛開始的時候，新總統富蘭克林．德拉諾．羅斯福（小羅斯福）正好宣誓就職，同時發表了就職演說。不過，當時美國憲法第二十修正案還沒批准通過，所以小羅斯福必須等到三月法條通過，才能正式掌權執政。換句話說，美國有好幾個月都處於群龍無首的狀態，但這段期間內銀行紛紛倒閉，早就讓全國人民焦躁不安，內心充滿恐慌了。

小羅斯福在就職演說中的名句「我們需要恐懼的事物，就是恐懼本身」，很多人可能都耳熟能詳，也聽過原始錄音。不過，這句話的前後文點出了人類面對困境的心理狀態，同樣值得我們玩味：「我想向大家強調，我相信我們需要恐懼的事物，就只有恐懼本身。恐懼是一種沒頭沒腦、難以捉摸的恐怖氣氛，會讓人力不從心，無法積極振作。」

斯多噶主義者知道恐懼是痛苦製造機，也是我們最需要擔心的對象。我們遇見自己害怕的事物，常常會反射性地連滾帶爬，試圖避開危險，但是跟人類傷害自己和別人的方式比起來，這些事物根本小巫見大巫。經濟蕭條確實很可怕，但內心恐慌更糟糕，因為恐慌不但無助於改善困境，甚至會火上加油。想要扭轉劣勢，就必須克服恐懼、避免恐慌。

9月10日·記得要未雨綢繆

如果你想測試自己的抗壓性，可以試試看底下這招：在一星期裡選個幾天，只吃最寒酸的食物、穿最邋遢的衣服，再問自己這是否果真是你這輩子最恐懼的狀況。在順境當中，你更應該替最壞的情況做打算。當命運還沒開始興風作浪，心靈才有餘裕進行防禦工事，未雨綢繆。同樣的，軍隊在休戰期間操練、在沒有敵人的時候蓋好掩體，把自己弄得筋疲力竭，就是為了在戰爭開打時能穩住陣腳，不會動不動就累垮。

——塞內卡《道德書信》第18章

你可以試著每個月挑一天，體會一下貧窮、飢餓、被孤立的感受，或是經歷一下別種看似可怕的狀態。剛開始可能會打擊不斷，但不久之後就會習以為常，覺得情況沒那麼可怕了。

很多不幸事件都能試著模擬演練，很多棘手狀況其實能事先化解。你可以假裝水龍頭突然沒熱水、錢包被偷，或是身邊沒有舒服的床墊，只能睡在地板上；也可以裝作自己的車子被別人開走，只能靠雙腳走路，或是本來的工作突然沒了，必須找份新的來做。記得，不要只是用想的，一定要親身實作，而且最好趁人生順順利利的時候進行。塞內卡也說了：「在無劫無難的時候，人最需要鍛鍊自己的心智，為可能發生的災禍提前預備……如果不想讓下屬一碰到麻煩就退縮，平時就要訓練。」

9月11日．過過看簡樸的生活

讓自己習慣遠離人群用餐、習慣受制於越來越少的人、習慣只為發揮衣服的基本功能穿衣服，同時習慣住在最樸實低調的地方。

——塞內卡《論心緒平靜》第9章

史蒂芬．褚威格是廣為人知的斯多噶派作家，也曾經是全球數一數二的暢銷作家，可惜的是，他的大好人生被希特勒一手毀滅了。在歷史上，類似的悲劇總是不斷發生，像是勇於堅持原則的政治人物，常常接二連三被踢出權力核心，或像是很多勤懇工作、事業有成的人，最後都被金融詐騙人士騙走財產，甚至像是有人被安上罪名，過了好幾年才洗刷冤屈。

我們安穩的生活隨時都可能遭遇亂流，原本擁有的財產、聲望、人脈、資源，可能會在一夕之間消失大半；而隨著年紀增長，我們的靈活度、精力或自由也會逐漸減少。不過，這些變化都是能夠事先預料，並且靠模擬演練未雨稠繆的。

如果不想被變幻莫測的命運擺佈，弄得內心情緒動盪不安，就要把握當下好好做準備。所以，今天請試著過過看簡樸的生活，慢慢習慣這樣的模式，如此一來，就算哪天真的陷入資源不足的窘境，也能用平常心面對了。

9月12日·態度誠懇就不會中箭

芝諾總是說，最矯情的行為就是裝模作樣，裝模作樣的年輕人更是如此。

——第歐根尼斯·拉爾修斯《哲人言行錄》第7卷第1章

艾蘇格拉底寫給迪摩尼古斯最有名的信，內容跟芝諾給大家的警告差不多。他在信裡對年輕的迪摩尼古斯說：「和你身邊的人融洽相處，不要自視過高；如果你太驕傲，連奴隸都會受不了。」後來，這段話也化成了波隆尼斯在《哈姆雷特》裡說的「對自己坦誠相見」的經典段落。從古典文學到當代電影，各種藝術作品中最常出現的橋段，就是自負年輕人的銳氣被成熟睿智的長者大挫了一番。老調歸老調，這確實是人類社會的日常：很多人總是自以為了不起，覺得別人懂的沒有自己多，遇上想開導自己的人，更會感到渾身不舒服。

不過，這種麻煩絕對能夠避免，只要一開始牛皮不要吹太大，就不會有被戳破的一天。自信過剩是一種缺點，更會造成負擔；反之，只要態度夠謙虛，就沒有人需要挫我們的銳氣，也不會天天遭遇讓自己措手不及的麻煩事。總之，人只要姿態夠低，就不會變成箭靶了，這是人生的硬道理。

9月13日．把恐懼擋在內在堡壘外

不，事物本身才會帶來恐懼，尤其當別人能夠決定事物去留，就是恐懼的來源。被恐懼佔領的堡壘要怎麼攻破呢？靠兵器或火焰是沒用的，要用判斷力攻堅……我們必須先培養判斷力，向敵人要塞進逼，才能奪回堡壘、驅逐暴君。

——愛比克泰德《語錄》第4卷第1章

斯多噶主義者提出的「內在堡壘」觀念，非常有啟發意義。他們認為，這座堡壘守護了我們的心智，即使我們身體衰弱，或是處處受命運擺佈，內心還是能像銅牆鐵壁一樣堅固。這就是奧列利烏斯一再說的「事物撼動不了意志」。

然而歷史證明，只要城裡出現內賊，再堅固的堡壘也會被攻破。被恐懼或貪婪沖昏頭的民眾會大開城門迎接敵人，同樣的，很多人也常常在緊要關頭失去理智，落入恐懼的魔爪當中。

你內心已經有一座堅固的堡壘了，小心不要自亂陣腳。

9月14日・換個方式許願

換個許願方式，看看會發生什麼事。不要盼望「和美人同床共枕」，而是要尋找「停止期待和對方同床共枕的方式」；不要盼望「除掉眼中釘」，而是要尋找「停止詛咒對方不得好死的方式」；不要盼望「小孩安全無虞」，而是要尋找「讓自己不為小孩擔心害怕的方式」。

——馬古斯・奧列利烏斯《沉思錄》第9卷第40章

祈禱許願常常和宗教儀式掛勾，但在日常生活中，每個人或多或少都有一些期待和盼望。碰到麻煩的時候，我們可能會暗自祈求神明幫忙，而屢戰屢敗之後，我們可能會希望老天再給我們一次機會。在運動賽場上，我們可能會坐立難安，一面期盼局勢能夠順我們的意思發展，一面說「老天啊，幫幫忙吧」，就算我們只是隨口說說，也還是在祈禱許願。但也是在這種時候，我們強烈的私慾最容易完全展現，毫無遮掩。

我們都希望上天能助我們一臂之力，讓人生挫折瞬間變少。不過，如果你期盼的是擁有堅強的心靈，方便你完成重要任務，情況會如何呢？如果你希望能擁有清晰的思考，讓你順利掌控能力範圍內的事物，情況又會如何呢？你會發現，這些願望老早就全部實現了。

9月15日・辛勤耕耘不是為了炫耀

首先，請練習不對別人展露自己的性情，把你們堅持的哲學放在心中就好。接著，哲學就會像深藏土中數個月的種子一樣發芽、成長，直到結出成熟的果實。不過，莖要是還沒長好就先結果子，果實是永遠不會熟透的……你們就像是這棵太快結果的植物，等到冬天一來，就會凍死了。

——愛比克泰德《語錄》第4卷第8章

本書讀到這裡，你心中可能會不斷冒出「太棒了，這些大道理我都懂了，我也是斯多噶主義者了」的念頭。但事情可沒那麼簡單，因為認同斯多噶主義和參透斯多噶主義，完全是兩碼子事。為了裝出聰明樣、用藏書量唬人而翻書或買書，跟企圖向鄰居炫耀而種花耕作沒兩樣。如果是為了養家餬口而耕地，至少效益還算高，時間也沒有白費。斯多噶主義的種子埋得非常深，必須辛勤耕耘，才能將種子培育成強壯的枝幹，讓植株和你這位園丁都能度過生命中的寒冬。

9月16日．毅力比運氣還難得

即使是出身卑微或天份不足的人，也有成功的機會。但是傑出的人不但能成功，還有一項別人沒有的特質：挺過人生風暴和低谷。

——塞內卡《論上蒼恩惠》第4章

你或許認識運氣好到不行的人，他們可能天生基因特別優秀，或是能在學校和職場上輕鬆度日，就算他們不做規劃、莽莽撞撞、三分鐘熱度，最後好像都能安全過關。這大概就是所謂的「傻人有傻福」吧。

這種人當然讓人羨慕，畢竟大家都希望一生順遂，至少某種程度上期待過。不過，順遂的人生真的值得羨慕嗎？

其實，每個人都有走運的時候，而且天真無知也不需要練習，不是什麼了不起的技術。

反倒是那些堅毅不拔的人，他們是少數願意撐到最後一刻的人，並且靠努力和誠信達成目標，這樣的人才值得尊敬。他們能夠挺過風風雨雨，就是內心堅強、韌性十足的證明，跟先天優勢或外在環境毫無關係。如果是能一面度過難關，又能一面駕馭個人情緒的人，則是更了不起的例子。

至於那些處處被刁難，卻能全盤接受逆境，最後還如願以償的人，就只有「偉大」兩個字可以形容了。

9月17日·如何面對仇家

如果有人鄙視我該怎麼辦？就隨他去吧，不過我能確定的是，自己絕對不會做出讓人厭惡的言行舉止。有人討厭我又該怎麼辦？就隨他去吧，不過我能確定的是，我會用親切善良的態度對待每個人，同時讓討厭我的人明白自己錯在哪。我不會大力批判他們，也不會裝出很有耐心的樣子，我只會走真誠、務實路線。

——馬古斯·奧列利烏斯《沉思錄》第11卷第13章

當一個人對某件事抱持定見，旁觀者理解到的通常不是意見的內容，而是這個人的為人。如果這個人又公然仇視某些人，他的真面目就更顯而易見了。不過，這些人偏見雖然強烈，卻往往暗自著迷於自己台面上討厭的對象，實在是既諷刺又悲哀。

斯多噶主義者在接收到敵意、被說壞話的時候，會先問自己能不能左右這些負面想法。如果可以，他們就會採取行動；如果不行，他們也會坦然接受對方的為人，不會以牙還牙。我們的責任已經夠重了，根本沒時間管別人在想什麼，就算別人對我們有意見，我們也不用操心。

9月18日・如何面對痛苦

當身陷痛苦之中，請記得，不必因此覺得丟臉，你的理智判斷力也不會因此失常、混亂。大多數情況下，伊比鳩魯的思想能幫助你度過難關，只要記得痛苦不會大到人受不了，也不會陰魂不散，就可以克制自己不要胡思亂想。另外還要記得：痛苦很多時候會躲在疲倦、發燒、沒胃口背後，而我們卻渾然不覺。如果你被這些煩惱纏上了，請直接承認自己已身陷痛苦之中。

——馬古斯・奧列利烏斯《沉思錄》第7卷第64章

一九三一年，邱吉爾抵達紐約之後就出了車禍，還有目擊者以為邱吉爾當場死亡。事發後，邱吉爾肋骨斷裂、頭部重創，在醫院躺了八天。不過，邱吉爾不斷向警方強調責任都在他身上，希望肇事司機不要受罰。司機去醫院探望時，邱吉爾發現對方目前失業，儘管這名司機差點殺了他，他還是決定提供一點救濟金，幫助這位差點殺死自己的司機。身體痛苦歸痛苦，他反而擔心新聞可能會拖累司機，害他找工作碰壁，所以決定伸出援手。

事件過後，邱吉爾寫了一篇文章描述這場車禍：「大自然仁慈寬厚，不會在她的孩子（無論是人是獸）身上加諸無法承受的痛苦，除非人類開始施虐，眾生才會陷入煉獄。在其他時候，請時時保持警覺，用平常心看待事物，而且不要怕東怕西，這樣就能安然無恙。」

幾年之後，全世界果真陷入戰爭煉獄之中，不過邱吉爾和同代人依然堅強地撐了下來。戰爭再可怕，總會有平息的一天，就像伊比鳩魯說的，萬事萬物終有止息之時。你只要夠堅強、夠善良，就能度過難關。

9月19日・隨機應變

請記得，不管你想改變心意，或是採納別人的建言，都要順著自由意志進行。採取行動的人是你，想要達成行動目的，就要讓行動配合內在動力和判斷力，當然也要配合理智才行。

——馬古斯．奧列利烏斯《沉思錄》第8卷第16章

每次你下定決心之後，會堅持到達成目標為止嗎？如果會，確實是件令人佩服的事，但千萬不要一股腦逼迫自己，讓優勢反而淪為日後的負擔。

世事變幻莫測，局勢起落無常，如果只知道拼命向前衝，沒辦法隨機應變，就跟機器人沒什麼兩樣。與其擁有鋼鐵般的意志，不如具備能夠應變的心靈，將理性能力發揮到極致，讓認知、內在動力、判斷力能和行動配合，達成原先設定的目標。

改變心意、保持彈性不但不等於軟弱，更會形成一股特別的力量。彈性加上力量，就能讓人韌性十足、無往不利了。

9月20日・人生不是在跳舞

人生不像是在跳舞，比較像是角力競賽，因為要把人生過好，不但要因應緊急狀況勤做準備，更要承受突如其來的衝擊。

——馬古斯・奧列利烏斯《沉思錄》第7卷第61章

很多人喜歡用跳舞來比喻人生，覺得兩者都要求身段柔軟、行動敏捷，而且能跟著外部的音樂擺動。除此之外，還必須認真配合身邊的舞伴，讓兩人舉手投足的節奏一致。不過，執行過困難任務、和對手競爭過的人，就會知道跳舞的比喻不夠到位，因為沒有舞者會在舞台上被人擒抱，競爭對手也不會對自己施展鎖喉功。

角力選手則不然，他們要承受對手出奇不意的攻擊。角力運動跟人生一樣，都是一場場的戰鬥，場上的選手不只要力抗對手，還要和自己的極限、情緒、訓練要求奮戰。

人生跟角力一樣，空有一身漂亮的動作是不夠的。我們必須經過刻苦訓練，培養永不屈服的意志，才有可能屹立不搖，而哲學就是個人意志和決心的磨刀石。

9月21日・保持鎮定

看似被情勢逼得昏頭轉向時，請快點冷靜下來，恢復神智。不要讓混亂的狀態拖太長，只要不斷努力找回節奏，就能讓自己穩定了。

——馬古斯・奧列利烏斯《沉思錄》第6卷第11章

人生三不五時就會出現意外，讓我們措手不及。除了恐怖攻擊、金融危機這類突發的「黑天鵝」事件，更常發生的意外狀況都是小事件，像是汽車電池突然沒電、朋友在最後關頭取消聚會、身體突然不舒服等。這些狀況會讓我們陷入混亂，內心恐慌不安，還會打亂我們的人生觀和人生藍圖。既然人生觀都亂了，原先的規劃方針或判斷方式自然難以倖免。

但別怕！這種事經常發生，問題真的不大。就像步兵會突然遭遇敵人猛攻，音樂家不時會音感失常、被技術問題擾亂，無論是哪一種情況，都必須保持鎮定，才能讓自己盡快回到穩定狀態。

這就是我們今天的練習重點。我們可能因為情勢所逼，偏離了原本平靜穩定的狀態，但沒關係，快點鎮定下來，找回應有的節奏吧。

9月22日·沒有付出，哪來收穫

在困頓之中，最能看出一個人的性格。你們如果遭遇難關，請記得這是上天的安排，就像體能教練一樣，刻意讓你們和年輕的對手對練。為什麼要這樣練？因為想在奧運殿堂上獲勝，就得付出汗水啊！我相信，你們只要能像和年輕對手對練一樣，用運動員的心態面對挑戰，就能接受強度最高的修行，讓其他人望塵莫及。

——愛比克泰德《語錄》第1卷第24章

斯多噶主義者很愛拿奧運比賽當譬喻，尤其是角力競賽。對他們來說，運動不但是娛樂，也是學習人生道理、訓練自己面對種種人生挑戰的好機會。西點軍校體育館刻著一段麥克阿瑟將軍的話：

在亦敵亦友的賽場上／撒下種子

某天在其他賽場上／這些種子就會結出勝利果實

每個人都有被比下去的經驗，譬如身高、速度、視野等，或技能不如人。我們面對挫折的態度，決定了自己會成為什麼樣的人。挫折究竟是學習鍛鍊的機會，還是讓人灰心喪志、抱怨的麻煩事？我們會不會乾脆脫離目前的戰場，只想挑戰輕鬆一點的關卡，讓自己樂多苦少？

真正的強者不會逃避人生試煉，甚至會拼命接受試煉。因為他們知道，**試煉不但是能力的試金石，更是獲得能力的唯一途徑。**

9月23日・最安全的堡壘

不要忘記，能自制、自立自強的理智能力，終究會變得所向無敵，就算一時之間脫軌了，也不會做出違背初衷的事。如果理智能謹慎做出理性判斷，豈不是會變得更加牢不可破嗎？一顆擺脫情緒束縛的心，就是一座固若金湯的堡壘。將來如果需要避難，沒有比這座堡壘更安全的避難所了。

——馬古斯・奧列利烏斯《沉思錄》第8卷第48章

李小龍曾經說：「我不怕練過一萬種踢法的人，我只怕同一種踢法練一萬次的人。」這句話乍聽之下，還真不符合一般的直覺。但其實，如果我們反覆練習同一個動作，就能養成下意識習慣，讓自己不費腦力就能出招。

不管是武術或搏擊，都是門很深的肢體動作學問。我們有時候會覺得軍人跟機器人沒兩樣，但實際上，他們只是養成了習慣，讓自己能下意識擺動肢體罷了。這件事並不難，每個人都辦得到。

在奧列利烏斯看來，心靈之所以「一時之間脫軌了，也不會做出違背初衷的事」，都要歸功於規律訓練改變了舊習慣。訓練自己少生氣，就不會一被嗆就惱羞；訓練自己少聽八卦，就不會忍不住想湊熱鬧；訓練自己養成各種好習慣，就能隨時靠直覺反射行動，即使在逆境中也一樣。

想想看，自己希望讓哪些行為變成直覺習慣？哪些是只練習過一次的？一次是不夠的，趁今天練兩次吧。

9月24日．誰都可能大難臨頭

災難如果出乎大家意料，就會顯得更加沉重，而意外事件也總是讓人加倍痛苦，因此我們得努力讓意外降到最低。凡事都要先做好心理準備，但光靠常理推斷還不夠，更要窮盡各種可能的發展。上天要挫銳氣、毀高樓的時候，不都是興致一來就出手的嗎？

——塞內卡《道德書信》第91章

西元六十四年，尼祿皇帝統治的羅馬城因為火災毀了大半，位於現代法國境內的里昂城立刻慷慨解囊，捐了一大筆錢幫助災民。隔年，里昂城也不幸遭祝融肆虐，尼祿便回捐一樣的金額幫助里昂災民。塞內卡在給友人的信裡提到這段故事，可以想見，雙城相互扶持的美事，肯定讓塞內卡大為感動。

在我們的一生中，是不是經常發生這樣的事？我們可能才安慰了剛分手的朋友，就發現自己的感情世界也崩毀了。風水隨時可能輪流轉，我們必須準備好接受命運的安排。

史料顯示，塞內卡還真的一語成讖。這封信寄出後一年多，就有人造謠陷害塞內卡，說他私下計畫推翻尼祿，結果塞內卡被判有罪，必須自盡。歷史學家塔西圖斯在描述這段故事時，提到塞內卡的好朋友個個不服氣，紛紛聲淚俱下抗議判決不公。不過，塞內卡只是反問這些朋友：「你們的哲學都學到哪去了？你們為了對抗不公不義準備這麼多年，心血全都白費了嗎？尼祿多暴虐，還不知道嗎？」換句話說，塞內卡早就知道這把火可能會燒到自己，心裡已經有底了。

9月25日．不要被依賴心理奴役

有哪個人不是奴隸嗎？找出來讓我看看吧！有人被性慾奴役，有人被名利奴役，也有人被權力奴役，甚至每個人都被恐懼奴役。我可以告訴你，有個已經卸任的執政官，就被身材嬌小的老女人迷得團團轉，還有個百萬富翁被清潔女工套牢……自我奴役的人，就是最卑賤的一種奴隸。

——塞內卡《道德書信》第47章

每個人某種程度上都是癮君子，我們可能對慣例成癮、對咖啡成癮、對舒適生活成癮，或是對他人認同成癮。人只要對事物產生依賴，就等於拱手讓出人生掌控權，甘願接受依賴宰制。

愛比克泰德說：「**真正想要自由的人，不會去追求受別人控制的事物，除非他們想被奴役。**」我們全心依賴的事物，很可能會在轉眼間被破壞或消失，譬如慣例可能被打亂、醫生可能禁止我們喝咖啡，或是我們可能被迫面對窘境。

所以，我們必須努力克制自己的依賴心理，不要讓依賴變成改不掉的習慣。我們能一天不要碰某樣東西嗎？能連續一個月控制飲食嗎？能克制自己不要隨時查看手機訊息嗎？想不想洗冷水澡試試看？多洗幾次就習慣了。少依賴舒適方便的生活，就不會受制於依賴心理，否則某天真的會成為奴隸。

9月26日・把握放假認真學習

休閒的時候不讀書，等於是自尋死路，像住在活死人墓裡一樣。

——塞內卡《道德書信》第82章

你辛苦工作、任勞任怨了這麼久，確實該度假休息一下了。快去搭飛機、住飯店、徜徉在海灘上，但記得帶一本有營養的書到海邊讀。放假的時候不要發呆放空，要用詩人的眼光觀察周遭的一舉一動，釐清自己在世上的定位。我們隨時可以放一天假不工作，但不能一天不學習。

我們的人生目標或許是多多賺錢、早早退休，這樣的計畫也不錯。不過，退休不是為了天天當懶蟲，也不是為了消磨人生最後的時光，畢竟要打混實在太簡單了。應該把握卸下重擔之後多出來的時間，盡情追逐心中的理想。成天無所事事、沒日沒夜看電視，或是只為了踩點而環遊世界，真的有意義嗎？人生不應該這樣過，真正的自由更不是如此。

9月27日・成就透露了什麼？

其實，平靜本身也會帶來煩惱。如果你曾經受過驚嚇，導致心動不動就驚慌失措，這時候，你的心只會永遠漂泊不安，連最安全的環境都沒辦法給自己安慰。這樣的態度不是為了解除危機，只是一味逃避閃躲而已。可惜的是，越是無法面對事實，眼前的危機只會越巨大。

——塞內卡《道德書信》第104章

俗話說，富貴改變不了一個人的性格，只會讓本來的性格更強烈。作家羅伯特・卡羅也說過：「權力不會使人腐化，只會讓人露出真面目。」成就的效力也差不多，不管是事業成就或個人能力成就，都只會強化一個人原本的樣子。

如果你的心已經習慣了某一種模式，就算外界條件對你再怎麼有利，你也還是會重蹈覆轍。就像塞內卡說的，一旦習慣慌張之後，心動不動就會驚慌失措，拼命給自己添煩惱，弄得生活痛苦不堪。而且煩惱變多了，失誤的成本更高，生活又更加痛苦了。

所以，一心期待好運降臨是很愚蠢的行為。與其如此，不如期待好運來臨的時候，性格能變得更加堅強，甚至乾脆下工夫鍛鍊性格和自信，比光是期待更好。請把每個行動和念頭視為地基，是打造堅強性格不可或缺的一部份，接著努力鞏固每一塊磚瓦，將其中的內涵發揚光大。

9月28日．王牌就在你手上

上天賦予我們正確利用表相的能力，讓我們能夠主宰萬事萬物，除此之外，其他能力就不在我們的控制範圍內了。這樣的安排，還真是恰到好處。上天是不是不想給我們太多能力？我想，如果當初做得到的話，上天一定會給我們的，只是真的沒辦法。

——愛比克泰德《手冊》第1章

我們可能會頻頻關注未來，為自己控制不了的事物而絕望，像是其他人的舉動、自己的健康、室內室外的氣溫，或是經手完畢的專案。

不過，我們也可以專注當下，為自己能控制的事物感到滿足，這項事物，就是替事件決定意義的能力。

第二種做法能給你的控制力，是實實在在、無與倫比的。就算你真的能控制別人，別人不也能控制你嗎？其實，最萬用的強力王牌早就在你手上了。**控制不了外在事件不要緊，至少你能決定面對的方式，親自替事件下個人定義。**

眼前的難關也一樣，只要應對方式正確，王牌的威力就會展現出來了。

9月29日．你需要的其實不多

貪婪的心永遠填不滿，但大自然只需要一點資源就滿足了。被流放的人就算身無分文，也不會覺得命運多舛，因為不管被流放到哪裡，資源都足夠讓人活下去。

——塞內卡《致赫爾薇亞告慰書》第10章

回想一下，你以前對日常所需的標準有多高。當你領到人生中第一筆薪水，應該覺得金額很大吧？或是你住的第一個房子，裡頭有床有浴室，廚房裡還有東西可以吃，這樣就夠舒服了。到了今天，你的成就已經更上一層樓，以前的需求高標可能慢慢成了低標，你搞不好還會更加貪心，覺得手上的東西永遠不夠。反觀幾年前那些克難的條件，不但沒有不夠的問題，反而還讓自己感到十分滿意呢！

今日的功成名就，總是讓人忘記昔日的堅強；習慣擁有某些東西之後，就容易以為失去了會是災難。但這樣說其實還太溫和，別忘了兩次世界大戰期間，老一輩可是靠著有限的瓦斯、糧食、電力活下來的。他們都撐過來了，就像從前的你，也是靠少少的東西過活。

請記得，即使今天狀況百出，我們也還是活得下去。我們需要的真的不多，也沒什麼狀況能真正逼死我們。好好想一下這件事，排除一些擔憂和恐懼吧。

9月30日．沒人動得了你

如果有人對我施加暴力，確實可以控制我的身體，但我的心始終會跟斯提爾波在一起。

——引自芝諾，收錄於第歐根尼斯．拉爾修斯《哲人言行錄》第7卷第1章

芝諾不會魔法，他只是想說，即使身體被支配了，受老師斯提爾波啟發的心靈還是會像一座內在堡壘，在哲學加持下固若金湯，只要城內居民不自動投降，堡壘就沒有被攻破的一天。

有「颶風」之稱的拳擊手魯本．卡特，曾經因為被錯判謀殺坐了快二十年的冤獄，不過他卻說：「我不覺得我被關在監獄裡，監獄對我來說不存在。」當然，監獄從來都沒有消失，卡特人也沒離開過，他只是不肯讓心思被監獄佔據而已。

在絕境中守護心靈的本事我們也有。不要碰上暴力或不公不義事件當然最好，不過，只要一陷入困境，哲學就是我們的護身符。無論身體出了什麼狀況、別人如何陷害，我們的心都有辦法和哲學在一起。這樣一來，就沒有人動得了我們的心，某種程度上也動不了我們的人。

10 月

•

德性與善念

10月1日・將德性發揚光大

油燈是不是會讓光一直亮著，直到燃料消耗殆盡呢？你不也應該努力將真誠、公義、自制力發揚光大，直到生命熄滅為止嗎？

——馬古斯・奧列利烏斯《沉思錄》第12卷第15章

塞內卡引用赫拉克利特斯的想法，寫下「人類的理性因生命開始而點燃，隨生命結束而熄滅」這句話。理性的光芒逐漸滲透全世界了，不管是剛脫離漫長的黑暗時代、頭一次接觸到理性光芒，或者人生已經走到離長眠不遠的時刻，都不影響我們發揮能力。

無論是處在什麼狀態，都能將德性發揚光大。只要我們的生命還沒走到盡頭，德性就能繼續散發光芒。

10月2日・價值最高的資產

智者不會失去任何東西，因為該留給自己的事物早就留好了，完全不讓命運有機會操弄。他們小心守護資產、努力發揮德性，這些事物不依賴運氣維持，自然能不增也不減。

——塞內卡《論智者之堅毅》第5章

有些人把錢投資在股票、債券、不動產上，有些人則努力經營人際關係、取得事業成就，希望能像從銀行帳戶提款一樣，靠關係和成就獲得資本。但就像塞內卡說的，世界上有另一種人會選擇精進自己，努力當良善、有智慧的人。

面對市場動盪和經濟危機，哪一種投資模式能穩賺不賠？面對考驗或逆境，哪一種投資模式最能屹立不搖？哪一種投資模式最不會背叛我們？塞內卡的一生，就是個很有意思的例子。他因為和羅馬皇帝有交情而成了富豪，但隨著尼祿皇帝一天比一天失控，塞內卡也漸漸明白，是時候和對方劃清界線了。他決定和尼祿皇帝談條件，表示願意把名下的財產、收過的禮物都贈送或退還給對方，用來交換百分之百的人身自由。

尼祿皇帝最後不接受塞內卡的條件，但塞內卡還是決定一走了之，回歸平靜的生活。不過，某天皇帝還是下令處死塞內卡，劊子手也來到了塞內卡面前。這時候，塞內卡還能倚靠什麼？錢派不上用場，好心卻哭哭啼啼的朋友也幫不上忙，唯一能仰賴的，就只剩下他自己的德性和內在力量了。

這是塞內卡生前最煎熬的一刻，但也是他人生最高尚美好的一刻。

10月3日・請記得萬物彼此相連

多思索宇宙萬物之間的連結，以及彼此的相生相依關係。某種程度上，所有事物都彼此連結、無法分離，也會因此互相吸引。當一件事發生，另一件事就會跟著出現，彼此吸引的模式取決於事物運作的力道、不言而合的默契，以及所有物質的一致性。

——馬古斯．奧列利烏斯《沉思錄》第6卷第38章

小說家安．拉莫特認為，所有作家都像是「注入同一座湖泊的小河」，彼此同心協力完成一項重責大任。很多產業的工作模式都是如此，可惜的是，有時候每個員工只想顧好自己的工作，忘記自己跟其他同事一樣，都在同一艘船上。其實，人類呼吸的時候接觸到的小分子，都是祖先身上的一部份，而既然身為人類，我們死後也會歸於同一片大地。

斯多噶主義者一再提醒自己，萬事萬物都是緊密相連的。他們之所以在意這點，可能是因為古羅馬和古希臘生活模式太過殘酷，像是競技場裡總上演著娛樂觀眾的人獸屠殺秀（斯多噶主義著作常因此發出感慨），或像是一國被外敵攻陷，人民就會淪為人口市場上的奴隸、統治者擴張帝國用的棋子（斯多噶主義者總是感嘆，這些都是徒勞無功的行為）。人們因為忘記自己和同胞、自然環境緊密相連，才會讓種種暴虐行為不斷發生。

今天，請花時間想想人與人之間的連結，以及每個人扮演了哪些好壞、美醜的角色，再把這些想法好好記在心裡。

10月4日・人人為我，我為人人

對蜂巢有害的事物，對蜜蜂同樣不利。

——馬古斯・奧列利烏斯《沉思錄》第6卷第54章

斯多噶主義「萬物一體」（sympatheia）這個概念的內涵之一，就是萬物彼此相連，而且每件事都屬於宇宙整體的一部分。這樣的宇宙整體觀，最早是奧列利烏斯和幾位論者提出的，奧列利烏斯曾表示，自己不只是羅馬人，更是世界公民。

把每個人比喻成蜂巢裡的蜜蜂，就是為了彰顯宇宙整體觀。奧列利烏斯在《沉思錄》後面的篇章裡，甚至還從反面敘述了同樣的概念，好提醒自己不要忘記：「傷不了群體的事物，也傷不了任何一個個體。」

對你來說不好的事，對其他人不見得如此；同樣的，對你來說美好的事，不見得對所有人都如此。想想那些逆著經濟走勢豪賭的避險基金經理人，他們一心期待整個經濟崩盤，好讓自己大撈一筆，你也想當這種人嗎？成熟的斯多噶主義者都知道，當個人情緒波動恰如其分，又能因此採取正確的行動，就等於造福了群體，這也是智者所具備的唯一善行。反過來說，對群體有益的睿智行為，同樣也能造福個體。

10月5日・一言既出，駟馬難追

被絆倒總比說錯話好。

——引自芝諾，收錄於第歐根尼斯・拉爾修斯《哲人言行錄》第7卷第1章

我們跌倒之後還能再站起來，但別忘了，說出口的話永遠收不回來，尤其是冷酷傷人的話語。

10月6日·用心關懷他人

能關心朋友，又把朋友的成就當成自己的成就祝賀，就能順應自然法則。我們如果不這麼做，內在德性就沒辦法透過實踐理念滋長，自然也無法維繫下去了。

——塞內卡《道德書信》第109章

平心靜氣看別人功成名就，是很不容易的一件事，尤其是自己一事無成的時候。我們常受限於狩獵採集思維模式，把人生當成一場零和遊戲，以為當別人獲得更多資源，自己手上的資源就會減少。

不過，在各種哲學思想看來，無論是同理心或私心，都是後天養成的習慣。對塞內卡來說，人是有可能學會「為別人的成就開心，為別人的失敗難過」，因為這就是有德之人常做的事。

這些人會告訴自己要放下嫉妒心和控制慾，真心祝福別人的成就，即使自己蒙受損失也無所謂。各位一定也辦得到的。

10月7日・不要犯規的好理由

行為不正的人，等於害到了自己。做事不公不義的人，等於對自己不公不義，讓自己墮入惡道。

——馬古斯・奧列利烏斯《沉思錄》第9卷第4章

下次犯規了，先想想犯規的感覺如何，再提醒自己不要忘記。應該很少人會覺得「犯規超棒」才對。

犯罪現場之所以常發現嘔吐物，跟犯人的心理反應有關。當事人總以為讓自己行為脫軌、報復仇人之後，就能宣洩鬱悶的情緒，但最後其實只會讓自己噁心反胃。就像我們說謊、作弊或飆罵別人過後，也會有類似的感受。

在衝動做出不好的事以前，請仔細想想，自己是不是真的喜歡提心吊膽、害怕做壞事會被抓到的感覺。

有自覺和做錯事，兩者基本上是互斥的。如果想找個理由說服自己不要做出不好的事，就先試著體會犯規之後的感受，這時候，很容易就會被勸退的。

10月8日．更大的快樂

沒錯，實現願望讓人神清氣爽，但我們會容易在享樂的時候失足，不也是因為太開心嗎？請想一想，擁有優秀的心靈、自由、誠信、善念、情操，會不會比實現願望更讓人神清氣爽？在萬事萬物中，沒有什麼比智慧更讓人愉快了，只要有了思考能力和知識，做起事來就輕而易舉，而且保證不會失誤。

——馬古斯．奧列利烏斯《沉思錄》第5卷第9章

享樂很爽，沒人能否認這點，畢竟享樂本來就是為了爽。

不過，奧列利烏斯今天想提醒大家，同時也告訴他自己一件事：享樂行為常常和德性背道而馳。甜食能讓體內血糖快速升高，但愉悅效果轉瞬即逝；同樣的，獲得成就、接受眾人熱情掌聲之後的快樂感受，也只是一時的。這快樂效果雖然強，卻來得快去得快，而且還會讓我們上癮。有沒有哪些事物既處於我們的控制範圍之內，又能夠長久延續快樂的效果呢？有的，那就是智慧、品格、清晰思考和善念。

10月9日．設定標準，努力實踐

我們設定好標準之後，就能判定事物的價值高低。認真檢討、堅持這些標準固然是哲學的目的，但品格良善的人除了了解這些標準，更會在日常中積極實踐。

——愛比克泰德《語錄》第2卷第11章

我們常常拼命應付外在事物，卻很少花時間沉澱，認真問自己：「我準備要做的事，真的和我的理念一致嗎？」我們更不會問：「我所嚮往成為的那種人，真的會去做這件事嗎？」

我們必須替人生設定標準，而且不能自降格調。從刷牙、交友、面對內心怒意、談戀愛、教育小孩，到遛狗，我們都在實踐這些標準。

光是說「我想把事情做好」不算是標準，只不過是偷懶的藉口，應該想的是「我現在就要利用這個機會，把事情做好」。只要訂好標準、守住標準，就有機會達成目標了。

10月10日・敬意與正義

請忘記過去，並且讓造物者決定未來發展。只要把握當下，讓自己能秉持敬意和正義感就行了。當心中有敬意，就能喜愛自己所擁有的一切，因為這是大自然所做的安排。當心中有正義感，就能自在說出事實，不會閃爍其詞，而且只會依照事物的規範和價值做事。

——馬古斯．奧列利烏斯《沉思錄》第12卷第1章

奧盧斯．格利烏斯曾經提過愛比克泰德所說的話：「如果一個人能把某兩個詞放在心上，而且費心依照這兩個詞的意義行事，人生就能安穩無憂、獲得平靜了。這兩個詞，就是『堅持』和『抵抗』。」愛比克泰德給的建議看起來不錯，不過，誰來決定我們到底該堅持什麼、抵抗什麼呢？

奧列利烏斯告訴了我們答案：根據「敬意」和「正義」來決定，一言以蔽之，就是德性。

10月11日·讓誠實變成習慣

有些人會說他們準備「坦白講」了，但這聽起來還真是奸巧虛偽啊！親愛的朋友，你到底在打什麼主意？你不必昭告天下，因為真誠會自然展現出來，像是已經寫在額頭上、嵌在聲音裡、在眼睛裡閃著光芒，或像是情人的眼眸會散發愛意一樣。總之，直率善良的人應該要像一隻散發騷味的羊，只要和別人共處一室，就一定不會被忽視。

——馬古斯·奧列利烏斯《沉思錄》第11卷第15章

每個人或多或少都說過「我想跟你有話直說」、「老實說」、「我沒有冒犯的意思」，不管這些話實不實在，都讓人不禁想問：「如果你連說實話都得昭告天下不可，那你平常說的話可信度有多高？如果你現在才說自己想坦白，難道意思是平常都不誠實嗎？」

如果平常就能建立誠實的名聲，讓信用像財政部發行的貨幣一樣能隨時提領、像契約一樣直白清晰，或是像刺青一樣永不褪色，情況會如何呢？這樣一來，就不必像那些苟且隨便的人一樣，費力安撫他人，而是更能讓自己成為更好的人。

10月12日．隨時付出關愛

赫卡托說：「我來教你一種不必添加草藥、不必念特別咒語的愛情靈藥：想要獲得關愛的話，關愛別人就對了。」

——塞內卡《道德書信》第9章

一九九二年，芭芭拉．喬丹在美國民主黨全國大會上發表公開演講，大力抨擊十年來的演變：社會變得太過貪婪、自私、互相仇視，讓人覺得不改變不行。她說：「所以要怎麼改呢？把一九八〇年以來的惡劣環境，調整成能為公益付出、獻出包容心和愛心的環境。我們需要關心、關愛、關懷。」

我們需要愛心，需要關心、關愛、關懷。為什麼？原因正是披頭四說的：「**你給了多少愛，就獲得多少愛。**」政治是如此，社會包容是如此，個人生命更是如此。不管在什麼情境下，仇恨基本上無濟於事，但只要付出關愛、同理、感激，十之八九都有辦法改善狀況，甚至能軟化敵我對峙的情勢。

再說，在付出之後，說不定就會得到愛了。

10月13日・能不報仇就不報仇

最好的報仇方式，就是不要報仇。

——馬古斯・奧列利烏斯《沉思錄》第6卷第6章

被傷害之後與其想著復仇，好好療傷不是比較好嗎？報仇要花很多時間，還可能讓你受比先前更多的傷。仇恨總是比傷痛不容易化解，既然如此，不如就反過來處理傷痛吧。被騾子踢或被狗咬之後，如果還照樣踢回去、咬回去，這難道不奇怪嗎？

——塞內卡《談憤怒》第27章

假設有人對你百般侮辱，或是搶了你的功勞、用拐騙手段升官，你的想法大概會是「這就是社會現實」、「我要報一箭之仇」。可惜，用這些手段來對付惡人，絕對是最差的方式。

奧列利烏斯和塞內卡一致表示，應對惡人最好的方式，就是根本不要報仇，這就是最好的復仇。如果有人侮辱你，你也用其人之道奉還回去，這樣不但無法改善狀況，反倒會讓對方更加理直氣壯。當別人採取拐騙手段，你也用拐騙方式回應，對方就更站得住腳，而且大家都一樣變成騙子了。

所以，今天請不要陷入失望或痛苦之中，而要試著讓自己更上一層樓，成為值得別人效法的對象。抱持私心、使用拐騙手段對付其他人，肯定不是什麼好事，順著道德原則做好事才是正道。

10月14日．多拉人一把，少生點悶氣

你會因為聞到別人的狐臭或口臭而火冒三丈嗎？你何必生氣呢？這些人的嘴巴和腋窩註定會散發異味，你希望他們要有自覺，他們難道就不知道自己的體味會薰人嗎？不過先恭喜你，你的覺察力真的很強！既然你能力過人，何不試著影響對方，告訴對方該做些什麼才好？如果對方聽得進你的建議，願意改正錯誤，你就不用生沒必要的氣、搬出各種情緒大戲了。

——馬古斯．奧列利烏斯《沉思錄》第5卷第28章

飛機上坐你旁邊的人，是不是一直大聲聊天，還不時碰到你呢？這個人是不是既粗魯又霸道，讓你咬牙切齒、打從心底討厭呢？遇到這種人的時候，你大概得費盡九牛二虎之力，才能克制內心的殺人慾望。

很有趣的是，我們總是先想到使用暴力，接著才決定要好聲好氣告訴對方收斂一點，或者乾脆請空服員幫我們換位置。但我們寧願選擇在心裡大罵三字經，也不想直接開口勸告對方，好讓氣氛不要越弄越僵，可是事實上，開口相勸說不定有機會改變對方，還能讓世界更美好。可惜，我們往往滿心期待奇蹟發生，以為靠兇惡眼神在對方額頭上瞪出一個洞，就能讓別人學到教訓。

不過，當心中出現這樣的念頭，說不定就會開始懷疑，到底誰才是真正粗魯的人。

10月15日・善意解讀別人的行為

我們對外在世界的種種假設，決定了我們和事物的互動關係。你可以試著不要太快下結論，讓思緒像一艘船一樣探索方向，等到天氣晴朗、風平浪靜的那一刻，就能抵達安全的港灣了。

——馬古斯・奧列利烏斯《沉思錄》第12卷第22章

美國最高法院大法官奧利佛・溫德爾・荷姆斯說過一句話：「連狗都會去思考到底是自己絆到別人，還是真的被人踹了一腳。」不過，不小心踩到自己的狗的人都知道，狗的第一個反應不是大吠、哀號，就是咬人。這時候，狗沒辦法分辨痛苦的來源，只會覺得痛。過了一會，當狗搞清楚弄痛自己的是誰，聽到了主人的安慰聲，就會搖起尾巴。

有德性的人不會輕易論斷別人，他們會抱持善意解讀事件，把別人的過錯視為意外、無心之過，而且只會發生這麼一次。我們只要這樣思考，人生看起來就不會那麼沉重，自己的心胸也能更加開闊。要是我們一口咬定別人不懷好意，只會讓痛苦變得更劇烈而已。

判斷人事物的時候，請盡量面面俱到、寬宏大量，就能像奧列利烏斯說的一樣，讓自己處於風平浪靜、天高氣爽的狀態之中了。

10月16日・將哲學思想散播出去

有些人天資聰穎，很快就能參透德性的內涵，甚至讓德性在內心油然而生。而資質駑鈍、性格懶散的人，由於染上了不少壞習慣，因此必須經常磨亮自己鏽蝕的心靈……至於性格軟弱的人，則需要別人拉他們一把，用穩當的哲學思想掃除他們心中偏頗的想法。

——塞內卡《道德書信》第95章

斯多噶主義不是福音宗教，不會要求你背負拯救世人的義務，也不會因為你對愛比克泰德或奧列利烏斯愛理不理，就警告你可能會下地獄。

但是，既然你都發現一條更好的人生道路了，就試著幫助別人成長吧。你可以把一路上獲得的智慧和見解拿出來，和朋友或陌生人一同分享，同時不要忘記：行動比說教更有說服力。

塞內卡口中的哲學思想，應該要能造福每一個人才對。當發現有人需要我們伸出援手或指點迷津，就認真拉對方一把吧，畢竟，這就是我們該做的事。

10月17日·用善意造福別人

善意就像寶藏一樣，平常要好好藏起來，必要的時候再挖掘出來……上天交代我們的任務，就是造福世人……凡是走到有人的地方，我們就有機會釋出善意。

——塞內卡《談快樂生活》第24章

不管情境好壞、無論親疏遠近，你今天碰到的第一個人，就是你釋出善意的好對象。或者就其他人對這段引文的解讀來說，這正是造福別人的好時機，還能同時造福自己。你可以弄清楚對方從哪裡來、了解對方的背景和需求，或是觀察對方的情緒波動或行為動力，接著，就能好好對待這個人，並且讓自己更好過。

當遇見第二個、第三個人，也可以用同樣的態度面對他們。雖然這些人不一定會禮尚往來，但我們完全不必放在心上，因為從頭到尾，我們只要顧好自己能控制的事物就夠了。就這個情況來說，我們能控制的就是讓自己主動釋出善意。

10月18日・捅人一刀的朋友

世界上最可怕的事，莫過於狼找羊交朋友了。無論如何，絕對要避開虛假的友情。只要你為人善良、率真，而且永遠懷抱善意，眼神自然會替你傳達心意，大家肯定也會留意。

——馬古斯・奧列利烏斯《沉思錄》第11卷第15章

大家都知道要盡量避開心機重的雙面人，譬如嫉妒心強的朋友、自戀的父母、不誠實的伴侶。乍看之下，奧列利烏斯想提醒我們的事，似乎就是要避開虛偽的朋友。

不過，我們不妨換個方向思考，想想看自己是不是會對朋友虛情假意。畢竟，這才是斯多噶主義強調的重點，也就是少評斷別人、多反省自己。

我們或多或少都捅過朋友刀，一面為了個人利益而和對方裝客套，一面向其他人數落對方。我們也多少欺騙過別人，或者在順心的時候才關心別人，甚至在別人需要幫忙的時候拒絕相助。

這種行為，其實會拉低我們的格調。下次批評別人不夠朋友的時候，我們最好記得，先反省自己。

10月19日・讓好習慣取代壞習慣

習慣對人的影響力非常大，而對於理智抉擇外的世界，我們也總是習慣順著情緒波動趨吉避凶。有鑑於此，我們應該培養一種完全對立的習慣，以便抗衡各種衝動。當表相看似難以捉摸，我們就要發揮訓練時學到的抗衡技術。

——愛比克泰德《語錄》第3卷第12章

當狗因為你走近而大叫，你最不該做的事就是吼回去，因為對狗來說，你也一樣在狂吠。如果狗跑遠了，也不要追過去，因為你看起來也一樣在狂奔。遇見狗狂吠或狂奔，最好的做法就是讓牠分心做別的事，像是叫狗坐下、回狗屋等等。這麼一來，就能打亂或克制狗僵固的行為模式和負面衝動。

狗如此，人也是一樣。當壞習慣蠢蠢欲動，請採取目的完全相反的應對方式，讓壞習慣不會繼續坐大。舉個例子，假設我們今天做事拖拖拉拉，請先不要鑽牛角尖或正面對抗拖延心態，應該先站起來走一走，讓大腦清空、重開機。或假設說了難聽傷人的話，與其馬上責怪自己，不如採取正面思考，想一想自己負面的評論有沒有可取之處。

總之，先跳到僵固習慣的對立面，再使用訓練中學到的抗衡技術，就能讓自己獲得進步動力了。如果在健身或工作的時候習慣抄捷徑，請記得和自己說：「好，我現在要做得更多、更好。」認真建立好習慣，就能取代壞習慣，而且大家都很清楚，養成習慣一點都不難。

10月20日・幸福生活的基本原則

四處漂泊尋覓，卻始終找不到幸福生活，不管在邏輯、財富、名聲或娛樂活動裡，全都找不到。幸福生活到底在哪裡？其實，只要執行大自然交代給人類的任務，就能過幸福生活了。怎樣才能做到？就靠秉持各種目標和行動原則。哪些原則？就是判斷善惡的原則，而根據這項原則，只有能帶來正義、自制力、勇氣、自由的事物才算得上善，凡是會摧毀這些東西的就是惡。

——馬古斯・奧列利烏斯《沉思錄》第8卷第1章

在我們還年輕、人生歷練不足的時候，常常會問「生命的意義是什麼」？「我為什麼誕生在這個世界上」？可是不但找不到答案，就連前進方向也摸索不到。不過，這其實是因為我們搞錯方向了。根據維克多・弗蘭克在《活出意義來》這本書裡的說法，我們根本不需要主動問這些問題，因為我們才是被問問題的人，而我們怎麼過人生就是答案。

即使我們讀萬卷書、行萬里路、聽智者言，也很難找到這些問題的答案。我們必須積極把人生過好，透過行動實踐正義、自制力、勇氣、自由等原則，同時避免讓自己墮入惡道，才有辦法回答這些問題。

10月21日・現在就能成為英雄

普通人啊！他們總是不喜歡稱讚同代的人才，卻又冀望後人歌頌自己，但是，他們可能從來沒見過這些後輩，甚至一輩子都沒機會見到啊！這跟為了古人沒稱讚自己而發脾氣，到底有什麼兩樣？

——馬古斯．奧列利烏斯《沉思錄》第6卷第18章

亞歷山大大帝曾造訪埃及的亞歷山大城，而兩千三百年後，這座城市依然以這位君王的名字命名。一個人的名字變成了城市名，不但沿用了許多個世紀，還在世人口中不斷傳頌，這應該算是滿炫的成就吧？

其實，這不算是什麼酷炫的成就，因為到了那一刻，你早就跟亞歷山大大帝一樣，不在世界上了，根本不可能知道自己的名字流傳後世。這背後的道理，跟沒有人花得到自己的遺產是一樣的。

再想想，亞歷山大當年為了達到目的，可是做了許多荒唐事。他常常隨便開戰，脾氣又差，還因為酒醉打死了摯友，顯然是個暴虐無道、腦子裡只有野心的人。這種人真的值得敬佩嗎？

與其花時間揣測還沒出生的後輩怎麼想，不如趁現在好好鍛鍊自己，盡力讓性格達到美好狀態。把握當下做正確的事，比擔心遙不可及的未來重要多了。趁自己還在世，趕快培養出高尚美善的人格，成為眾人效法的對象吧。

10月22日・你精進的是才能還是性格？

是，某些人很擅長對付敵人沒錯，但這不代表他們願意關心社會，也不代表他們能虛懷若谷、未雨綢繆，甚至包容別人的過錯。

——馬古斯・奧列利烏斯《沉思錄》第7卷第52章

自我精進是很崇高的目標，可惜大多數人興趣缺缺。不過，即使是願意精進自己的人，也有可能禁不起表面虛榮的誘惑，讓努力功虧一簣。我們之所以想練六塊腹肌，究竟是為了挑戰困難的目標，還是為了向別人炫耀身材？跑馬拉松是想突破極限，還是純粹為了逃避家裡的煩惱？

我們不應該只想著練出完美身材或精通多國語言，卻連關心別人的時間都沒有。就算贏了體育競賽，卻扮演不好夫妻、爸媽、子女的角色，又有什麼用呢？請不要把精進才能和精進性格混為一談，後者比前者重要太多了。

10月23日・展現自己應有的優點

其他人都不讚嘆你的聰明才智？那就算了吧。你還有很多別的能力，是你天生就具備的，包括誠信、格調、耐力、忠貞、知足、節儉、善良、自由、毅力、不聞言閒語、寬容。好好展現這些在自己控制範圍內的能力吧。

——馬古斯・奧列利烏斯《沉思錄》第5卷第5章

把問題都推給大環境，實在太簡單了。有人會怪爸媽沒給自己高個子基因，有人則會怪自己資質不夠、膚色不對或生錯國家。放眼全世界，從市井小民到超級名模，每個人都覺得自己有缺陷。但無論我們覺得自己有什麼缺點，請記得，有些優點是不必靠先天條件就能培養的。

我們可以選擇誠實、提高格調、發揮耐心，也可以選擇知足常樂、忠貞不二、精打細算，更可以選擇和善待人、追求自由、挺過逆境、少說閒話、寬容慈悲。

老實說，這些經過刻苦磨練培養出來的性格，不是更讓人敬佩嗎？

10月24日・善的泉源

請認真挖掘自己的內心，只要不停向深處探索，裡頭就會湧出源源不絕的善。

——馬古斯・奧列利烏斯《沉思錄》第7卷第59章

今天，我們應該會碰上各種不同的善，像是好消息、好天氣、好運等等。不過，我們也可以試著向內心探索，挖掘裡頭潛藏的善。善不會像信件一樣自己寄過來，必須靠我們主動向內探索、親自挖掘，就能在自己的想法中發現善，再透過行動表現出來。

10月25日・人生兩大任務

所以，什麼東西能讓人做事不受阻撓，又能獨立自主？這樣東西不會是財富、不會是官位，也不會是政權或君權，一定要是別的才行……以人生為例，知道如何把人生過好就能達到以上目標。

——愛比克泰德《語錄》第4卷第1章

人生有兩大任務：成為好人、找到自己喜歡的工作。除此之外，其他任務都是浪費時間、白費才能。

怎樣才能完成這兩大任務呢？這問題確實不好回答，不過斯多噶哲學已經給出答案了：只要避免分心、克制失控情緒、抵抗外在壓力就行了。先問問自己這些問題：「世界上有什麼事情只有我辦得到？我要怎麼利用有限的生命最好？」答案是，在適當的時機盡量做正確的事、用自己想被對待的方式對待別人，並且記得，每個不起眼的選擇和情境都是實踐這些人原則的好機會。

只要這樣做，就能**鍛鍊一生中最重要的技術，也就是「把人生過好」了。**

10月26日・三個層面，目標一致

大部分的傑出論者堅信，哲學是由道德、自然、理性三個層面組成的。哲學的道德層面能賦予心靈秩序，自然層面能全盤檢視事物的自然規律，而理性層面則能細究詞彙的定義。搭配特定架構和論證之後，這些層面就能守護真實，讓虛假事物無法混淆視聽。

——塞內卡《道德書信》第89章

哲學的道德、自然、理性層面看似大異其趣，其實都指向一個共同目標：幫助人使用理性過美好人生。

在這個當下，我們就能體會哲學的功效了，不必等到未來。

10月27日．種瓜得瓜，種豆得豆

教人作惡的，多半會有報應。

——塞內卡《塞厄斯提斯》

塞內卡讓自己筆下的角色說出這句台詞，實在頗為諷刺。我們都知道，塞內卡當了尼祿皇帝的家教和人生導師很多年，而許多證據也顯示，他的教化對失控的尼祿起了不小的正面影響。不過，當時的人始終不明白，為什麼好好的哲學家會想當惡人的左右手，很多人還用 tyrannodidaskalos（也就是「暴君之師」）這個希臘詞來形容塞內卡。莎士比亞在《馬克白》裡，也寫下了這麼一句話：「對人下謀殺指導棋，終將害到導師自己。」塞內卡用心指導尼祿的結果，就是被學生親手毀滅。

選擇和誰共事，是一件值得深思熟慮的事。如果我們在客戶面前使出不符倫理或法規的手段，他們之後會不會也在我們沒防備的時候擺我們一道？如果在員工、合夥人或兒女面前立下壞榜樣，他們之後會不會因此背叛或傷害我們呢？所謂善有善報、惡有惡報，東方人說的業力，概念也是一樣的。

身為尼祿的老師，塞內卡終究遭到了報應。不管他是否身不由己，他矯情的態度確實讓他付出了極大代價，這是千百年來不變的道理。如果你也跟他一樣矯情，遲早會落得相同下場的。

10月28日・人類永遠同舟共濟

發現某個物體離開大地的掌控範圍，比發現某個人被所有人排擠容易多了。

——馬古斯・奧列利烏斯《沉思錄》第9卷第9章

奧列利烏斯和其他斯多噶主義者肯定不懂牛頓運動定律，但他們知道物體只要向上移動，最後一定會下墜。在這段引文中，奧列利烏斯正是用了物理現象的譬喻，點出人類彼此相依的程度強過地心引力。

哲學很容易吸引內向的人，但我們在了解人性之後，也更容易看見別人的缺點，因此變得憤世嫉俗。另一方面，當我們身陷麻煩或困境，也很容易受到孤立。

儘管如此，我們天生的性格依然不會改變。就像亞里斯多德說的，人就是一種社會動物，我們需要互相扶持、彼此照應，更需要給別人機會關心我們。我們要是裝出了別的姿態，就等於違背自己的天性，也或多或少會偏離人類應有的本質。

10月29日・性格決定命運

每個人的性格是培養出來的，但角色定位則是命運決定的。你可以邀請一些值得尊敬的人和自己一起用餐，但你也應該邀請其他人，因為他們可能會變得值得你尊敬。

——塞內卡《道德書信》第47章

公司面試新人的時候，多半會看應徵者的學歷和工作經驗，因為一個人的生命軌跡能反映未來的表現。不過，這樣看一定準嗎？很多人會成功，其實是運氣好罷了。他們能進牛津或哈佛念書，或許全都是爸媽的功勞。再說，那些人生經歷不夠長、還不足以寫出漂亮履歷的年輕人，他們難道就沒有可觀之處嗎？

當然不是這樣。所以，我們在打量其他人的時候，務必要從對方的性格下手。這個原則不只適用於應徵新人，也適用交朋友、找另一半等狀況。赫拉克利特斯的金句「性格決定命運」，已經說得很明白了。

如果想提升人生地位，從鍛鍊性格下手就能獲得最高的效益。我們的付出或許不會立竿見影，但長期下來絕對有所斬獲。同樣的，我們也要謹慎選擇自己想親近的人。

10月30日．什麼事佔掉你最多時間？

只為自己的人生保留一點點剩餘空間，也只留給提升智慧連做生意都不夠的一點時間，你難道不羞愧嗎？

——塞內卡《論生命之短暫》第3章

塞內卡在某封書信裡，說過一則亞歷山大大帝的故事。亞歷山大還在征服天下的時候，有些國家會向他進貢領土，以求亞歷山大放自己一馬。但根據塞內卡的說法，亞歷山大只對這些進貢的人說，他千里迢迢跑來亞洲不是為了隨手收禮，而是要讓這邊的人知道，除了甘願接受他吃剩的殘羹，沒有第二條路。

塞內卡認為，我們應該用這樣的態度面對哲學。哲學從我們手上獲得的時間和精力，不應該只是被工作用剩的部分；反之，我們應該先讀完該讀的書，再挪出時間追求別的目標。

如果我們真的想精進自我，怎麼會只在睡覺前讀個幾分鐘的書，就馬上關燈呢？又怎麼會每天花八到十小時上班開會，卻不花時間思考重要的問題呢？一般人每星期平均能花二十八小時看電視，但如果問他們有沒有空讀哲學，他們大概會說自己太忙了，沒時間讀書。

10月31日・我們有良善的本性

人心天生就會朝德性邁進。

——穆索尼烏斯・魯福斯《講座》第2卷第7章

人有原罪的觀念，已經流傳好幾個世紀。但實際上，我們天生就能夠互相扶持、禮尚往來，否則人類早就滅絕了。

斯多噶哲學的各種思想，都是小孩一看就會喜歡的，也不會離日常生活太遙遠。這些概念跟人類的本質息息相關，也不脫我們心目中的真理，唯一會跟這些概念牴觸的事物，只有某些用來圖利特定人士、罔顧公共利益的社會制度而已。

我們的天性是良善的。魯福斯也這麼說：「每個人都是人自然的產物，所以我們都有能力過高尚的生活，絲毫不犯錯。注意，這不是某些人的專利，每個人都辦得到。」人天生就會受德性和自主能力吸引，如果已經偏離常軌太多，肯定是因為後天沾上了不好的想法和習慣，而不是先天就有缺陷。塞內卡說得很清楚，哲學就是用來清除錯誤想法和習慣的工具，讓人能夠反璞歸真。

11月

•

接納、熱愛命運

11月1日・接受既定事實

不要期待一切都能順心如意，最好只想著事情會照原本的方式自然發展，這麼一來，你們的人生就會順順利利了。

——愛比克泰德《手冊》第8章

全盤掌握過去發生的種種事件、保有一顆感恩的心，只要具備這兩項特質，就能輕鬆讚嘆上天安排的命運了。要是不懂得感恩，光是關照全局有什麼用？要是不懂得關照全局，光說謝天謝地有什麼用？

——愛比克泰德《語錄》第1卷第6章

我們不希望看到的某個結局，最後還是發生了。這時候，是改變自己的想法容易，還是扭轉已成的定局簡單？答案很清楚：請接受既定事實，不要老想著事情不該如此。用斯多噶主義的話來說，這就是一種「接受的藝術」，好好接受各種既定的事實，不要拚命抗拒。

斯多噶主義者還希望大家不只是要接受各種事實，更樂在其中。幾百年後尼采也替此概念創造了一種精準的說法：「熱愛命運」。熱愛命運的人不但懂得接受既定事實，更能熱愛既定事實。只期待既定事實會發生，一切就能順順利利，也沒有所謂失落的問題，可說是很聰明的招數。不過，如果我們能感激、熱愛各種既定事實，就更能過幸福快樂的人生了。

11月2日・把期待交給上天決定

不過，我的意志從來沒被阻撓過，也沒被逼迫過。這有可能嗎？因為我在抉擇和行動的時候，總是順從上天的意志。如果上天要我生病，我就期待自己會生病。如果上天要我選擇某樣東西，我就照做。如果上天要我追求某個目標，或是獲得某樣東西，我就抱著同樣的期待。上天沒要求的，我就不去期待。

——愛比克泰德《語錄》第4卷第1章

在諾曼第登陸前夕，德懷特・艾森豪將軍寫了一封信給太太，他說：「算得到的事我們都做了，軍隊也整裝待發、用盡全力了。至於結果如何，就交給上天決定。」艾森豪走到這一步，確實窮盡了一切努力，接下來註定會發生的事，也只能讓它發生。這時候，艾森豪就像愛比克泰德說的一樣，已經準備好迎接未來的狀況了。其實，艾森豪當天晚上還寫了另一封信，準備在進攻失敗之後刊出來。假使上天或命運註定要艾森豪敗戰，艾森豪也做好了萬全準備。

這段歷史非常發人深省。因為艾森豪率領了全世界有史以來最強的軍隊，策劃了史上最縝密的進攻行動，但在行動前夕，卻還是抱著一顆謙卑的心，認為結果終究不由自己決定，而是握在比他更強大的某種力量手中。

我們在冒險犯難的時候，永遠都要保持謙卑的心。即使事前準備再充分、自己再聰明優秀，都只能把命運交給上天決定。只要越早領悟這點，就越能心安自如。

11月3日．好好遵守醫囑

我們常常聽說醫生給某些人開的藥單，是要練習騎馬、洗冰水澡、赤腳走路，但對於大自然替人開的藥單，像是讓人生病或給人殘疾、缺陷，我們也應該用同樣的方式看待。醫生開藥單，是為了幫助病患盡快復元；而大自然加諸我們的遭遇，則是為了讓我們的命運更順遂。

——馬古斯．奧列利烏斯《沉思錄》第5卷第8章

斯多噶主義者很會打比方，而類比也能幫助他們推理思考。

在奧列利烏斯看來，一般人聽到「醫囑」就好像聽到咒語，再不舒服的療法都忍得下去。醫生要你吃難吃的藥，你就會吞下去。醫生要你學蝙蝠倒吊著睡覺，你一開始可能會覺得荒謬，但過不了多久，你就會覺得這個方法應該對自己有幫助，於是開始倒吊著睡覺了。

不過，當我們面對外在事件，卻會因為局勢發展不如己意而抵死不從。這時候，奧列利烏斯反而想問，如果醫生開的藥單就是要人遭遇挫折，情況會如何？如果這帖處方跟其他藥一樣有效，那又會如何？

你覺得會如何呢？

11月4日．事物沒有好壞

事物變動不是壞事，就像維持新的現狀也不是好事。

——馬古斯．奧列利烏斯《沉思錄》第4卷第42章

大家會說改變是好事，通常是為了安慰別人或安慰自己。因為人一碰到變動，就算不覺得大事不妙，至少也會提高警覺。

不過，斯多噶主義者希望大家不要被好壞標籤套牢。改變不一定是好事，現狀不一定是壞事，因為改變就只是改變，現狀就只是現狀。

請記得，事物是客觀中性的，好壞的標籤都是人自己貼的，事物之所以值得追求或對抗，也都是貼標籤的結果。真正健康的心態，應該是全心投入各種情境，讓自己有所收穫。只是在全心投入之前，就不要再為標籤拼命了。

11月5日・比自己更強大的力量

凡是過得快樂又舒適的人，在人生每一個行動當中，都能讓自己的心靈和造物主的意志合為一體，而這就是他們德性的基調。

——引自克律西普斯，收錄於第歐根尼斯・拉爾修斯《哲人言行錄》第7卷第1章

在進行十二步戒酒計劃的時候，很多患者都會卡在第二步：「承認冥冥之中有股強大的力量」。這些人卡住的時候，總是會先說自己是無神論者，不喜歡信教，或者說不知道這一步有什麼用。但不久之後，他們就會發現這些想法只是藉口，背後是成癮造成的自私、自大心態。要完成這一步計劃，其實一點都不難，只要想著「相信世界上存在一股比我們更強的力量，能幫助我們恢復神智」就好了。至於接下來的幾步計劃，倒是不斷強調患者必須服從、放手。相較之下，第二步還跟順服「上天」比較無關，只是希望患者配合大自然的步調，不要再被「世界總是繞著自己轉」的想法腐蝕。

正因如此，很多執行十二步計劃的患者才會這麼喜歡斯多噶主義。事實上，這套哲學思想對每個人都能帶來正面影響。我們不必相信有神在主導萬事萬物，重點在於放下「我就是神」的妄想。只要我們能配合大自然的步調，就能過得輕鬆愉快，因為這表示我們已經克服世間最難戒除的癮頭，也就是「控制慾」了。

11月6日．主宰命運輪盤的另有其人

一個人在日出時一身傲氣，在日暮時就會垂頭喪氣。
不要因為成功而趾高氣昂，也不要因為困頓而灰心喪志。
克洛托將高峰和低潮織成一團，並讓命運的輪盤不停旋轉。
從來沒有人能博得眾神歡心，讓自己確定明日一切順心。

——塞內卡《塞厄斯提斯》

小說家戈馬克．麥卡錫蝸居汽車旅館的時候，某天，有人敲了他的房門，通知他說，他得到了麥克阿瑟天才獎，獎金一共二十五萬美元。意外也可能是好事，難以預料。

這種意外的發展，有誰預料得到呢？大概只有希臘的命運三女神之一，負責轉動人類命運紡車的克洛托吧。在古代，人們總是認為克洛托是人類命運的主宰，好壞全由她來決定。劇作家艾思奇勒斯就曾經說過：「當上天降下厄運，沒人能躲得過。」其實，對於好運或順遂的人生來說也是一樣。

古人逆來順受的態度，在今天看來或許有點難以理解，但他們確實明白誰才是命運的主宰，反正不會是他們，更不會是我們。風光或潦倒只會持續一時，不見得會停留一世。成就可能會帶來困頓，而困頓也可能帶來成就，人生就是如此變幻莫測。今天，請把人生的無常好好記在心裡。

11月7日・強大的祕訣

不要迷信名聲、金錢、權位，多仰賴操之在己的力量，也就是判斷哪些事物受自己控制、哪些不受自己控制的能力。只要做到這點，就能讓自己自由自在、不受束縛，即使在低谷中也能抬頭挺胸，和有錢有權的大人物並駕齊驅。

——愛比克泰德《語錄》第3卷第26章

史蒂芬・普雷斯菲爾德的著作《戰爭美德》，是一部關於亞歷山大大帝的小說。小說某一段提到，亞歷山大走到了一條河邊，卻被一位哲學家擋住過河的路。這時，亞歷山大的某個屬下對哲學家大吼：「這個人征服了天下耶！你呢？」哲學家則一副老神在在，回答對方說：「我征服了征服天下的渴望。」

根據史料，亞歷山大曾經和犬儒學派的第歐根尼斯起過衝突，因為這位哲學家瞧不起社會的主流喜好，其中也包括亞歷山大的形象。兩個人當年的衝突，就跟普雷斯菲爾德在小說裡描寫的一模一樣，是哲學家這一方佔了上風，因為和世界霸主比起來，哲學家清心寡慾多了。哲學家光是看某個人的眼神，就知道對方自制力強不強、勢力有沒有辦法歷久不衰。

只要潛心開發內在力量，不要被外在事物牽著走，我們一定也能達到這樣的境界。當過奴隸的普布里烏斯・西魯斯也說了：「想統治強大帝國的話，就先克制好自己吧！」

11月8日·人生如戲，你就是演員

請記得，你們是一齣劇裡的演員，依照編劇的想法扮演不同的角色。編劇要你們演短劇就演短劇、演長劇就長劇。如果編劇要你們演乞丐，你們還是該把乞丐演好，演殘障、隊長、路人也是一樣。把分配到的角色演好，就是你們的責任，選角則是別人的工作。

——愛比克泰德《手冊》第17章

奧列利烏斯從沒想過當皇帝，因為他既不是追逐大位的政治人物，也不是正統皇室繼承人。根據史實和他個人信件，他真正的心願是當哲學家。不過，包括皇帝哈德良在內的羅馬菁英，卻看出奧列利烏斯的過人之處，認為他能勝任皇帝大位，因此努力安排他稱帝。另一方面，愛比克泰德則當了大半輩子的奴隸，還因為教哲學遭到迫害。無論如何，這兩人都認真扮好了自己的角色。

人生際遇可能跟擲骰子一樣，結果如何都是隨機的。有人可能一生順遂，有人則命運多舛。有時我們朝思暮想的機會可能會如願降臨，而有時我們運勢正旺，卻覺得這是一種負擔。

斯多噶主義者想提醒我們，無論我們今天或以後遇到了什麼狀況，不管我們的資質、身材、社會地位落在哪個等級，都要記得不必為了缺陷怨天尤人，而是要接納事實、盡力發揮剩餘價值。但我們的角色能不能有點彈性，或者配合個人理想調整呢？當然可以！在歷史上，小人物鹹魚翻身、成為流芳百世大英雄的事蹟不勝枚舉，改編成各式作品的例子更是數不清。但是要達到這個境界，弄清狀況、接納事實是不可或缺的第一步，接著再以精進為目標，努力把分配到的工作做好。

11月9日·萬物都會流轉變動

宇宙就是改變，人生就是意念。

——馬古斯·奧列利烏斯《沉思錄》第4卷第3章

普魯塔克在個人著作《忒修斯傳》中，提到了雅典人把民族英雄忒修斯的船保留起來，細心保養了好幾個世紀，當戰爭爆發，船就能派上用場。船上只要有板子腐朽就會整塊換新，不留一點舊材。對此，普魯塔克問了一個問題：這艘船整修過之後，究竟還算是忒修斯本來的船，還是已經變成全新的船了呢？

日本有一座知名神社，每二十三年就會重建一次，到目前為止，已經重建六十次了。這究竟是一座有一千四百年歷史的神社，還是六十座不同的神社呢？而美國參議院採用任期交錯選舉制度，議會成員從來沒機會一次翻新，這樣的議會，跟喬治·華盛頓時期的創建的參議院還是同一個嗎？

我們對事物抱持的看法，其實不過是一張倏忽即逝的印象快照而已。宇宙萬物隨時都在改變，就像我們的指甲剪掉之後還是會繼續長、舊皮死了會長出新皮，或是新的記憶會蓋過舊的記憶。這時候，我們還是同一個人嗎？我們身邊的人還是同一批嗎？天下沒有不會流轉變動的東西，就算是再神聖不可侵犯的事物也一樣。

11月10日・千年如一日

想一想維斯帕先的時代，你就會看見人類婚配、養育後代、生病死亡、攻殺作戰、假日宴客、貿易農耕、逢迎做作、疑心暗謀、咒人身亡、怨天尤人、墜入愛河、積累財富、貪戀權位等種種行徑。這些人已經壽終正寢了……換成圖拉真的時代也是如此的……

——馬古斯・奧列利烏斯《沉思錄》第4卷第32章

海明威在小說《太陽照常升起》一開頭，引用了一句聖經典故：「一代過去，一代又來，地卻永遠長存。日頭出來，日頭落下，急歸所出之地。」海明威的編輯看了這段引文，就表示裡頭「包含了所有古人的智慧」。

這是什麼樣的智慧呢？在歷史當中，我們會發現一件驚人的事實：人類總是跟祖先做著一樣的事。雖然思潮或行為習慣有起有落，但生死、愛恨、悲喜卻是千年如一日的人性常態。

很多媒體報導或暢銷書常常大言不慚，認為我們已經攀上了文明的高峰，或者宣稱世事已經日新月異、不可同日而語，但真正諷刺的是，這種話早就說了好幾百年了。

在強者眼中，這些都是必須捨棄的念頭。他們知道，世上會改頭換面的事物並不多，多半都會維持老樣子。我們的人生軌跡跟祖先沒什麼兩樣，當過完短暫的人生，和我們相似的後代又會來到這個世界上。地球永遠長存，而人類只能後浪推前浪。

11月11日・天下本無事，庸人自擾之

你之所以為了外在事物垂頭喪氣，跟事物本身無關，而是受制於自己內心的判斷。只要轉個念，就能甩開煩惱了。

——馬古斯・奧列利烏斯《沉思錄》第8卷第47章

想像一下，假設你對政治充滿熱情，而且趁著年輕有勁的大好時光，拼出了一番不小的成就，但三十九歲那年，體能卻開始走下坡，最後被醫生確診為小兒麻痺。到了這裡，你的人生應該再也回不到輝煌的過去，政治生涯理論上也宣告死亡，對吧？

這段故事，正是美國史上最傑出的政治人物之一小羅斯福的人生。當醫生做了小兒麻痺的診斷，小羅斯福不過正值中年，還為了一圓總統夢籌備了好多年。

要了解羅斯福的心態，就不能不了解他生病的情形。對他而言，自己瘸了一條腿是事實，但充其量只是外在事物，他依舊保持腿瘸志不瘸的心態，政治熱情始終不滅。在當年，小兒麻痺仍然無藥可醫，但羅斯福並不打算坐上受害者的位置，甚至斷然拒絕。

接納事實和消極被動是兩回事，千萬不要混為一談。

11月12日．強者不會卸責

如果我們只針對個人理智抉擇內的事物判斷善惡，就不會有時間怪天怪地、攻擊別人了。

——馬古斯．奧列利烏斯《沉思錄》第6卷第41章

美國總統哈利．杜魯門曾經在辦公桌上放了一張標語，內容是「推卸責任到此為止」。身為手握大權的總統，杜魯門明白無論決策結果是好是壞，自己都必須一肩承擔，不能找代罪羔羊幫忙救援或卸責。一旦責任進到總統的橢圓辦公室，就不能再被推出去。

每個人都是自己人生的總統，當我們明白所有個人能力都來自理智抉擇、也不會超出理智抉擇，就應該用同樣的態度面對一切事物。**我們無法控制在抉擇範圍外的事物，但能控制面對事物的態度和反應，光是做到這點就不簡單了。**如果懂得一肩擔起責任，不要每天只想著怪別人，其實也就夠了。

11月13日．不抱怨，不多言

不要讓自己變成怨東怨西的人，讓自己和別人的耳朵受罪！

——馬古斯．奧列利烏斯《沉思錄》第8卷第9章

很多人身為人生勝利組，還是常常唉聲嘆氣，而且人生越順利的人，往往越有時間怨東怨西。就像奧列利烏斯被迫當上皇帝，你也可能被迫成為會計師、兒童足球教練或律師。當然，你可能還算喜歡自己的工作，但多少會覺得業務範圍縮小一點會更好。這種想法對自己有幫助嗎？答案是沒有，而且只會讓自己心情更糟。

英國首相班傑明．迪斯雷利有一句座右銘：「不抱怨，不多言。」他跟奧列利烏斯一樣，都必須面對沉重的領導責任，所以才用這句座右銘警惕自己。怨東怨西一點都不難，為錯誤找藉口合理化也很簡單，不過就算做了這些，事情還是不會有所進展，責任也不會因此減輕的。

11月14日·所有結果操之在己

看到有人被關進監牢的時候，如果你們心想「這人一定受了冤屈」，這個想法只是你們自己加油添醋的。

——愛比克泰德《語錄》第3卷第8章

這段引文呈現了斯多噶主義的基本思路，你應該已經很清楚了。事件是客觀中性的，至於這件事公不公平、慘不慘、當事人是不是故意的，這樣的描述則是主觀的。

麥爾坎·X早年曾經犯過罪、坐過牢，但他出獄之後，卻成了虔誠的教徒和有識之士，還積極為民權奔走奮鬥。他承受了苦難嗎？還是他懂得從經驗中學習，吸收其中的正向價值呢？

接納事實不等於消極被動，這是努力精進自己該做的第一步。

11月15日・所有事物都會改變

多想想事物如何來來去去，一下子出現，也一下子就不見蹤影。事物就像是河中日夜不息的水流，移動方式不斷改變，目標也一換再換，到最後，沒有一樣東西能安穩不動。

——馬古斯・奧列利烏斯《沉思錄》第5卷第23章

赫拉克利特斯曾經說「沒有人能踏進同一條河兩次」，因為河水會變，人也會變。奧列利烏斯在上面的引文裡，正是借用了赫拉克利特斯精準的比喻。

人生變幻無常，每個人也一樣不斷改變。當為了事物發脾氣，就是誤以為事物的狀態會歷久不衰。當出事的時候怨恨自己、責怪別人，更是徒勞無功的舉動。當抗拒改變，就是誤以為自己有選擇的餘地。

所有事物都會改變，請接受事實、順其自然吧。

11月16日．希望和恐懼毫無二致

赫卡托說：「拋開希望，就能讓恐懼消失。」……我們會被期待和恐懼弄得心煩意亂，就是因為思緒總是在未來打轉，從未嘗試融入當下的情境。

——塞內卡《道德書信》第5章

一般來說，希望是件好事，而恐懼是件壞事。不過對出身羅德島的赫卡托或是其他斯多噶主義者來說，希望和恐懼毫無二致，都是沉浸在未來當中的情緒，一味思索自己控制不了的事物。這兩樣東西，可以說和當下時空水火不容，讓人總是無法「熱愛命運」。

這時候，我們該做的不是克服恐懼，而是明白一旦心懷希望和恐懼，就很容易被慾望和憂慮控制，讓自己陷入危機。而且更慘的是，憂慮正是由慾望引起的。

11月17日．少挑別人的毛病

很多人總是用自大、自滿的態度濫用哲學，讓自己走火入魔。請把哲學當成砥礪自己的磨刀石，不要當成砲轟別人缺點的武器。

——塞內卡《道德書信》第103章

請記得，這本書一再強調的哲學概念，都是以內省為正途的。我們只需要專心精進自己，不必干涉別人的精進工夫。我們雖然犯了錯，但有能力改善自己的錯，所以我們選擇鑽研哲學，希望像把藤壺剝離船身一樣剝除錯誤。至於別人犯的錯，我們影響不了太多，就讓每個人各自努力改進就好。

各人過失各人擔，斯多噶主義的重點從來不是挑別人的毛病，而是接納其他人犯錯的事實。再說，光是挑我們自己犯的錯就挑不完了。

11月18日．四種斯多噶思考模式

理性能力只要發揮以下功能，就能在情感波動下悠遊自在：

1. 拒絕接受錯誤或不確定的事物
2. 將內心動力化為公益善行
3. 克制慾望，只追求能力範圍內的目標
4. 接納上天給予自己的一切事物。

——馬古斯．奧列利烏斯《沉思錄》第8卷第7章

你可能已經發現，奧列利烏斯總是一再重述斯多噶主義的精神，好提醒自己不要忘記。引文裡列出的項目，固然對千年之後的我們有所助益，但起初只是作者用來鞭策自己的筆記。寫下這段筆記的那天，奧列利烏斯可能被負面想法籠罩、做了自私的事、期待著超出能力範圍外的事物，或是為了既定事實而抱怨掙扎。不過，他也有可能只是想溫習舊觀念，靠記筆記加深印象。

無論他記筆記的動機是什麼、不管我們今天遇到什麼狀況，請記得採取以下四種思考模式：

1. 只接收正確的事物
2. 為公益奮鬥
3. 只追求在控制範圍內的目標
4. 接納上天賦予我們的一切事物

11月19日・三位哲人的智慧之語

面對任何挑戰，我們都應該把以下三種念頭放在心上：

「上天啊，命運啊，請指引我
抵達你們古早以前分派給我的目標。
我會順著這條道路走，不會疑心；
就算喪志，我的腳步也不會停。」——克里安西斯

「全心投入天職的人，就是手段高明的智者。」——尤里皮底斯

「如果眾神喜歡這樣，我們就這樣做吧。這些人殺得死我，但傷不了我。」——柏拉圖《克里托篇》、《答辯詞》

——愛比克泰德《手冊》第53章

愛比克泰德引述的這三段歷代哲人語錄，點出了包容、彈性、接納事實的態度。在克里安西斯和尤里皮底斯看來，認識「上天」或「命運」有助於接納事實。只要相信宇宙間存在比自己更強大的力量，不管上天也好、眾神也好，人生就不會出現不順心的事了。

就算不信神，也能在自然法則、生死循環當中尋求慰藉。個人的遭遇可能看似難以預料、殘忍痛苦、無以名狀，但只要稍微拉大格局，就會發現這些事件自有規律。

今天，讓我們一起拉大格局，假裝每件事都註定會發生，不管順心還是不順心，這些事件都是為你而生的。你應該不會抗拒這些事的，對吧？

11月20日・看，當下不就是永恆嗎？

如果經歷過當下，就等於經歷過一切，包括年代久遠不復記憶的事物、永恆不滅的事物。畢竟所有事物彼此連結，毫無差別。

——馬古斯・奧列利烏斯《沉思錄》第6卷第37章

今天會發生的事件，跟以往發生過的事件毫無差別。自開天闢地以來，人和動物就有生有死、雲自然會聚合消散、空氣總會進出生物體內體外。所謂的當下，用愛默生的話來說，就是「引用自過往和未來的某個片段」。

同樣的概念，基督教聖詩《榮耀頌》表達得最完美：「起初這樣，現在這樣，將來也這樣，永世無盡。」接觸這種想法的時候，不需要因此感到憂愁或喜悅，因為這就是事實；話雖如此，這種想法倒能讓人安心、專注。我們不必為各種事件欣喜若狂，也不必感到如坐針氈，反正，就算是自己沒經歷過的事件，也一定有人經歷過了。光是這樣想，就能讓心中的大石落下了。

11月21日・感受一次等於感受一輩子

時間再久，善也不會因此增加。不過，一個人如果能在一時半刻間展現智慧，就能跟一生開心鍛鍊德性的人一樣，體會快樂過活的感受。

——引自克律西普斯，收錄於普魯塔克《道德小品：斯多噶主義的常識漏洞》

擁有智慧和幸福，跟獲得奧運金牌很像，不管獲得的時間是一百年前還是十分鐘前、獲得一次還是很多次、有沒有別人打破你的記錄，或者你是不是準備褪下戰袍，這份榮耀永遠都會跟隨著你，你也不會忘記光榮的感受。這種經驗沒有人搶得走，也差不多是光榮的極致了。

茱莉亞戲劇學院出身的演員伊凡・韓德勒，曾經罹患急性骨髓性白血病和重鬱症，但最後成功度過難關。生病期間，他刻意短暫服用抗憂鬱藥物，想感受看看何謂正常、幸福的人生。不過沒吃多久，他就知道差不多可以停藥了。畢竟，美好的幻覺享受一下就夠了，人還是要務實面對種種挑戰。

今天，我們可能有機會體驗幸福或智慧人生，但千萬不要死命握住機會不放，期待感覺不要消失。這種感覺會持續多久，不是我們能控制的，只需要用心感受、辨識、記住就好了。在一時半刻間有所體會，跟一輩子都有感受是一樣的。

11月22日・杯子早就破了

從不留心命運的人，總是會被命運重重打擊。時時保持警覺的人，才能輕鬆度過難關。

——塞內卡《致赫爾薇亞告慰書》第5章

有個禪師，家裡有個高貴精美的杯子，但他總是跟自己說「這杯子早就破了」。他很喜歡他的杯子，不但常常使用，還會拿出來給客人觀賞。儘管如此，這個杯子在他心中早就破了。有一天，當杯子真的破了，他也只是淡淡地說一聲：「果然破了。」

換成斯多噶主義者，他們的想法也會跟禪師一樣。據說，愛比克泰德家裡有一座高貴的油燈，但因為他總是不鎖門，有天油燈就被偷了。後來，愛比克泰德決定換一座便宜的油燈，讓自己不要因此擔太多心，甚至乾脆當作自己又被偷了。

我們之所以覺得備受打擊，是因為被意外嚇得手足無措，不過，這就代表我們一開始太大意，以為某些狀況不會發生。不會有人因為冬天下雪而大受打擊，因為大家早就接受這個事實，甚至滿心期待。如果還是有事件會嚇到我們，該怎麼辦呢？不妨先花點時間思考各種可能的狀況，在事件發生當下，我們就不會這麼驚訝了。

11月23日·眷戀是個大敵

總之，必須記得一件事：如果眷戀理智抉擇範圍之外的事物，就會毀掉自己的抉擇能力。

——愛比克泰德《語錄》第4卷第4章

心理治療師安東尼．德梅洛說：「世界上只有一樣會讓人不開心的事，那就是眷戀。」眷戀某個人的形象、眷戀名利、眷戀特定時空、眷戀某種工作或生活模式，全都是危險的行為。原因只有一個：這些事物全都在我們的理智抉擇範圍之外，去留從不在我們的掌控之中。

比安東尼．德梅洛早誕生兩千年的愛比克泰德，早就明白眷戀會使人抗拒改變的道理了。我們在進入眷戀狀態之後，通常就會拒絕脫離，接著淪為現狀的奴隸。這時候，我們就會像《愛麗絲夢遊仙境》裡的紅皇后一樣，為了停留在原地而死命奔跑。

然而，萬事萬物都是不斷變化的。事物可能一下屬於我們，一下子又離我們而去，唯一能留在原地的，只有個人的理智抉擇能力。我們眷戀的事物會換來換去，但抉擇能力卻能隨機應變、歷久不衰，只要越早體認到這點，我們就能過得更自在，也更能接納、應對各種事件了。

11月24日・不屬於你的，就不要操心

當你們因為失去某些事物而心痛，請不要把痛苦當成自己的一部份，而是要想成是脆弱的玻璃，玻璃掉到地上之後，你們會把這件事記在心裡，但不會因此煩惱。同樣的，當你們親吻自己的小孩、兄弟姐妹、朋友，不要讓自己的美好想像無限延伸，而是要盡量收斂壓抑，這跟凱旋歸來的將軍背後，總是有人幫忙提醒他們不是不死之身的道理一樣。所以請記得，你們最親愛的人，不會是你們一輩子的財產，只是暫時在你們身邊而已……

——愛比克泰德《語錄》第3卷第24章

只要羅馬朝廷一打勝仗，人民都會搶佔最清楚的觀看位置，準備盯著大將軍凱旋歸來，但將軍正後方其實還有位幕僚，很少有人會注意到。這位幕僚的工作，就是負責對將軍低聲提醒：「您不要忘了，您是血肉之軀。」要在光榮凱旋的時刻說這種話，還真是不簡單啊！

我們可以努力練習成為這種幕僚，時時警惕自己。對於自己重視的人事物，我們可以悄悄提醒自己，這些人事物都很脆弱，而且終究會凋零，不可能完全屬於我們，就算乍看之下再強韌有力，實際上絕非如此。我們必須跟自己說，這一切都會破碎、會死亡、會離我們而去。

人類最深沉的恐懼之一就是失去。迴避事實、假裝沒事，對問題是毫無幫助的，只會讓自己在真正失去的時候更痛苦罷了。

11月25日・耐人尋味的反差

我寧願選擇生病，也不願意大富大貴，因為生病只會折磨身體，但富貴卻會同時摧毀身心，一方面讓肉體虛弱無力，另一方面讓心靈失控軟弱。再說，富貴還會激起貪婪之心，導致各種不公不義。

——穆索尼烏斯・魯福斯《講座》第20卷第95章

樂透得主一般的下場，總是讓人心生警惕，明白發橫財根本不是上天眷顧，而是詛咒。這些幸運兒領到獎金之後沒幾年，通常就會陷入財務危機，而且不是和朋友斷交，就是和另一半離婚，人生變得跟惡夢沒兩樣，當初中獎的風光都消失了。

這樣的概念，也反映在金屬製品樂團〈沒有葉子的四葉草〉的歌詞裡頭：「你以為隧道盡頭透出的光亮是希望，想不到卻是朝你駛來的運貨車的燈光。」

反觀人人聞風喪膽的癌症，對於歷經折磨的癌後倖存者來說，他們反而經常認為罹癌是「一生中最美好的經歷」。

這種反差耐人尋味吧？

11月26日・走到最後，大家都一樣

我們就像是從線香上剝落的星火，紛紛落在同樣一座神壇上。有些星火熄得早，有些星火熄得晚，但結局總歸都一樣。

——馬古斯・奧列利烏斯《沉思錄》第4卷第15章

你和世界首富差在哪裡？差在首富的錢比你多。你和壽命最長的人瑞差在哪裡？差在人瑞活得比你久。把比較標準換成身高、聰明才智、跑步速度，最後的結果都差不多。我們一旦習慣和別人比較，就會讓自己更難敞開心胸、接納既定事實。這時候，我們不是覬覦別人擁有的東西，就是對自己的遭遇不滿意，希望事情能照自己的意思重新來過。可惜，這樣想也改變不了什麼。

有些人認為這段引文很悲觀，有些人則覺得頗為積極正向。無論如何，我們在這個世界上的旅程，終究有結束的一天，這就是這段引文想呈現的事實。既然這些差別到頭來都微不足道，我們就不必繼續為之操心了，該做的工作還有很多，快點動手吧。

11月27日・告別負面人生

最讓人心滿意足的事，就是把不快和陌生的感受排除在外，讓自己的心在一瞬間完全平靜。

——馬古斯・奧列利烏斯《沉思錄》第5卷第2章

斯多噶主義者很幸運，沒有活在資訊爆炸的現代社會裡，不會被社群媒體、報紙新聞、談話節目弄得老是發脾氣。不過那個年代對普通人來說，讓人分心或不耐的事還是不少。

斯多噶主義的選擇性漠視，其實是刻意練出來的。就像普布里烏斯・西魯斯的名言「不要招惹會讓你生氣的事物」，這句話的內容，正是叫大家不要把心思放在會讓人情緒激動的事情上。如果在餐桌上談政治會引發爭執，為何不乾脆克制一點，不要多談？如果看不慣兄弟姐妹的人生決定，為何不乾脆放下煩惱，省得自己一天到晚嘮嘮叨叨？至於其他讓人生氣的事物，也同樣適用上述原則。

選擇性忽略不是軟弱的行為，反而是意志堅定的表現。我們可以先說「在這種情況下，我通常會有這種反應，但這次我要改變行為模式」，接著再告訴自己「未來也要避開這些情緒干擾因素」。

只要確實執行這項原則，內心就能平靜了。

11月28日・少怪別人，多怪自己

如果有人犯錯了，請耐心糾正對方，指出錯誤在哪。如果做不到，可以選擇全怪自己，也可選擇誰都不怪。

——馬古斯・奧列利烏斯《沉思錄》第10卷第4章

經驗豐富的老師都明白，當學生的成績差到快被當掉，該責怪的是老師，而不是學生。如果我們能把這種想法套用在其他的狀況上，自己的心胸會不會變得開闊寬大呢？當我們發現朋友錯誤百出，一方面是因為對方沒意識到自己的問題，另一方面則是因為我們還沒出聲提醒，幫對方修正錯誤。當員工效率不彰，我們只需要替對方點出問題，或是弄清楚對方是不是需要更多支援。如果有人在干擾別人，我們可以提醒他們行為不妥，或者回頭想一想，我們為什麼會對他們的行為這麼敏感。

要是到最後徒勞無功，我們就可以選擇放手了，畢竟這問題可能只是個案而已。

11月29日・一切都會安然無恙

不要唉聲嘆氣，不要情緒激動。

——馬古斯・奧列利烏斯《沉思錄》第7卷第43章

狀況發生的時候，我們可能會心想「一切都成定局了，沒救了」，接著唉聲嘆氣、怨天尤人，為既定事實痛心疾首。

但，這又是何苦呢？我們還不知道未來會如何，或是有什麼瘋狂的事會發生。就算到時真的狀況連連，也可能只是光明來臨前的黑暗而已。

不過，就斯多噶主義的角度來看，有一件事是確定的：**不管發生什麼事，我們都會安然無恙的。**

11月30日．順著 logos 走

凡事貫徹理性原則的人，不但能過安適的生活，還能隨時蓄勢待發。這些人總是充滿歡樂，又能從容處世。

——馬古斯．奧列利烏斯《沉思錄》第10卷第12章

這世界的運行規律，或是斯多噶主義所謂的 logos，是非常玄妙的機制。有時候，logos 會給我們想要的東西；有時候，logos 則會給我們完全不想要的東西。無論如何，斯多噶主義者都相信，logos 是主宰宇宙的全能力量。

我們可以透過以下的比喻理解 logos 的概念：我們很像是被繫在一輛車上的狗，車子走到哪，我們就得跟到哪，而繩子有多長，我們探索環境、調整步伐的空間就有多少。話雖如此，我們還是得決定自己是要心甘情願跟著車子走，還是不甘不願被拖著跑。所以，我們該選哪一個呢？無論是歡欣接受事實，還是拒絕面對事實，最後的結局都是一樣的。

12月

•

思索死亡

12月1日・把今天當作人生最後一天

讓我們想像自己已經走到了生命的盡頭，對死亡做好心理準備。該做的事不要再拖，該核對的生活支出表每天都要檢查……習慣每天替人生收尾的人，絕對不會時間不夠。

——塞內卡《道德書信》第101章

很多人愛把「把每一天當作人生的最後一天」掛在嘴邊，這句話大家都聽到爛了，只是真正會實行的人並不多。照著這句話做，想必會很有收穫吧？不過塞內卡的意思，當然不是要我們拋開所有法條和契約，趁世界末日前夕狂歡。

更好的類比，應該是出征前夕的軍人。當軍人不確定自己能不能活著回來，會選擇做些什麼呢？他們會把自己的事情處理好、把工作交代好，再向自己的小孩或家人說「我愛你」。他們沒時間和人吵架，也沒時間煩惱芝麻綠豆小事。到了出征的那一天，他們還是會希望自己安全返鄉，但同時也做好捐軀的心理準備。

讓我們用這樣的心態度過今天吧。

12月2日·每個人都在慢慢死去

在做每件事、說每句話、冒出每個念頭的時候，都盡量想像自己是瀕死的人。

——馬古斯·奧列利烏斯《沉思錄》第2卷第11章

你是否聽過別人問「如果你明天發現自己罹患癌症，會怎麼做」？這個問題是想讓人思考，如果生命突然剩下幾個月或幾星期，人生走向會和之前有多大的差別。的確，要讓人大徹大悟，最有效的方式就是罹患不治之症了。

但事實上，我們早就罹患不治之症了，因為大家都是一樣的。作家愛德蒙·威爾森曾經說過：「死亡預言永遠不會出錯。」每個人一出生就被判了死刑，人生每過一秒，我們就永遠失去一秒的生命。

學會這樣看事情，就會在每次言行、每個念頭當中有所領悟。不要一天到晚虛度光陰，忘記自己是瀕死的人，畢竟大家都是瀕死之身。今天，我們可以不要再假裝自己青春正盛了嗎？

12月3日·哲學家是參透生死的工匠

哲學的功能不是讓人獲得外在事物，這不在哲學的能力範圍之內。木頭是木匠的工作材料、銅塊是雕刻匠的工作材料，而我們的人生就是生命藝術的雕塑材料。

——愛比克泰德《語錄》第1卷第15章

哲學思考不是學者、有錢人吃飽太閒才做的事，而是適合每個人投入的重要活動。距愛比克泰德一千年後的亨利·大衛·梭羅，認為哲學的目的是為了幫助我們「從理論和實務面解決人生問題」，而西塞羅的經典名言「思考哲學就是學習死亡」，正和梭羅的說法互相呼應。

這些經典名言和思考訓練，不是讓人讀好玩、練好玩的而已。沒錯，這些事物確實能帶給人享受和樂趣，但它們真正的用途其實是幫我們雕塑人生、精進自我。既然每個人的生死都只有一次，我們更應該像雕刻匠一樣，用鑿子精雕每個人生經驗，接著像米開朗基羅說的一樣，直到「救出困在大理石裡的天使」。

活著、死去都是不簡單的事，每個人也都想盡力完成。想要達成目標，我們必須仰賴前人的智慧，並且把他們的話語牢牢記在心裡。

12月4日・什麼都不屬於你

可以被迴避、奪走或強加的事物，不會是屬於我們的事物，只有怎樣都不會被干擾的東西才是。

——愛比克泰德《語錄》第3卷第24章

保育人士丹尼爾・歐布萊恩在南達科他州擁有幾千畝的水牛牧場，但他最愛說牧場「都不是他的」，他只是剛好住在牧場裡，而且銀行願意讓他用牧場抵押房貸。歐布萊恩用畜牧業和銀行的財務關係開了一個玩笑，不過從這個自嘲也可以看出，這片土地不屬於他一個人，而且在他和子孫輩都離開世界之後，土地還是不會消失。奧列利烏斯也說過，沒有一項事物是真正屬於我們的，即使是自己的人生，也是別人在替我們照顧。

我們大可使出渾身解數，搶到自己想要的東西，但不過下一秒，這些東西很可能又會被人奪走了。至於看起來屬於我們的東西，譬如地位、健康、體力、人際關係，其實也岌岌可危。如果命運、壞運、死亡這些外力能突然從我們手中奪走這些東西，這些東西怎麼可能屬於我們呢？

到頭來，真正屬於我們的東西，就只剩下自己的人生了。不過，我們能夠擁有的時間也不長久。

12月5日・看清事實的好處

請每天都想著死亡和流放，同時把各種糟糕的狀況放在心上。只要做到這點，就不會產生邪念，也不會慾求不滿了。

——愛比克泰德《手冊》第21章

政治風向總是瞬息萬變，看似天經地義的基本自由權利，可能馬上就會被取消。另外，不管具有什麼身份、過著多麼安穩舒適的生活，都有可能會遇上想搶個幾百塊的人，導致自己破財，甚至是喪命。

史詩經典《吉爾伽美什》裡有這麼一段話：

人像甘蔗園中的蘆葦易折易斷！
秀氣的男子，貌美的女子，
他們的青春總敵不過死神的魔爪！

會突襲人的還不只死亡，事實上，能夠讓人計劃粉碎的事物，早就多到數不清了。雖然我們能假裝一切安然無恙，讓今天過得自在舒適，但想過背後的代價嗎？

12月6日．懸在頭上的利劍

不要用自己會長生不死的心態過活，命運早就在你背後虎視眈眈了。趁自己還活著、能力還夠的時候，趕快當個好人吧。

——馬古斯．奧列利烏斯《沉思錄》第4卷第17章

傳說，曾經有位宮廷大臣覺得國王沒什麼了不起，國王為了證明對方誤會大了，就提出暫時交換身份的建議，要對方體驗當國王的感受。不僅如此，國王還用一根頭髮吊了一把劍，再把劍懸在王位上方，用來象徵當國王有多冒險、責任有多重，還得不時擔心被人暗殺。這把用來提醒人死亡不遠、責任艱難的劍，後人稱之為達摩克利斯之劍。

事實上，每個人頭上都有一把達摩克利斯之劍，因為人隨時都可能喪命。死亡帶來的威脅，可以對我們造成兩種不同的影響：我們要不是因此成天擔心害怕，要不就是把死亡視為讓自己成為好人、積極行善的動力。我們只要想著懸在我們面前的利劍就好，其他事情都可以不必操心。當劍落下的時候，你會想以醜陋、自私的姿態存在，還是想走在成為好人的道路上呢？

12月7日·命運發給我們的牌

想像生命已經走到盡頭，再用死人的視角檢視自己的人生，不管裡頭還多出多少時間可活，都要以自然規律為依歸。請珍惜命運發給自己的牌，當做自己選的牌來打，除此之外，天底下再也沒有更適合你的東西了。

——馬古斯·奧列利烏斯《沉思錄》第7卷第56－57章

一想到自己會死，大家的心總是會不自覺發寒。因此，一般人通常會要自己不去想這件事，以免陷入愁雲慘霧之中。但事實上，思索死亡不但不會讓人愁容滿面，反而會讓人充滿幹勁。怎麼說？因為人在思索死亡的時候，思緒會變得更清晰。

如果有人說你只剩下一個星期的生命，你會調整自己的人生規劃嗎？如果有幸死而復生，你的人生觀會不會大幅轉變？

莎士比亞筆下的普洛斯佩羅說過：「每出現三個念頭，就會浮現我的葬身之地。」當死亡近在眼前，就完全不會為瑣事煩惱，也不會輕易分心。與其否認自己怕死，不如接受人難逃一死的事實，再將死亡化為進步的動力。

今天就這麼做吧。

12月8日．不要否定自己的情緒

克服悲傷比假裝沒事好。

——塞內卡《致赫爾薇亞告慰書》第17章

我們都失去過親近的人，像是朋友、雙親或祖父母。在我們悲傷難過之際，總會有些好心人要我們想點別的事，試著讓自己轉換心情幾個小時。不過，他們的好意其實會造成反效果。

斯多噶主義者總給人壓抑情緒的刻板印象，但實際上，斯多噶主義卻是要人快速面對情緒、處理情緒，不要刻意逃避。當包括悲傷在內的強烈情緒湧上心頭，人多少都會想欺騙自己、否定內心感受，在別人面前裝出沒事的樣子，不過，努力認清事實才是正途。短時間內讓自己稍微分心，或許能獲得一點撫慰的效果，像羅馬人可能會選擇去競技場看表演，讓心情好起來；但就長期而言，專心面對情緒才真正有幫助。

此時此刻，請認真面對情緒，好好處理、分析各種內心感受。請放下自己的期待、堅持，離開受害者的位置，一方面努力正向思考，另一方面接受心痛的感受，視之為人生必經道路。如此一來，就能克服悲傷情緒了。

12月9日．歲月不待人

就算古今智者齊心協力，但面對幽暗難解的人心，他們想必仍然會大表困惑。地主從來不會想讓出自己的地，如果為了爭地而和鄰居小小爭執，通常還會演變成更大的戰局。不過，我們總是隨隨便便就大開後門，讓其他人入侵我們的人生，甚至還會替想控制我們的人引路。沒有人會隨便把自己的錢送給路人，但很多人卻隨便就把人生奉送給別人！我們常常死命握著財產不放，卻寧願隨意揮霍人生。老實說，時間才是我們應該錙銖必較的事物。

——塞內卡《論生命之短暫》第3章

今天，我們可能會遇到各種干擾，像是處理不完的電話、信件、客人和突發狀況。作家布克．華盛頓也曾經說過：「沒事就要來浪費你時間的人，真的多到數不清。」不過，哲學家知道自己的本門功夫是反省和自我覺察，所以選擇努力守護個人心智空間，不讓外物隨意入侵。他們也知道光是沉思幾分鐘，就比開會或做報告來得有意義。他們更明白人生苦短、財產很快就會用光的道理。

塞內卡想提醒我們，我們或許懂得維護有形資產，但卻常常疏於守護心靈。財產再賺就有，要取得也不難，有些財源甚至還有待發掘。但時間呢？時間是一去不復返的資產，花錢也買不到。對於時間，我們得盡量節省才行。

12月10日・不要賤賣自己

我說，那些會浪費我時間，又不會全額補償我的人，我是不會讓他們從我這裡搶走任何一刻的。

——塞內卡《論心緒平靜》第1章

很多人一拿出信用卡就會花一堆錢，比單純用現金付帳的時候還多。如果你以前不知道信用卡公司為什麼總是拼命推銷，現在應該就知道了：因為人手上的信用卡越多，錢就花得越多。

我們過日子的方式，是不是也像花錢一樣呢？我們沒辦法知道自己還能活多久，也總是拼命迴避人終將一死的念頭，所以常常隨興揮霍時間。我們往往讓他人和各種責任佔用自己的時間，卻從來不思考自己能不能獲得補償。

塞內卡對我們的提醒，和剪掉信用卡、改用現金付帳的道理是一樣的。在每筆交易當下，都要思考錢花得值不值得、交易條件公不公平。

12月11日・果敢堅強，維護尊嚴

就像西塞羅說的，我們討厭只想保命的競技場鬥士，如果他們能置生死於度外，就能得到我們的青睞。

——塞內卡《論心緒平靜》第11章

林登・詹森的大學同學曾經爆過一則詹森的糗事：詹森很愛亂講話，而且經常對別人耀武揚威、頤指氣使。不過詹森的傳記作者羅伯特・卡羅卻指出，詹森年輕的時候遇到別人挑釁，總是會像膽小鬼一樣縮成一團。有一次，一群人因為打撲克牌吵架，詹森不但不加入戰局，還整個人躺在床上，「雙腿像轉動的風車一樣對空猛踢，跟小女孩沒兩樣」。他當時還大喊：「你們敢打我，我就會踢回去！敢打我，我就踢！」

到了二戰期間，詹森還千方百計逃避參戰，當其他人紛紛站上前線、戰死他鄉，他則躲在加州安穩度日。後來，他甚至還自稱是二戰英雄，這是他一輩子說過最不要臉的謊之一。

其實，人不必出生入死或施展蠻力，就足以展現勇敢堅強的一面了。不過只要是膽小鬼，必然會被人看不起，因為沒有人喜歡逃避責任、好逸惡勞的人。

膽小的人總是求全自保，但同時又把自己難堪的一面暴露出來，實在諷刺。一味自保終究會帶來各種損失，算不上什麼值得的投資。

請堅強一點，維護自己的尊嚴吧。

12月12日．世事運作始終如一

走一下歷史的長廊，看看無數個帝國與王國如何彼此取代。你還會發現，未來的走向跟過去完全一模一樣，也永遠擺脫不了現在的發展步調。不管過了四十年，還是無數年，事物樣態始終如一。天底下還有什麼新鮮事嗎？

——馬古斯．奧列利烏斯《沉思錄》第7卷第49章

萬事萬物都有消逝的一天，不只個人如此，企業、帝國、政黨、思想皆然。羅馬共和國撐了四百五十年，而曾受五大優秀皇帝（包括奧列利烏斯在內）統治的羅馬帝國則延續了五百年。截至目前，人類最長壽的記錄是一百二十二歲、美國人的平均壽命勉強超過七十八歲，至於其他國家、其他時代的平均壽命又更短了。但無論如何，每個人終究就會像奧列利烏斯說的那樣，必須順著事物的運行規律過活，而走到最後，標示樂曲終了的休止符也會出現。我們雖然沒必要因此天天操心，但蒙起眼睛、逃避事實也無濟於事。

12月13日・年齡只是個數字

你總不會因為自己的體重不是現在的兩倍，就感到困擾吧？既然如此，你又何必為了壽命不夠長而怨天尤人？如果能接受自己的體重多重，就應該能接受自己的壽命多長。

——馬古斯・奧列利烏斯《沉思錄》第6卷第49章

很多人說，年齡只是個數字。但對某些人來說，這個數字顯然不容小覷，否則女人不會故意裝年輕、野心勃勃的年輕人不會故意裝成熟，有錢人和養生人士也不會花幾千幾百萬拉長壽命，希望能活過七八十歲或長生不死。

不過，無論我們活了幾年，這些數字本身並不重要，重要的是活著的過程。塞內卡說得好：「懂得好好運用人生，就能長壽了。」可惜，很多人根本做不到，他們只會一味浪費人生，等到為時已晚才想亡羊補牢，同時祈求上天再給自己多一點時間。

請好好度過今天，更要好好度過每一天。不管手上擁有多少資源，都要感到心滿意足。

12月14日．死前應該知道的事

你不久就會離開人世了，只是你為人還是不真誠，煩惱依然不少，一天到晚擔心自己會被外在事物傷害。雖然你知道智慧和公平待人是同一回事，但你對人依舊不夠寬容。

——馬古斯．奧列利烏斯《沉思錄》第4卷第37章

資料顯示，《沉思錄》裡很多段落都是奧列利烏斯晚年生重病時寫的。他之所以說「你不久就會離開人世了」，正表示他願意坦然面對自己瀕死的事實，雖然乍聽之下，這種想法還挺驚悚的。奧列利烏斯不但和大去之日四目相對，更對自己死前的樣子不甚滿意。

雖然他立下了不少豐功偉業，但依然會受內心情緒糾纏，導致自己悶悶不樂、時時煎熬。他心裡明白自己來日不多，要是個人現狀還有機會改善，想必會給自己帶來不少安慰。

樂觀來看，我們的人生可能還很長，但這就表示我們得更努力把握時間，認真精進自己。其實就算到了人生盡頭，我們都還是未完成品，對於這點，奧列利烏斯心有戚戚焉。不過如果我們越早領悟這點，就能越早開始鍛鍊性格、越早收成。到時候，我們就能盡快擺脫虛偽、煩惱、心胸狹窄、斯多噶精神貧乏的窘境了。

12月15日·用單純而努力的方式過活

性格成熟完美的象徵，就是懂得把每一天當做人生最後一天來過，而且不衝動、不偷懶、不虛偽。

——馬古斯·奧列利烏斯《沉思錄》第7卷第69章

對斯多噶主義者來說，十全十美的人並不存在。雖然哲學家都想成為無所不曉的智者，但這個目標完全不實際，只是柏拉圖式的理想罷了。

話雖如此，他們每天還是會盡量朝理想邁進，在努力的過程中，就能得到不少收穫。我們能把今天當做人生最後一天來過嗎？我們有沒有可能連續二十四小時不斷做對的事，展現性格完美成熟的一面？二十四小時太長的話，有辦法超過一分鐘嗎？

雖然一分鐘可能還是太長，但曾經努力過最重要。如果連斯多噶主義者都能接受，我們自然也可以的。

12月16日・永遠健康的理智抉擇

我告訴你們，你們只需要學著像健康的人一樣生活……讓人生充滿信心。什麼樣的信心？一種值得保留、可靠、無拘無束、奪不走的信心，也就是仰賴理智抉擇的信心。

——愛比克泰德《語錄》第3卷第26章

斯多噶主義者一再強調，把心思放在自己控制不了的事物上，是非常危險的行為。如果是理智抉擇呢？這就是我們能控制的事物了，也是可以放心信任的少數事物之一。在理智抉擇範圍內，每個人永遠不會突然被宣判罹患不治之症（天生就具備的死亡症狀除外），理智抉擇本身也永遠清晰、歷久不衰。從來只有主人自己拋棄理智抉擇，沒有理智抉擇拋棄主人這回事。

在這段引文中，愛比克泰德認為不管是奴隸、工人，還是哲學家，都能仰賴理智抉擇過生活。好比蘇格拉底、第歐根尼斯、克里安西斯，即使他們有家人要照顧，或者學習狀況欠佳，還是能在生活中善用自己的理智抉擇。

我們也做得到的。

12月17日．盡快培養自知之明

死前名聲已經家喻戶曉，
但卻不了解自己的人，
只會在痛苦中死去。

——塞內卡《塞厄斯提斯》

綜觀世界上的大人物，有些人的自覺似乎不夠強。很多名人總是因為太忙碌，或是不敢面對殘酷的事實，因此對自己一無所知；至於和他們素昧平生的人，反而對他們的生平瞭若指掌，如數家珍。

我們對於自己的無知程度，可能也跟這些名人差不多。雖然蘇格拉底早就要大家「培養自知之明」，但我們往往不當一回事，直到某天一覺醒來，才驚覺自己長期疏於觀察內心，不太問「我是誰」？「我重視什麼」？「我喜歡什麼」？「我需要什麼」？這些問題，導致人生風險無形增加。

請好好把握這個當下，花點時間自我探索，認清自己的身心特質。趁現在好好瞭解自己，不要再拖了，等到為時已晚就沒救了。

12月18日・避不了的結局

不管是亞歷山大大帝，還是幫他照顧騾子的人，最後都在死亡的召喚下歸於一體了。他們可能重回了萬物理性起源的懷抱，或者化成了微小粒子散遍世間。

——馬古斯．奧列利烏斯《沉思錄》第6卷第24章

當生活條件越來越不平等，要獲得公平對待也越來越難。富蘭克林曾說：「世間事太難預料了，只有稅金和死亡除外。」他大概不知道某些人多會逃稅，但死亡這肯定是大家都逃不掉的。

每個人走到最後，結局都是一樣的。不管是天下霸主，還是替人擦鞋的鞋匠，各種位階差異在死亡面前終究會抹平，讓人非得彎下腰、學習謙卑不可。莎士比亞也以亞歷山大大帝和凱撒為例，再透過哈姆雷特的台詞，替這個概念下了冷酷犀利的註腳：

凱撒大帝，死後化為塵泥，
用來堵住透風孔隙。
啊，曾經不可一世的英雄，
糊上了牆阻擋寒風！

當下次感到意氣風發、不可一世，或者覺得自己低人一等、一無是處時，請記得，每個人最後的下場都一樣。在死亡面前，沒有誰比誰高人一等這件事，這就是萬眾齊一的生命結局。

12月19日．人類的渺小

想想宇宙間無窮無盡的物質，再想想自己分配到的量有多微不足道。想想古往今來的時間多麼漫長，再想想自己在世界留下的蹤跡多麼短暫。想想命運的運作機制，再想想自己的地位有多渺小。

——馬古斯．奧列利烏斯《沉思錄》第5卷第24章

宇宙間的物質無窮無盡，光是原子數量就數以兆計了。至於人體包含的物質，又佔整個宇宙的百分之幾呢？

科學研究結果顯示，地球的壽命至少已經有四十五億年了，而且依然沒有快要毀滅的跡象。相較之下，我們在地球上活著的時間，也不過就是幾十年吧？

有時候，我們必須把事實和數據攤在眼前，才能明白人類在廣大宇宙間的地位究竟是如何。當下次開始自鳴得意，請想想自己在宇宙間的地位。如果覺得整個世界不是繞著自己轉，就是和自己作對，請不要再有這樣的誤會，因為我們只不過是茫茫人海中的一員，在自己的小天地裡盡力罷了。但只要願意這樣付出，其實也就夠了。

12月20日．怕死是件可怕的事

那麼，你們會不會開始思索，人性最醜惡、最卑賤懦弱的一面其實不是死亡，而是對死亡的恐懼？我期待你們認真鍛鍊自己，戰勝對死亡的恐懼，而且在思考、訓練、閱讀時都遵循這項原則，到最後，你們就能走上通往自由的唯一一條大道了。

——愛比克泰德《語錄》第3卷第26章

傑出的斯多噶哲學家小加圖，當年不願意親眼見到凱撒摧毀羅馬帝國，因此選擇自殺明志。死前，他讀了柏拉圖的《斐多篇》，包括底下這段內容：「我們內心的小孩，會讓我們在死前全身發抖。」死亡之所以可怕，是因為我們對此一無所知，畢竟沒有人能從死後的世界回到人間，告訴我們死亡是怎麼一回事。對我們而言，死亡正是一片黑暗大陸。

雖然在死亡面前，我們就像小孩一樣無知，但還是有不少深具智慧的前輩能替我們指點一二。世界上壽命數一數二長的人，通常都不太怕死，因為他們能思索死亡的時間比大部份人都還要長；再說，他們也早就發現怕死根本是庸人自擾。至於塞內卡在赴死之前，對情緒失控、拼命替他求情的親友的輕聲責備，同樣值得我們借鏡（見9月24日）。古往今來，許多堅強的前輩都留下了智慧話語，能幫助我們克服對死亡的恐懼。

斯多噶主義者對於死亡的另一個觀點，也值得我們參考。他們會問，既然死亡真的是人生終點，那到底有什麼好怕的？事實上，我們內心的恐懼、苦痛、煩惱、期待，都會隨著死亡而消失。死亡乍聽之下很嚇人，但別忘了，我們的內心恐懼到時也會劃下句點。

12月21日·你的人生有什麼成果？

很多老人除了抬出自己的年紀，就沒有別的方式證明自己活很久了。

——塞內卡《論心緒平靜》第3章

到目前為止你活了多久？算一下總共幾年，然後乘以三百六十五，再乘以二十四，就是你活到現在的總時數了。活到現在，你得到了哪些成果？

很多人會說「成果還不夠多」，但事實上，我們常常因為時間太多，就覺得可以拼命玩手機、坐辦公室、看電視、讀沒營養也不會留下印象的文章、逛街。這些行為，跟雷蒙·錢德勒的小說《漫長的告別》裡的角色說的完全一樣：「我通常都在殺時間，可是時間很難死。」

某天開始，我們會發覺自己來日不多，如果我們到時候能說「我認真活過了喔」，會是美事一樁。不過，認真活過不是靠個人成就、財富、地位來證明——你應該猜到了，是靠智慧、洞見、替人類共同困境帶來進展，這些斯多噶主義者在乎的事物來證明的。

當真的把握了人生，做出了不小的成果，情況會如何？如果能證明人生這幾年沒有白活，甚至活得相當充實，情況會如何？

12月22日・說自己的話

年紀老大或即將步入老年的人，如果只懂得翻書引用字句，是很丟臉的事。一下子「芝諾說……」、一下子「克里安西斯說……」請問自己是怎麼說？你想被別人的話牽制多久？獨立一點，用自己的話表達意見，讓後代能引用你的說法吧。

——塞內卡《道德書信》第33卷第7章

愛默生在談「不朽」的文章裡，批評很多作家只會引用別人的文字談論艱深議題。他還說：「我不喜歡看到引述，請直接把你的想法告訴我。」

早在兩千年前，塞內卡就已經公開嗆人了。確實，引用別人的智慧結晶完全不難，尤其是大人物的名言！

靠自己思考、說自己的話難度比較高，也令人望之卻步。但你以為大人物的名言怎麼來的？你的經驗很寶貴，而你自己也累積了不少智慧，所以請說自己的話，讓自己的言行流傳後世吧。

12月23日·你擔心失去什麼？

你怕死，但是請想一想，自己的人生跟死亡有什麼兩樣嗎？

——塞內卡《道德書信》第77章

塞內卡說過一則很妙的故事。故事主角是個天怒人怨的有錢羅馬人，出門都坐在奴隸扛的轎子上。他有一次洗完澡，奴隸才把他扛起來，他就問：「我現在已經坐著了嗎？」這則故事的嘲諷之處，正是富翁和現實生活嚴重脫節，連自己是不是在地面上都不知道。這種生活不是很可悲嗎？這個人會不會連自己是不是還活著都不知道？

大多數人都怕死，但這時候我們更要問自己，怕死是為了守護什麼？很多人會回答，為了守護看電視、聊八卦、吃大餐、浪費才能、做無聊工作的時間。不過嚴格來說，這些行為真的算是過人生嗎？有必要擔心這些時間消失，因此拼命守護嗎？

應該沒必要吧。

12月24日．美酒其實很無味

你懂得分辨餐酒和餐後酒的味道。不過，當你喝了一百瓶、一千瓶，讓酒進到膀胱之後，這些味道就沒什麼差別了。這時候，你就只是個酒精過濾器而已。

——塞內卡《道德書信》第77章

塞內卡這位出了名的富豪，應該三不五時就有機會品嘗美酒，不過，這次輪到他使用嘲諷貶抑法了。他說的這段話，想必會讓很多自以為懂酒的成功人士氣得跳腳，而類似的邏輯，也同樣適用美食家、科技玩家、音樂鑑賞家這類人。

這些享受雖然新鮮有趣，但我們還是得認清它們真正的價值。拼命消費、工作、花錢、蒐集東西、學習古董貨知識，並不會讓人在死前獲得表揚。我們充其量只是個容器，用來暫時盛裝花俏新奇的事物。

如果還是抗拒不了這些事物的誘惑，不妨思考一下今天讀的內容，或許就能讓自己退燒了。

12月25日．不要蠟燭兩頭燒

心需要適度休息，充電過後就會更敏銳犀利。田地不能被無盡濫用，否則很快就會失去生產力；同樣的，要是我們日夜不停敲打心靈，就會折損心智能力。如果能讓心稍微喘口氣，心就能找回能量。當人不停工作，理智就容易麻木衰弱。

——塞內卡《論心緒平靜》第17章

閱讀奧列利烏斯和塞內卡語錄的人，一定會發現這兩人的性格竟然天差地遠，而且各有各的長處和短處。如果要把統治帝國的重任托付給其中一人，你會選誰？多半是奧列利烏斯。如果希望好好當個人，你想當誰？大概是塞內卡。

你會這樣選，是因為塞內卡看起來比較懂得平衡工作和生活。光是看文字敘述，就感覺得出奧列利烏斯常常疲乏無力，而塞內卡總是精神抖擻。塞內卡在勤奮讀書、實踐斯多噶思想之餘，還能處於這樣的穩定狀態，大概跟他的「休息」哲學息息相關。

心靈就像肌肉，一樣會疲乏、過勞、拉傷。當我們超量工作、休息不足、生活習慣又不好，身體自然會被操壞。看看約翰．亨利大戰機器的美國民間奇譚，主角最後的下場是什麼？請不要忘了，他就是因為累過頭才送命的。

今天，可能有很多事需要我們花費耐心、專注力，靠清晰、創新的思維才能取得成果。生命是場持久戰，挑戰會接二連三出現，要是蠟燭兩頭燒、讓身體過勞疲乏，還有辦法應付這些難關嗎？

12月26日・好好利用人生，你就能長壽了

我們的人生絕對不算短，只是我們往往浪費一堆時間。人生已經夠長了，我們只要好好利用，就一定能獲得許多了不起的成就。不過，要是我們的人生被貪財、苟且心態腐蝕，或是被邪念牽著走，時間就會在我們渾然不覺時一點一滴流逝。總之，人生原來並不短，是我們自己把人生弄短的。

——塞內卡《論生命之短暫》第1章

沒人知道自己能活多久，但不幸的是，我們都可以肯定，自己常常枯坐發呆、努力方向錯誤、不思考什麼事對自己最重要，導致一堆時間被浪費掉。佩脫拉克在談無知的經典散文裡，就批評了一群自信過剩的學者，而我們也往往跟這些學者沒有兩樣，只會「拼命在外在事物裡頭尋找自我，導致自己不斷浪費才能」，而且還沒發覺自己已經誤入歧途。

你今天如果拼命趕時間，或一直抱怨時間不夠，請先停下來思考幾秒鐘，想一想自己究竟是真的沒時間，還是做了太多無關緊要的事。然後再想一想，自己究竟是做事有效率，還是已經浪費時間成自然了。美國人每年平均花四十個小時卡在車陣裡，按比例計算，也相當於耗掉生命中的好幾個月了。我們可以把「車陣」代換成吵架、看電視、做白日夢等各種行為，再思考自己浪費了多少生命。

人生其實很長，但前提是要好好利用。

12月27日・心不能率先投降

人生恥辱之一，是身體明明抗拒，心卻率先投降。

——馬古斯・奧列利烏斯《沉思錄》第6卷第29章

奧列利烏斯的人生看似順遂，實際上卻苦不堪言。根據羅馬歷史學家卡西烏斯・迪奧的推測，奧列利烏斯「命其實不好，因為他一方面身體不夠強壯，二方面在執政期間，又碰上各式各樣的棘手狀況」。有一陣子，奧列利烏斯因為病得太嚴重，外界都以為他駕崩了。更慘的是，他最信任的將軍還見縫插針，藉機自封皇帝接班人。

奧列利烏斯一生遭遇無數戰爭，自己和兒子也疾病纏身，但即使各種磨難當前，他卻從來沒有低頭投降。如果我們今天感到疲倦、挫折或碰上重大危機，不妨想想奧列利烏斯的毅力，或許就能得到一些啟發了。其實照理來說，奧列利烏斯大可忿忿不平、怨天尤人，也可以乾脆拋下個人原則，選擇過錦衣玉食的生活，甚至把該扛的責任放在一邊，專心照顧自己的身體。

不過，奧列利烏斯完全沒有這樣做。即使後來身體每下愈況，他還是保持堅強的意志力，永不放棄，直到肉體無以為繼。就這樣到了西元一八〇年，奧列利烏斯終於在維也納近郊壽終正寢了。

12月28日・記憶的存活時間

萬事萬物的存活時間都只有一天。記憶本身是如此，記憶的內容也是如此。

——馬古斯・奧列利烏斯《沉思錄》第4卷第35章

有空可以到紐約的第四十一街，拜訪一下美輪美奐的紐約公共圖書館，以及大門口威風凜凜的石獅子。在這條「圖書館街」的水泥地上，處處可見刻著古今大作家名言錄的金屬板，其中有一塊正刻著奧列利烏斯的這段引文。

這棟圖書館是由約翰・梅爾文・卡雷爾的建築事務所設計，卡雷爾本人是二十世紀最傑出的建築師之一。該館館藏來自山繆・迪爾登、約翰・雅各・阿思特、詹姆斯・萊諾克斯等思想家及慈善家的藏書，這些人的名字都刻在石頭上，而目前有權替圖書館命名的人則是蘇世民。圖書館一九一一年開幕時，當時的美國總統、紐約州長、紐約市長都出席了盛會。至於你一路上看到的金屬板，則是優秀的藝術家格瑞哥・勒菲夫設計的。

看完奧列利烏斯的這段話，我們不禁要問：上面這些人名，我們到底認識幾個？其實，該圖書館與不少國際名流、藝術大師息息相關，而這些人的富有程度，一般人恐怕難以想像。至於刻在「圖書館街」上的知名作者，現代讀者多半也都不認識。換言之，這些名人早就走入了歷史，記得這些名字的人亦然。

不管是誰，包括許多人認不出的奧列利烏斯，存活時間最多就是一天。

12月29日・感恩的心

對於任何事物，我們都應該抱持感恩的心。感恩和正義不同，前者能讓自己獲益無窮，後者通常只對別人有幫助。

——塞內卡《道德書信》第81章

想一想今天值得感激的事，像是自己還健在、活在相對太平的時代，以及有閒讀這本書。即使是對你微笑、幫你開門的人、在廣播上聽到自己喜歡的歌、外頭的好天氣這些小事，也值得大大感激一番。

感恩的心很有感染力，能讓四周都充滿正能量。

要是今天是你生命中的最後一天，你也知道自己幾個小時後就會離開人世，世界上還會不會有這麼多值得你感激的事呢？如果能從早到晚保持這樣的態度，應對每天發生的各種狀況，人生難道不會變得更美好嗎？

12月30日・降低困境的衝擊

用冷靜的心接受試煉，就能不受困境脅迫。

——塞內卡《奧塔山的海格力斯》

想一想那些總是能化解困境、讓人由衷敬佩的對象，他們有什麼共通點？他們的生活步調和諧、自律甚嚴，不管是在達成目標前最後一刻、承受各方批評砲火、被憾事重重打擊，還是面對連番而來的壓力，他們都能穩定前行。

他們之所以能達到這個境界，不是因為資質比我們聰明優秀，而是因為掌握了一項鮮為人知的小技巧：只要事前做好心理準備，並且臨危不亂，就能降低逆境的衝擊力。

這招不但對日常困境有效，對每個人的終究逃不掉的死亡關卡也一樣有效。死神有可能明天就來敲門，也可能等到四十年後才來拜訪；死亡可能快得讓人不覺得痛，也可能使人椎心刺骨、備受煎熬。面對死亡的試煉，我們最有力的武器既不是宗教，也不是哲學家的智慧之語，而是一顆理性、沉著的心靈。

12月31日．努力拉自己一把

不要再東摸西摸了！你打算把筆記、古代歷史、文學選集留到老年再品味，但其實你根本不會去讀。請花時間認真經營人生，拋開不切實際的幻想，好好拉自己一把。如果你還想提升自己，就趁還有力氣的時候行動。

——馬古斯．奧列利烏斯《沉思錄》第3卷第14章

我們讀了這麼多斯多噶思想，都是為了讓自己的生活變得更好，安心迎接死亡。而到了某個階段，我們則必須放下書本、採取行動，才能像塞內卡說的「化文字為行動」。有句話說「多培養一名學者，就多折損一名士兵」，我們應該期許自己既是學者、又是願意奮戰的士兵。

邁開腳步、持續努力，就是我們接下來的任務。繼續讀書幫助不大，做出正確的選擇和決定才有意義。畢竟，誰知道自己的生命還有多長，或是明天會出現什麼狀況呢？

斯多噶主義晚期之訓練架構、重要術語及段落彙整

西元二世紀時，斯多噶主義的發展進入晚期階段，思想內容著重培養一致性格與德性，愛比克泰德與奧列利烏斯的著作則為其中代表。我們根據哲學家皮耶．阿多、學者安東尼．亞瑟．隆恩的意見，針對愛比克泰德提出的三種訓練整理出以下表格，藉此呈現晚期斯多噶思想如何指導人們鍛鍊性格、採取行動，以及思想的漸進發展軌跡。此表格彙整了愛比克泰德提出的三大課題（希臘語topoi）及三層次訓練（askēsis），並呈現其思想與奧列利烏斯的德性目標諸多相似之處（如阿多所述）。表格內容主要彙整自下列兩段愛比克泰德的語錄：

> 想要變得睿智善良，有三個方向必須特別訓練。首先是欲求與避險，人在欲求目標時要精準到位，不要被各種阻礙纏住。再來是行動與不行動的理由，要確定自己的行為動機是否良善、不隨便，整體而言，就是要思考個人的責任範圍。最後則是不受騙、不鬆懈，全面鍛鍊判斷力，也就是心靈對於感知做出的理性回饋。三個方向之中，第一個與情緒起伏息息相關，是最主要、也最需要立刻著手的訓練，因為人在目標落空、誤踩陷阱的時候，情緒往往最激動。
>
> ——愛比克泰德《語錄》第3卷第2章

所以，哲學家才會提醒我們不要光是讀書，還要記得實踐概念和自我鍛鍊。因為時間一久，我們會忘記自己讀過什麼，導致最後做出違背這些知識的行為，同時盲信本來不應該出現的倒錯想法。

——愛比克泰德《語錄》第2卷第9章

我們將關鍵詞彙依不同的訓練層次填入表格。整體而言，如果我們能克制衝動，減少受騙、誤解、犯錯的次數，並培養出清晰判斷和一致性格，就算是有所進展（prokopê）了。而藉由矯正習慣、採取合宜行動、增強判斷力，更能確實實踐德性，也等於一次跨越不同層次的訓練實作（學習／manthanô、練習／meletaô、刻苦訓練／askeô），取得進展。在表格之後，我們也整理了斯多噶主義關鍵詞，並附上相關註釋。

斯多噶主義晚期訓練架構			
三大訓練課題			
自我 三大部分	**1. 學習** μανθάνω (manthanô)	**2. 練習** μελετάω (meletaô)	**3. 刻苦訓練** ἀσκέω (askeô)
3. 意志：同意行動／拒絕行動 συγκατάθεσις/ἀνάνεύω (synkatathesis/ananevô) 不受騙；從容自在	邏輯：屬於我們、符合公益與事實的事物 κατάληψις (katalêpsis)	判斷與真實 ἐπιστήμη (epistêmê)	智慧 φρόνησις (phronêsis)
2. 行動：依情緒起伏行動／拒絕行動 ὁρμή/ἀφορμή (hormê/aphormê) 主動採取行動，但不莽撞隨便	倫理：屬於我們、符合公益的事物 κοινωνικόν (koinônikon)	責任與合宜行動 καθῆκον (kathêkon)	公義與勇氣 δικαιοσύνη, ἀνδρεία (dikaiosunê, andreia)
1. 感知：欲求／避險 ὄρεξις/ ἔκκλισις (orexis/ekklisis) 去除錯誤認知 (οἴησις/oiêsis) 及衝動 (πάθος/pathos)	物質：屬於我們、不屬於我們或中立漠然的事物 ἐφ' ἡμῖν/οὐκ ἐφ' ἡμῖν/ἀδιάφορα (eph' hêmin/ouk eph' hêmin/adiaphora)	習慣與傾向 ἔθος/ἕξις (ethos/hexis)	自制 σωφροσύνη (sôphrosunê)

Adiaphora (διάφορα)：中立漠然、在道德上不好也不壞的事物。在斯多噶主義看來，位於理智抉擇（見prohairesis）範圍外的所有事物都是中立漠然的，而其中有一些則相對討喜或不討喜（proêgmena/aproêgmena）。奧列利烏斯認為，對於阻礙我們增強理智抉擇的人，我們雖然多少會操一點心，但慢慢就會覺得對方是漠然中立的（《沉思錄》第5卷第20章）。

Agathos (γαθός)：美善，或讓人欲求的事物。愛比克泰德從古典斯多噶主義的立場出發，主張美善（以及邪惡）只存在於人心之中，在我們的理智抉擇裡頭，與外在事物無關（《語錄》第2卷第16章）；以及「上天定出了一條原則：想獲得美好的事物，就在自己的內心裡尋找」（《語錄》第1卷第29章）、「不管做什麼事，請守住內心良善的一面」（《語錄》第4卷第3章）。

Anthrôpos (νθρωπος)：某個人類、全人類。愛比克泰德表示，人類擁有理智抉擇能力，能統御一切事物而且不受拘束（《語錄》第2卷第10章）；「性格美善」的人類具備了德性（《語錄》第3卷第1章）；我們必須當一個「完整的人」（《語錄》第3卷第15章）。阿多所謂的一致性格，指的就是「完整的人」。奧列利烏斯在強調人類需要關注什麼、完成什麼任務時，才會使用這個詞。

Apatheia (πάθεια)：淡定冷靜、寧靜的內心。這個詞的動詞形式 ἀπαθέω，指的是擺脫情緒波動。

Aphormê (φορμή)：迴避、無勁、寧願不採取行動（ekklisis 的結果）。Hormê 的反義詞。在愛比克泰德提出的三大訓練課題中，hormê/aphormê 屬於第二課題（《語錄》第3卷第2章）。

Apotynchanô (ποτυγχάνω)：無法取得、擊中、達成目標；努力方向錯誤，或犯錯。根據第歐根尼斯，芝諾將「欲求」定義為無法取得或達成自己渴望的目標（《哲人言行錄》第7卷第1章）。Apotynchanô 狀態是人生困擾的主要來源。參考 hamartanô。

Aproêgmena (προηγμένα)：不討喜的事物；道德上屬中立，但內涵相對負面、本質上不吸引人的事物，如疾病。Proêgmena 的反義詞。根據第歐根尼斯的說法，從芝諾、克律西普斯一直到波西多尼烏斯，這些人授課時都經常提及這兩個詞的概念（《哲人言行錄》第7卷第1章）。西塞羅重新翻出芝諾的說法，並創造了對應的兩個拉丁詞彙

reiecta/praeposita。塞內卡沒有使用西塞羅的說法，而是改用 commoda/incommoda，即「有利／不利」來表達：「人生中的事物有些對我們有利，有些對我們不利，而兩者都不在我們的控制範圍內。」（《道德書信》第92章）

Aretê (ρετ)：德性、善心、人性出類拔萃之處；至高價值之源頭。阿多指出，亞里安寫下的愛比克泰德課程內容裡，並未完全涵蓋柏拉圖所提出的四樞德（《內在堡壘》第238頁），反倒是謹守愛比克泰德教誨的奧列利烏斯，在著作中明白呈現了四樞德的內涵，而且和阿多所謂的「心靈三大行為」（如表格所示）互相呼應。第歐根尼斯表示，自制（σωφροσύνη/sôphrosunê）、公義（δικαιοσύνη/dikaiosunê）、勇氣（ἀνδρεία/andreia）、智慧（φρόνησις/phronêsis）等四樞德對斯多噶主義者而言至關重要（《哲人言行錄》第7卷第92章，芝諾部份）。克律西普斯則表示，在一時半刻間體驗智慧（phronimos），就跟一輩子不斷實踐 aretê 一樣（見普魯塔克所著之《道德小品》第1062章）。穆索尼烏斯．魯福斯認為：「人心天生就會朝德性邁進。」（《講座》第1卷第7章）在此，我們把四樞德列為鍛鍊道德的終極目標，不管我們從事什麼行為，都要遵循四樞德。奧列利烏斯還表示我們應該不斷發揚德性，直到生命最後一刻（《沉思錄》第12卷第15章）。愛比克泰德在《語錄》第3卷第1章裡討論德性的時候，也引述了公義和自制兩種樞德，不過他對 σωφροσύνη 一詞的定義較為溫和，指「性情穩定」，用來和「毫無紀律」作對照；至於他最愛用來表達「自制」的詞彙，則是 ἐγκρατεῖς/egkrateis（即「掌握」或「掌控」），以便與 ἀκρατεῖ /akrateis（即「不受控制」）作對照。塞內卡則用使用拉丁詞彙 virtus 來表達德性的概念，並認為「德性是唯一的善」、德性的內涵就是「準確可靠的判斷」（《道德書信》第71章）。

Askêsis (ἄσκησις)：為培養德性所進行的鍛鍊、練習、有紀律的訓練。愛比克泰德提出了三大訓練的概念（《語錄》第3卷第2章），也就是學界著名的三大課題。而學者更認為，這是愛比克泰德對晚期斯多噶主義的獨特貢獻。在愛比克泰德之前，塞內卡就將發展已久的斯多噶主義細分為三大區塊，即「道德、自然、理性」（《道德書信》第89章）。我們認為，愛比克泰德更指出了三大紀律層次，也就是從學習（μανθάνω/manthanô）到練習（μελετάω/meletaô），再到紮實訓練（ἀσκέω/ἄσκησις）。愛比克泰德提出的練習和訓練層次，可以和運動和軍事概念相互對照，也就是從角力運動和運動員（《語錄》第1卷第18章「無形的運動員」、第2卷第18章「進行紮實訓練的真運動員」）到武術活動 pankration（《語錄》第3卷第10章），最後再到士兵接受的「嚴冬訓練」（χειμασκησαι/cheimaskêsai，《語錄》第1卷第2章、第4卷第8章）。三大訓練課題及三大紀律層次彼此對應、交錯，但就心靈行為而言，這些項目是有高低層次之分的，即由欲求到行動，再到同意行動；而就實際行動而言，則是由學習、練習進展到刻苦訓練，最終目標是培養德性（如表格所示）。不過，由於奧列利烏斯鄙視只會學習、閱讀的人，也不齒故作認真學習的姿態，這些詞彙很少出現在他的著作當中；相反的，他對在日常生活遵循理智原則（hêgemonikon）、實踐理念比較感興趣。相較之下，愛比克泰德警告大家不要還沒消化知識就掉書袋的經典名句（《語錄》第3卷第21章），就和奧列利烏斯的想法不謀而合了。對奧列利烏斯而言，一切的重點都在於運用理性，以便透過每次行動培養自制、勇氣、公義、智慧等德性，而這些德性也和愛比克泰德提出的訓練課題相互呼應（如表格所示）。

Ataraxia (ἀταραξία)：心靈平靜 、不受外在事物拘束。對愛比克泰德來說，ataraxia 是遵循哲學原則後的結果（《語錄》第2卷第1章）。

Axia (ἀξία)：事物的真實價值；誘人事物的相對價值；個人的真實或相對價值，意指名聲或應得的回報。奧列利烏斯在討論如何在情緒波動下發揮同意行動的能力時（第11卷第37章），引用了愛比克泰德對 axia 的解釋。Axia 的概念大略為人經常為了換取價值毫不可觀的事物，因而犧牲高價值的事物。這個概念源自於錫諾普的第歐根尼斯，即犬儒學派創立者的授課內容。

Daimôn (δαίμων)：人類心中的神性；個人天性。克律西普斯認為，有人之所以能過得快樂又舒適，就是因為他們「能在人生每一個行動當中，都能讓自己的心靈和造物主的意志合為一體」（《哲人言行錄》第7卷第1章）。愛比克泰德表示，我們不需要為人生煩惱，因為我們既有上天相伴，也有自己的 daimôn 陪伴，永遠不孤單（《語錄》第1卷第14章）。

Diairesis (διαίρεσις)：分析、細分。談分辨控制範圍內外的事物時所使用的詞彙。

Dianoia (διανοία)：想法、理智、目的、心智能力。根據海恩斯的註釋，這個詞指的是「不受 pneuma 的行動左右」。

Dikaiosunê (δικαιοσύνη)：公義、正義。根據第歐根尼斯．拉爾修斯的說法，這個詞對斯多噶主義者而言，指的是「和法律和平共處，試圖團結眾人」（《哲人言行錄》第7卷第99章）。Dikaiosunê 也是四樞德（自制、公義、勇氣、智慧）之一。值得注意的是，愛比克泰德在《語錄》第3卷第1章中也提到我們應該要努力變成「公正的人」。

Dogma (δόγμα)：事物對人形成的印象；意見或信仰；在哲學上，dogmata 意指建立在理智與經驗之上的原則或判斷。根據海恩斯的註解，「dogmata 之於理智，就好比感官感受之於身體、情緒波動之於心靈」。對於未經檢驗的 dogmata，愛比克泰德則視之為 τὰ πονηρὰ δόγματα，也就是沉重煩悶、無甚可觀的想法，必須從理智抉擇中去除（《語錄》第3卷第3章，亦可參考第3卷第19章），以免我們的內在堡壘被摧毀（第4卷第1章）。

Dokimazein (δοκιμάζω)：檢視；檢驗；徹底檢驗。掌握這個關鍵動詞，對了解愛比克泰德的斯多噶思想相當有幫助。原義指檢測金屬，即檢驗貴重金屬和硬幣是否為真品。愛比克泰德打過一則經典比方：他把檢驗念頭比喻為檢驗硬幣，要像專家一樣，能聽硬幣撞擊桌面的聲音判斷真偽，或是像音樂家判斷走音一樣（《語錄》第1卷第2章）。對於如何檢驗念頭，愛比克泰德也列出相關練習方式，可參考《語錄》第2卷第18章、《手冊》第5章。除了念頭必須接受檢驗，內心的每一個判斷（dogmata/theôrêma）更必須接受徹底的交叉檢驗（ἐλέγχω）才能確保其品質無虞。

Doxa (δόξα)：信仰、意見。

Ekklisis (κκλισις)：避險；避開某樣事物的傾向。Orexis 的反義詞，不過經常與 orexis 同時出現，也是培養一致性格的第一階段（如表格所示）。愛比克泰德一再提醒我們，我們只能針對個人關注範圍內的事物進行避險，對於受別人控制的事物則不適合使用（《語錄》第4卷第1章，此處不引用）。奧列利烏斯方面，他以拳擊比賽的生動譬喻為例，提醒我們可以試著迴避不懷好意的人物，同時不起任何疑心（《沉思錄》第6卷第20章）。他也順著愛比克泰德的想法，期待我們只針對個人控制範圍內的事物進行避險（第8卷第7章）。參考 orexis。

Ekpyrôsis (κπύρωσις)：宇宙週而復始的大火（誕生與重生）。這是斯多噶物理、宇宙觀的核心概念之一，最早的使用者為赫拉克利特斯（見《沉思錄》第3卷第3章，此處不引用）。斯多噶主義者認為宇宙大火與遍佈宇宙間的理性（logos spermatikos）是等價的（見《沉思錄》第6卷第24章）。

Eleutheria (λευθερία)：自由、不受拘束。人們認為只有自由人才能受教，但斯多噶主義者卻認為，只有受教的人才能獲得自由（見《語錄》第2卷第1章）。

Eph' hêmin (φ'μν)：由我們決定的事物；受我們控制的事物；正確操作想法、情緒波動、判斷的方式。愛比克泰德的《手冊》一開頭，就使用了這個數一數二的斯多噶經典詞彙。愛比克泰德還說，當我們追求落在個人控制範圍外的事物，就會因為焦慮而心神不寧（見《語錄》第2卷第13章）。我們的自由程度，取決於我們如何判斷在個人控制範圍內的事物有哪些（《語錄》第3卷第26章）。

Epistêmê (πιστήμη)：紮實無偽、較 katalêpsis 更上一層的知識。

Ethos (ἔθος)：習俗或習慣。可參考 hexis。斯多噶晚期訓練非常強調習慣。穆索尼烏斯・魯福斯談到教育時，著重每個人不同的生長背景、環境及習慣（《講座》第1卷第1章），而愛比克泰德則針對習慣面向繼續延伸：「習慣對人的影響力非常大，而對於理智抉擇外的世界，我們也總是習慣順著情緒波動趨吉避凶。有鑑於此，我們應該培養一種完全對立的習慣，以便抗衡各種衝動。當表相看似難以捉摸，我們就要發揮訓練時學到的抗衡技術。」（《語錄》第3卷第12章）在第1卷第27章裡，他也提到培養一種完全對立的習慣非常重要。

Eudaimonia (εὐδαιμονία)：幸福、豐富充實、安適自在。愛比克泰德認為，人類基於上天的安排，天生就會追求愉悅平靜（εὐσταθεῖν/eustathein，《語錄》第3卷第24章）。在愛比克泰德看來，追求不屬於我們的事物，就無法進入 eudaimonia 狀態（《語錄》第3卷第24章）。奧列利烏斯認為，要過 eudaimonia 人生只需要很少的條件（《沉思錄》第7卷第17章），而他也用了另外一個詞 εὐζωήσεις/euzôêseis（即「愉快的人生」）來表達同樣的概念（《沉思錄》第3卷第12章）。

Eupatheia (εὐπάθεια)：正向的情緒波動（與 pathos 相反），源於正確判斷和符合德性的行動。第歐根尼斯・拉爾修斯表示：「斯多噶主義者強調，正向的情緒一共有三種……首先是喜悅，這是基於理性的暢快狀態……再來是謹慎，這是基於理性的避險狀態……最後是期盼，這是基於理性的趨向狀態……當人有所期盼，就會展現善意、正向動機、親和力、熱情；當人謹慎行事，就會變得謙遜有禮；當人充滿喜悅，就會精神抖擻、心滿意足。」（《哲人言行錄》第7卷第116章）。

Hamartanô (ἁμαρτάνω)：做錯事、犯錯、背離行動目的。奧列利烏斯在《沉思錄》第10卷第30章中提到，看見別人犯錯的時候，要先想到自己犯過的錯。愛比克泰德和穆索尼烏斯．魯福斯經常使用其反義詞 anamartêtos/ἀναμάρτητος，來強調永不犯錯的理想狀態，雖然我們不可能達到這個狀態，但必須以此為目標邁進（見《語錄》第4卷第12章；《講座》第2卷第5章）。自亞里斯多德《詩學》起，hamartanô 一向指會使人落入悲慘結局的致命缺點或決策，不過到了斯多噶著作裡，這個詞已經不帶悲慘及原罪的色彩了。在斯多噶主義看來，任何罪惡都是由壞習慣、從眾習性、判斷失誤引起的，而哲學的功能正是幫助我們革除長期積累的錯誤，讓心靈回歸正道。

Hêgemonikon (ἡγεμονικόν)：具主宰、指引效果的理智原則。隆恩表示，首先使用這個詞的人是雅典修辭學家艾蘇格拉底，詞義為「適合指揮的」；接著，早期斯多噶主義者借來指稱相對於各種感官的心靈理智面（《心靈與自我的希臘模式》，第89頁）。根據隆恩的說法，斯多噶主義晚期的愛比克泰德甚至用這個詞來表達動物的心靈缺乏理性（《愛比克泰德：斯多噶與蘇格拉底式人生指南》，第211頁），而且表示 hêgemonikon 指的是「心靈內部的主宰力量」。阿多對這個詞下的定義為「心靈的高階主宰層面」，而奧列利烏斯則將 hêgemonikon 視為人類獨一無二的資產（特別見於《沉思錄》第12卷第1章、第12卷第33章）。愛比克泰德偏好使用 prohairesis，而奧列利烏斯比較愛用 hêgemonikon，譬如：「你的理智是怎麼監督自己的？在理智的最深處，就藏著這股監督力量。在這些力量以外的事物，無論由不由得你抉擇，都只是縹緲的塵埃雲霧而已。」（《沉思錄》第12卷第33章）

Heimarmenê (εἱμαρμένη)：命運、宿命。談到自由意志或命定論，斯多噶主義者的立場是兩者相容。他們認為一切事物都是命定的，但如何應對事物則由我們自己決定。可對比 pronoia。

Hexis (ἕξις)：自 echein（擁有、握有）衍生的抽象名詞；心靈狀態或某種習慣偏好；先天具備或偏好某些具體事物。愛比克泰德認為，壞習慣必須「先磨平、再根除」（《沉思錄》第2卷第18章），否則就會成為毀滅個人的導火線。參考 ethos。

Hormê (ὁρμή)：針對事物產生的正向情緒波動或喜好（由 orexis 與同意行動衍生的結果），能使人採取行動；aphormê 的反義詞。Hormê 和 aphormê 可以是引發行動的非理性情緒波動，也可以是一種理智抉擇，決定是否採取行動或為某個目標努力。奧列利烏斯引用了愛比克泰德的說法，表示我們「必須把深思熟慮的技藝找回來，而且要特別留意個人的內心波動。這些波動要有特定發動條件（μεθ᾽ ὑπεξαίρεσις）、符合公益原則（κοινωνικαί），而且要順著事物的真正價值（ἀξίαν）而起伏」（《沉思錄》第11卷第37章）。Hormê 是培養一致性格的第二階段，會讓人採取行動（如表格所示）。奧列利烏斯一再將 hormê 的訓練和公益行為（第8卷第7章）、正義立場（第4卷第22章）視為不可分割的組合。塞內卡在個人書信中，使用了意義相同的拉丁詞彙 impetus，塞內卡表示德性潛藏在我們的判斷當中，而判斷會引起情緒波動，也能釐清會引起情緒波動的事物表相。

Hulê (ὕλη)：物質、材料。這個詞在愛比克泰德的著作中十分常見，通常會以工匠使用的材料做比方，指出我們應該專注的目標為何，以及如何判斷認真過活的技術是否有進展（《語錄》第1卷第15章）。他把外在事物視為理智原則的原料（《語錄》第1卷第29章），並且表示「優秀善良的人所能鍛鍊的原始材料，就是自己的理智原則」（第3卷第3章）。

Hypolêpsis (ὑπόληψις)：字面義為「拿取」，指意見、假設、想法、概念、理解。阿多把這個詞翻譯成「價值判斷」（value-judgment），並認為從 prolêpsis 提升到 hypolêpsis、再到 katalêpsis 的過程，就是向高階價值判斷邁進。可參考《沉思錄》第4卷第3章、第9卷第13章，其中，奧列利烏斯表示我們所做的假設會壓垮我們，所以必須除之而後快。他還提到「我們對外在世界的種種假設，決定了我們和事物的互動關係」（第12卷第22章），我們必須把理解事物或形成意見的能力奉為圭臬（第3卷第9章）。

Kalos (καλός)：美善；道德高尚、有節操。

Katalêpsis (κατάληψις)：正確行為所需的真切理解、清晰認知、堅定信念。阿多將這個詞翻譯成「感知」（perception）或「客觀呈現」（objective representation）。Katalêpsis 在愛比克泰德的著作中很常出現，其概念與懷疑論者認為一切事物都無法真切認識（ἀκατάληπτος）的立場正好相反。愛比克泰德表示，所謂的真實進展（prokopê），就是在 katalêpsis 出現的時候才同意採取行動（《語錄》第3卷第8章）。奧列利烏斯稱讚安東尼努斯皇帝總是用心「掌握事物真切樣貌」（《沉思錄》第6卷第30章）的時候，就使用了這個詞；在第4卷第22章裡，他也表示每個情緒衝動都必須由正義立場出發，而且也要使信念保持清晰透徹。

Kathêkon (καθῆκον)：培養德性過程中的責任及合宜行動。第歐根尼斯．拉爾修斯表示，在所有哲學家中，芝諾是第一個使用這個詞來定義行為人應有的行為舉止的（《哲人言行錄》第7卷第108章）。奧列利烏斯表示，人生中每個責任都是由行為累積的，對於每個行為也必須按部就班謹慎面對（《沉思錄》第6卷第26章）。

Koinos (κοινός)：共同的、共同享有的。根據海恩斯的說法，這個詞是奧列利烏斯思想和倫理觀的核心概念。他十分強調社群、伴侶、同胞、鄰里、合作的概念，使用過的相關詞彙包括 κοινωνία（見《沉思錄》第5卷第16章，或第9卷第6章提到的「在當下做出符合公共善的行為」）和他自創的新詞 κοινονοημοσύνη，指關心他人感受（第1卷第16章）。在第6卷30章中，奧列利烏斯表示「人生苦短，能培養美好的人格，為公益盡心盡力，就算是不錯的人生成就了」，而在早晨禱告文中，他也提醒我們「請記得你與生俱來的任務，是為了和其他人一起工作」（第8卷第12章）。至於 ἀλλήλων/allêlôn 這個詞，則同時出現在愛比克泰德和奧列利烏斯的著作中，強調我們天生就是要「為彼此」、「為了每一個人」而付出。

Kosmos (κόσμος)：世界、宇宙、無所不在的秩序。

Logos/Logikos (λόγος/λογικός)：理智或理性的；宇宙間的秩序原則。Logos spermatikos/λόγος σπερματικός 是宇宙創造萬物依循的原則，在此原則下，宇宙不但創造一切，也會收回一切（參考《沉思錄》第6卷第24章）。

Nomos (νόμος)：法律、習俗。

Oiêsis (οἴησις)：自大、自欺、幻覺、自以為是的想法或概念。愛比克泰德指出，每個人必須將自欺、疑心／膽怯（apistia）這兩種心態根除（《語錄》第3卷第14章），而在去除激動情緒（pathos）的同時，也要一起去掉自大自滿心態和各種誤解（《語錄》第2卷第17章）。愛比克泰德認為，我們形成想法的過程是從初始意識（prolêpsis）、形成意念（hypolêpsis）到建立穩固信念（katalêpsis），而過程中每一階段都可能發生錯誤（hamartia）。赫拉克利特斯把自欺視為「嚴重的病症」（《哲人言行錄》第9卷第7章），而斯多噶主義者提出的訓練方案則是治病良藥。

Oikeiôsis（οἰκείωσις）：自我所有權、從視為己有到關注個人或人類需求。在愛比克泰德的著作中，這個詞的內涵與自保相關，不過是在討論「共同利益」的段落中出現的。奧列利烏斯也使用過這個詞，詞義則由「視為己有」轉為完全相對的概念，也就是「關注他人或人類全體」（第3卷第9章），而主宰個人行動的理智會讓關注行為符合自然規律和應有的行為效果。

Orexis（ὄρεξις）：欲求、對事物的偏好傾向。Ekklisis 的反義詞。在亞里斯多德的著作中，這個詞指的是「本能慾望」，也是人和動物相似之處，正好相對於經過理性思考的抉擇。愛比克泰德表示，如果我們想獲得自由，就不應該企求受別人控制的事物（《語錄》第1卷第4章）。在培養一致性格的三大訓練課題中，orexis/ekklisis 屬於第一個，另外兩者則是 hormê/aphormê 和 synkatathesis（《語錄》第3卷第2章）。

Ousia（οὐσία）：事物或存在，有時可以和 hulê 一詞互換（物質、材料）。奧列利烏斯對事物的生動譬喻如下：「事物就像是河中日夜不息的水流，移動方式不斷改變，目標也一換再換，到最後，沒有一樣東西能安穩不動」（《沉思錄》第 5卷第23章）。

Paideia（παιδεία）：訓練、教導、教育。Askeô、manthanô 與 meleta（如表格所示）分別屬於受教過程中的一環，愛比克泰德在《語錄》第2卷第9章中也說明過。對斯多噶主義者而言，每日遵守紀律是受教的基本功，只有受教的人才能真正獲得自由（《語錄》第2卷第1章、第1卷第22章）。至於所謂的教育，則是能幫助人徹底檢視初始意識的助力。

Pathos（πάθος）：激烈的情緒，通常會超量，而且源於錯誤的判斷。海恩斯認為激烈的情緒是由 hormê 衍生的事物，會導致行動背離自然規律。我們可以將四種激烈情緒分成兩類：（1）欲求（ἐπιθυμία）和恐懼（φόβος），針對目前不屬於自己或未來可能出現的事物。（2）享樂（ἡδονή）和痛苦（λύπη），針對當下與某人相關的事物。對此，愛比克泰德在《語錄》第4卷第1章中闡明了斯多噶主義的觀點：「要得到自由不是靠滿足慾望，而是去除慾望。」第歐根尼斯．拉爾修斯表示，芝諾曾經將激動的情緒定義為內心非理性、不自然的起伏，或是過多的 hormê（《哲人言行錄》第7卷第110章）。一般人常以為斯多噶主義著重壓抑情緒，但事實上，斯多噶主義者反而認為某些符合理性原則的激動情緒是正向良好的（eupatheia），譬如喜悅、謹慎、期盼等（《哲人言行錄》第7卷第116章）。

Phantasia (φαντασία)：表面印象、表相、感知。愛比克泰德在《語錄》第1卷第1章中表示，上天給了人類主宰一切事物的能力，也就是「正確利用表相的能力」，而哲學家的首要之務就是檢驗（δοκιμάζω）、分離表相（第2卷第18章）。他把表面印象比喻為轉瞬即逝的電流和戰鬥，再提到運動員必須接受紮實訓練，藉此提醒我們不要落入表面印象的陷阱（第2卷第18章），以及「良善優秀的人，必須努力讓表面印象符合自然規律」（第3卷第3章）。在第8卷第49章中，奧列利烏斯也提供了非常有效的訓練方式，教人如何不要替表相加油添醋，只關注「原始樣態」。

Phronêsis (φρόνησις)：務實的智慧，為四樞德之一。奧列利烏斯一再使用這個詞，如《沉思錄》第4卷第37章中提到「智慧和公平待人是同一回事」，或如第5卷第9章中提到「在萬事萬物中，沒有比智慧更讓人愉快的事物了」。參考 arête。

Physis (φύσις)：人自然、自然規律；事物的種類與其性質。愛比克泰德和奧列利烏斯都一再指出，我們必須發揮理性原則，讓自己的行為符合自然規律（《語錄》第4卷第4章；《沉思錄》第3卷第9章）。在斯多噶思想體系中，上天指的就是大自然。

Pneuma (πνεῦμα)：空氣、氣息、心神；斯多噶物理觀之一。指心靈中會受慾望、避險狀態影響的部份，海恩斯稱之為心靈的低階部份，相對於 nous（心智）。愛比克泰德在《語錄》第3卷第3章中，用「碗裡搖晃的水」這個經典意象來比喻事物如何影響心神。

Proêgmena (προηγμένα)：討喜的事物；道德上屬中立，但內涵相對正面、本質上吸引人的事物，如健康。Aproêgmena 的反義詞。

Prohairesis (προαίρεσις)：理智謹慎的抉擇、能進行抉擇的自由意志、抉擇範圍。這個詞源於亞里斯多德的

《倫理學》，後來經常被翻譯為「理智思考後的抉擇」。隆恩選擇翻成「意志」（volition），企圖讓 prohairesis 和現代的道德意涵脫鉤，因為以往也常譯為「道德目的」。不過，我們認為隆恩的翻譯偏離了習以為常的概念。隆恩認為，愛比克泰德喜歡用這個詞來區分人類和動物（根據隆恩的詮釋，愛比克泰德認為動物也有 hêgemonikon，《愛比克泰德：斯多噶與蘇格拉底式人生指南》，第211頁），也是上天無法操控的事物（《語錄》第1卷第1章）。

Prokopê (προκοπή)：培養自制、勇氣、公義、智慧等德性的進展。可參考愛比克泰德《語錄》第1卷第4章「談進展」，或第3卷第19章。愛比克泰德表示，和錯的人廝混會拖慢培養德性的進展（第4卷第2章），而穆索尼烏斯・魯福斯也給了我們同樣的提醒（《講座》第11卷第53章，談失去理智）。

Prolêpsis (πρόληψις)：理性人類會形成的最初意念、初始意識。愛比克泰德表示，要時時讓 prolêpsis 像磨亮的武器一樣隨時待命（《語錄》第1卷第27章），亦可參考第1卷第2章及第1卷第22章，其中提到所謂的教育，是能幫助人徹底檢視初始意識的助力。

Pronoia (πρόνοια)：先備知識、先見之明、上天恩惠。愛比克泰德表示，我們只要具備透徹觀察力、感恩心兩種特質，就能感謝上天的恩惠了（《語錄》第1卷第6章）。奧列利烏斯則在《沉思錄》第12卷第1章中提及將未來托付給上天恩惠。

Prosochê (προσοχή)：專注力、勤奮、神智清醒。可參考《語錄》第4卷第12章。愛比克泰德在第1卷第20章中提到，當我們遇上容易誤導人的事物，就需要 prosochê 來幫助我們度過危機。奧列利烏斯在《沉思錄》中藉此談人生苦短，要避免漠然中立的事物消耗我們的心力（第11卷第16章）。

Psychê (ψυχή)：心靈狀態、心靈、人生、人生原則。在奧列利烏斯看來，理智心靈就像一顆完美的球體（《沉思錄》第11卷第12章，此處不引用）；愛比克泰德則認為理智心靈像一碗水（《語錄》第3卷第3章）。塞內卡用 animus 這個詞來表達理智心靈。斯多噶主義者一致相信世界由物質組成，心靈亦然。

Sophos (σοφός)：智者、有德的智者、奉行斯多噶主義的理想道德生活。

Sympatheia (συμπάθεια)：同理心、有機整體與各部份之間的緊密連結、彼此相依關係。

Synkatathesis (συγκατάθεσις)：同意行動、認可內心印象、意念與判斷、採取行動。奧列利烏斯在《沉思錄》第11卷第37章中引用愛比克泰德的用法，提到這個詞和 katalêpsis 的關係。而在第5卷第10章中，他則表示在認可內心印象的當下，我們都有可能犯錯。Synkatathesis 是培養一致性格的第三階段，涉及意志、判斷力以及我們選擇拒絕的事物（如表格所示）。

Technê (τέχνη)：專業、職業工藝品及藝術。奧列利烏斯認為，我們的 technê 就是成為一個好人（《沉思錄》第11卷第5章），而愛比克泰德則經常以工藝品或交易為譬喻，提醒我們人類具備了哪些可以用來完成任務的材料。

Telos (τέλος)：人生最終目標或目的。

Theôrêma (θεώρημα)：感知原則、科學事實；討論內心判斷時，可和 dogmata 一詞互換。

Theos (θεός)：上天；具創造力的神聖力量，負責建立宇宙秩序、賦予人類理性和抉擇自由。古典神學奠基於多神信仰文化之上，涵蓋各式各樣的神祇，不過晚期斯多噶主義者偏好一元泛神論，即上天等於大自然的觀點。此外，他們認為一切事物皆由物質組成，包括每個人心中的神性、心靈活動都是物質性的。出身弗里吉亞的愛比克泰德認為上天具備豐富的人性，譬如他會把上天稱作慈父（可參考《語錄》第1卷第6章）。專精愛比克泰德的學者隆恩就表示：「無論愛比克泰德談的是宙斯、上天、大自然還是眾神，他都堅信世界是由神聖力量用慈愛之心創造的，而人類本身則是這股神聖力量的極致展現。」（《愛比克泰德：斯多噶與蘇格拉底式人生指南》，第134頁）他還認為，愛比克泰德想走的是克里安西斯（即芝諾的接班人）堅持的宗教路線。對斯多噶主義者來說，至高無上的神並不存在，這點和基督教教義大相逕庭。愛比克泰德表示，我們必須讓自己的抉擇與上天意志步調一致（《語錄》第4卷第1章），而奧列利烏斯則傾向以較寬泛的多神論觀點看待神祇（《沉思錄》第9卷第1章），不過其中也有和愛比克泰德雷同之處，譬如他說過「請將自己的思考理解力奉為圭臬」，思考理解力是上天賦予人類的禮物，也必須順從上天的指示（《沉思錄》第3卷第9章）。塞內卡也常以複數形式指稱神祇，不過這三個人一致認為我們必須接受命運、努力修正自身錯誤，不應該怨天尤人（《道德書信》第107章）。

Tonos (τόνος)：張力，為斯多噶物理觀中的吸引力與排斥力原則；判斷心靈中德性與邪惡來源的方式。

回到自己的內心，每天讀點斯多噶：
放下不在自己控制範圍的事物，先安頓好自己的心，才能把人生過好

THE DAILY STOIC:
366 MEDITATIONS ON WISDOM, PERSEVERANCE, AND THE ART OF LIVING

作者　萊恩・霍利得（Ryan Holiday）
　　　史提芬・漢賽蒙（Stephen Hanselman）
譯者　柯宗佑
總編輯　汪若蘭
執行編輯　陳思穎
封面設計　賴維明
版面構成　賴姵伶
行銷企畫　李雙如
發行人　王榮文
出版發行　遠流出版事業股份有限公司
地址　臺北市中山北路 1 段 11 號 13 樓
客服電話　02-2571-0297
傳真　02-2571-0197
郵撥　0189456-1
著作權顧問　蕭雄淋律師
2018 年 4 月 30 日　初版一刷
原價新台幣　399 元

ISBN　978-957-32-8268-6
遠流博識網　http://www.ylib.com　E-mail: ylib@ylib.com
（如有缺頁或破損，請寄回更換）

國家圖書館出版品預行編目 (CIP) 資料

回到自己的內心，每天讀點斯多噶：放下不在自己控制範圍的事物，先安頓好自己的心，才能把人生過好 / 萊恩 . 霍利得 (Ryan Holiday), 史提芬 . 漢賽蒙 (Stephen Hanselman) 作 ; 柯宗佑譯 . -- 初版 . -- 臺北市 : 遠流 , 2018.04
面；　公分
譯自 : The daily stoic : 366 meditations on wisdom, perseverance, and the art of living
ISBN 978-957-32-8268-6(平裝)

1. 古希臘哲學 2. 生活指導

141.61　　107005385